职业教育质量第三方评价：本体、机制与制度

梁卿 著

天津社会科学院出版社

图书在版编目（CIP）数据

职业教育质量第三方评价 : 本体、机制与制度 / 梁卿著. -- 天津 : 天津社会科学院出版社, 2021.8
ISBN 978-7-5563-0762-3

Ⅰ. ①职… Ⅱ. ①梁… Ⅲ. ①职业教育－教育质量－质量评价－研究－中国 Ⅳ. ①G719.2

中国版本图书馆 CIP 数据核字(2021)第 183129 号

职业教育质量第三方评价 : 本体、机制与制度
ZHIYE JIAOYU ZHILIANG DISANFANG PINGJIA :
BENTI、JIZHI YU ZHIDU

出版发行：天津社会科学院出版社
地　　址：天津市南开区迎水道 7 号
邮　　编：300191
电话/传真：（022）23360165（总编室）
　　　　　（022）23075303（发行科）
网　　址：www.tass-tj.org.cn
印　　刷：高教社（天津）印务有限公司

开　　本：787×1092　毫米　1/16
印　　张：16.25
字　　数：235 千字
版　　次：2021 年 8 月第 1 版　2021 年 8 月第 1 次印刷
定　　价：68.00 元

目　　录

第二部分
职业教育质量第三方评价的机制论研究

第三部分
职业教育质量第三方评价的制度论研究

导 论

一、研究背景

2012年，第三届国际职业技术教育大会明确建议“着力提升各种环境下，各类职业技术教育与培训的质量”①。2015年，联合国教科文组织发布的《教育2030行动框架》则将“确保所有人平等地获得包括大学教育在内的可负担、有质量的技术、职业及高等教育”②作为2030年教育发展的七大目标之一。在我国，《国家中长期教育改革和发展规划纲要（2010—2020年）》（以下简称《纲要》）明文规定，“提高质量”是指导我国教育改革和发展的五大工作方针之一。③《纲要》在论及职业教育时明确要求“把提高质量作为重点”④。2019年，中共中央国务院发布《中国教育现代化2035》，明确把“发展中国特色世界先进水平的优质教育”“推动

① 联合国教科文组织. 上海共识：第三届国际职业技术教育大会“职业技术教育与培训的转型：培养工作与生活技能”建议书[J]. 中国职业技术教育，2012(16)：56-60.

② 《教育2030行动框架》起草委员会. 迈向全纳、公平、有质量的教育和全民终身学习——《教育2030行动框架》之具体目标和指示性策略[J]. 熊建辉，臧日霞，杜晓敏，译. 世界教育信息，2016，(2)：18-27.

③ 国家中长期教育改革和发展规划纲要（2010-2020年）[J]. 人民教育，2010，(17)：2-15.

④ 国家中长期教育改革和发展规划纲要（2010-2020年）[J]. 人民教育，2010，(17)：2-15.

各级教育高水平高质量普及”列入十大战略任务。[①] 同年,国务院印发《国家职业教育改革实施方案》,提出要经过 5 到 10 年的努力,实现职业教育的发展“由追求规模扩张向提高质量转变”[②]。总而言之,提高职业教育质量将是当前和今后一段时期国内外职业教育改革和发展的核心任务。

为了促进职业教育质量的提高,必须强化职业教育质量评价工作。事实上,新中国成立后,特别是改革开放以来,我国职业教育质量评价工作取得了长足发展。

新中国成立后,我国政府部门对职业教育质量的评估始于 20 世纪 80 年代中后期到 90 年代初期。这一时期的评估工作可以分为以下内容:第一,中等专业学校评估。1985 年,《中共中央关于教育体制改革的决定》明确提出:“教育管理部门还要组织教育界、知识界和用人部门定期对高等学校的办学水平进行评估,对成绩卓著的学校给予荣誉和物质上的重点支持,办得不好的学校要整顿以至停办。”[③]这一规定针对的虽然是高等教育,但由于当时的中等专业教育与高等教育在管理上属于同一渠道,因此,中等专业学校评估也就参照高等学校评估方案开展起来。1986 年,上海市教育局成立了中等专业学校评估组,并对 10 所中等专业学校进行了试点评估。为了保障教育质量,北京市从 1988 年开始,对所有市属中等专业学校的基本办学条件进行了评估。到 1990 年,全国已有 8 个部委和 18 个省(自治区、直辖市)对所属中等专业学校进行了评估。在前期实践的基础上,原国家教委决定从 1991 年开始对全国范围的中等专业学校进行评估。第二,职业高中的评估。改革开放以后,国家确定了调整中等教育结构,大力发展中等职业教育的方针政策。在这一背景下,一批办学基础较为薄弱的普通高中被改组为职业高中。为了引导职业高

---

① 新华社. 中共中央印发《中国教育现代化 2035》[J]. 人民教育,2019,(5):7-10.

② 国务院. 国家职业教育改革实施方案[R]. 教育科学论坛,2019,(6):3-9.

③ 中共中央关于教育体制改革的决定[Z]. 江苏教育,1985,(6):5-11.

中办学,一些省份从20世纪80年代后期开始通过评选重点职业高中的方式,对职业高中实施评估。如1987和1988年,河北省和河南省相继开展了省级示范性职业技术学校评选。1990年,原国家教委决定对职业高中开展评估,以认定省级重点职业高中。第三,技工学校评估。技工学校评估与职业高中评估颇为类似,也是以评定重点技校的方式展开。1991年,劳动部印发《关于开展技工学校评估工作的通知》(劳培字[1991]4号),决定对招生四年以上的技工学校在合格评估的基础上进行选优评估,以评选出省部级和国家级重点技工学校。

这一时期的评估主要是由职业教育主管部门开展的。高等教育领域已然出现的以大学排名代表的第三方评价尚未引入职业教育领域。但是,伴随着评价实践的展开,第三方评价的思想开始在职业教育领域出现。1993年颁布的《中国教育改革和发展规划纲要》明文规定:"对职业技术教育和高等教育,要采取领导、专家和用人部门相结合的办法,通过多种形式进行质量评估和检查。各类学校都要重视了解用人单位对毕业生质量的评价。"[①]自此,第三方评价的理念在历次重要的职业教育文献中都得到重申,并且越来越清晰。1999年,中共中央、国务院作出《关于深化教育改革全面推进素质教育的决定》,指出:"在高中及其以上教育的办学水平评估、人力资源预测和毕业生就业指导等方面,进一步发挥非政府的行业协会组织和社会中介机构的作用。"[②]2002年,《国务院关于大力推进职业教育改革与发展的决定》规定:"加强和改进对职业教育的评估,积极探索发挥市场作用和社会参与的职业教育评估方式。"[③] 2005年,《国务院关于大力发展职业教育的决定》提出:"行业主管部门和行业协会要在国家教育方针和政策指导下,开展本行业人才需求预测,制订教

---

① 中共中央,国务院. 中国教育改革和发展规划纲要[Z]. 人民教育,1993,(4):4-11.

② 中共中央,国务院. 关于深化教育改革全面推进素质教育的决定[Z]. 人民教育,1999,(7):4-7、12-13

③ 国务院关于大力推进职业教育改革与发展的决定[Z]. 教育与职业,2002(10):10-14.

育培训规划,组织和指导行业职业教育与培训工作;参与制订本行业特有工种职业资格标准、职业技能鉴定和证书颁发工作;参与制订培训机构资质标准和从业人员资格标准;参与国家对职业院校的教育教学评估和相关管理工作。”①2010 年发布的《国家中长期教育改革和发展规划纲要(2010—2020 年)》指出:“开展由政府、学校、家长及社会各方面参与的教育质量评价活动。”“建立健全职业教育质量保障体系,吸收企业参加教育质量评估。”②2011 年,教育部在《关于充分发挥行业指导作用 推进职业教育改革发展的意见(教职成〔2011〕6 号)》和《关于推进中等和高等职业教育协调发展的指导意见(教职成[2011]9 号)》以及与财政部共同印发的《关于支持高等职业学校提升专业服务产业发展能力的通知(教职成[2011]11 号)》等三份文件中,都要求建立职业教育质量第三方评价制度。2013 年,《中共中央关于全面深化改革若干重大问题的决定》针对教育改革提出要:“深入推进管办评分离……委托社会组织开展教育评估监测。”③根据这一精神,2014 年,国务院在《关于加快发展现代职业教育的决定》中要求:“鼓励社会力量参与职业教育办学、管理和评价”“注重发挥行业、用人单位作用,积极支持第三方机构开展评估。”④同年,教育部印发《关于改进评审评估评价和检查工作的若干意见》,要求“三评”(项目评审、机构评估和人才评价)工作的监管与实施分离。其中,“三评”的“宏观管理由主管司局和具有行政授权的事业单位负责,具体实施原则上由具有相应条件和能力的事业单位或者具有相应资质的社会

---

① 国务院关于大力发展职业教育的决定[Z]. 中国职业技术教育,2005(33):6-9.

② 中共中央,国务院. 国家中长期教育改革和发展规划纲要(2010-2020 年)[Z]. 中国高等教育,2010(15、16):4-17.

③ 中共中央关于全面深化改革若干重大问题的决定[Z]. 求是,2013(22):3-18.

④ 国务院关于加快发展现代职业教育的决定[Z]. 山东人力资源和社会保障,2014(7):51-55.

组织承担。”[①]2019 年,《国家职业教育改革实施方案》要求“完善政府、行业、企业、职业院校等共同参与的质量评价机制,积极支持第三方机构开展评估,将考核结果作为政策支持、绩效考核、表彰奖励的重要依据。”[②]2020 年,中共中央、国务院印发《深化新时代教育评价改革总体方案》,明确提出要充分发挥专业机构和社会组织在教育评价中的作用。

可以说,自从 1993 年首次提出第三方评价的主张以来,大力推行职业教育质量第三方评价,一直是我国职业教育政策的一部分。只是职业教育质量第三方评价的实践要相对滞后很多。

伴随着第三方评价在职业教育政策领域不断重申,诞生于 2006 年的麦可思公司,自 2007 年开始每年都对毕业半年后高职院校毕业生的就业状态和工作能力进行调查。这是我国职业教育质量第三方评价实践的开始。在中等职业教育领域,2012 年,中国职业技术教育学会牵头组织了教育部职业技术教育中心研究所、天津职业技术师范大学、光明日报等机构的专家学者和管理人员,联合编写了《中国中等职业学校学生发展与就业报告》,对中职学校学生发展进行了全面剖析。这被认为是构建中等职业教育第三方评价制度的第一次尝试。[③] 同年,受中国高职高专院校校长联席会的委托,上海市教育科学研究院与麦可思研究院联合发布《中国高等职业教育质量年度报告》。这份报告被认为是第一份国家版的高等职业教育质量年度报告,且因其发布主体被认为是第三方机构,因而在社会上引起了强烈反响。

总的来说,虽然在政策领域,职业教育质量第三方评价在我国的提出已经有了近 30 年的历史,但相关实践却是新近才出现的。因此,职业教

① 教育部关于改进评审评估评价和检查工作的若干意见[EB/OL].[2019-6-12]. http://old. moe. gov. cn//publicfiles/business/htmlfiles/moe/s7049/201406/170120.html

② 国务院. 国家职业教育改革实施方案[Z]. 教育科学论坛,2019,(6):3-9.

③ 陆燕飞,陈嵩. 我国中等职业学校评估制度和政策发展探析[J]. 上海教育评估研究,2015,(4):7-13、43.

育质量第三方评价在我国仍然是个新生事物。为了促进职业教育质量第三方评价的顺利健康发展，充分发挥第三方评价在职业教育质量建设中的作用，有必要对职业教育质量第三方评价进行理论研究。

二、研究基础

伴随着职业教育质量第三方评价在我国的发展，学者们围绕着职业教育质量第三方评价的概念、必要性、指标、策略等问题开展了广泛研究，取得了一系列的成果。

（一）职业教育质量第三方评价的本体论研究

在这个方面，学者们主要讨论了基本概念、必要性等问题。在概念上，各方一致认为，界定职业教育质量第三方评价概念的关键是澄清谁是“第三方”，并且达成了基本共识，即“第三方”是第一方和第二方之外的一方。但是，由于不同学者对职业教育的第一方和第二方究竟是谁这一问题有不同认识，导致在“第三方究竟包括谁”这个问题上存在分歧。例如，《教育部 财政部关于支持高等职业学校提升专业服务产业发展能力的通知》认为，在高职人才培养质量评价中，第三方指的是高职院校和教育行政部门之外的其他各方。陆春阳（2011）主张，第三方是指与教育举办者和受教育者有联系，但独立于两者的客体，一般包括教育主管部门和行业企业等。[①] 刘志峰（2012）认为，在高职质量评价中，教师第一方，校内其他人员是第二方。按照这种认识，高职院校外部的人员或机构就是第三方。[②] 尹金金（2014）在论及职业教育课程开发的第三方评价时认

① 陆春阳. 让第三方参与职业教育人才培养质量评价[J]. 职业技术教育，2011，(30)：64-65.

② 刘志峰. 高职教育实施第三方评价的主要问题与改进策略[J]. 职业技术教育，2012(19)：49-54.

为,第三方就是行业协会和企业。① 徐兰(2015)虽然认为,第三方机构成员虽然是多元化的,但应以行业企业为主。② 赵利堂(2018)认为第三方应具有下述特点,一是独立于学校和政府,二是职业教育的利益相关者,三是由利益相关者组成的专业机构。③ 杨黎明(2012)将学校评价、企业评价和第三方评价并列,并认为第三方就是独立于学校,即与学校没有利害关系的社会组织和机构。按照这种认识,第三方不包括企业。④

与此相关的研究是对职业教育社会评价概念的研究。在这方面,朱雄才和刘鲁平(2006)认为,职业教育的社会评价是由教育系统之外的主体基于社会和群众需要,对职业教育现象或行为进行价值判断的活动。⑤"教育系统之外的主体"究竟包括哪些主体呢?这有待明确。相对而言,姚爱国(2009)的界定更明确一些。他认为,职业教育的社会评价就是由政府部门和职业院校之外的力量对职业教育现象和行为的评价。⑥

总而言之,在第三方评价的概念上,人们并未取得完全一致的认识。主要分歧表现为人们在下述两个问题上有不同的认识:其一,教育行政部门是不是第三方?其二,行业企业是不是第三方?

在必要性上,学者们普遍是从第三方评价的优点来阐述推行第三方评价的必要性。在这种大的思路下,学者们的论述大致有两条路径:一是

---

① 尹金金.第三方评价在职业教育课程开发中的应用[J].中国职业技术教育,2014(14):86-89.

② 徐兰.以企业为主导的第三方职业教育质量评价体系构建职业技术教育[J].职业技术教育,2015,(10):41-45.

③ 赵利堂.高等职业教育质量第三方评估研究[D].西南大学博士学位论文,2018.12-13.

④ 杨黎明.关于毕业生的第三方评价(一)——学校评价、企业评价和第三方评价[J].职教论坛,2012,(27):1.

⑤ 朱雄才,刘鲁平. 高职教育社会评价的思考[J].教育发展研究,2006,(16):69-72.

⑥ 姚爱国.高等职业教育社会评价制度:建构与推进[J].职业教育研究,2009(2):7-8.

纯粹从第三方评价自身特点的视角进行阐述。杨黎明(2012)[①]、赵利堂(2018)[②]认为,第三方评价具有以下优点:第三方不受利益因素的牵绊,能够客观地开展评价,保障了评价的公正性;第三方评价往往由专业机构实施,保证了评价的专业性;专业机构开展评价有助于提高工作效率,降低成本,确保了评价的经济性。二是从第三方评价功能的角度进行论述。概括而言,主要有以下几种看法:第三方评价有助于推动职业院校教师队伍建设、教学模式改革、教育教学管理体制改革等,从而促进职业教育的内涵发展;第三方评价有助于增强职业院校与经济发展之间的联系,从而在促使职业教育更好地服务于区域经济社会发展,增强职业院校社会服务能力的同时,加强社会对职业院校的监督;第三方评价有助于职业教育更好地满足学生职业生涯发展的需求,提升职业教育吸引力;第三方评价有助于将政府部门从评价等非核心职能中解放出来,从而减轻政府负担。

(二)职业教育质量第三方评价的活动论研究

在这个维度上,学者们主要围绕着第三方评价活动的各种要素展开研究。一是对第三方评价标准和指标体系的研究。不同学者的研究大致可以分为两类。一类是关于指标体系设计的总体要求。比如,陆春阳(2011)认为第三方评价指标体系的设计应从宏观、中观和微观三个层面展开,应将企业对技术技能人才的需求作为核心指标。[③] 耿金玲(2012)认为评价指标的研制应契合职业院校的定位,突出职业院校对区域经济社会发展以及人才强国等战略的支撑,关注各种利益相关者对职业院校的满意度,侧重于职业院校对人才素质提升、推动经济社会发展等方面的

---

① 杨黎明.关于毕业生的第三方评价(一)——学校评价、企业评价和第三方评价[J].职教论坛,2012,(27):1.

② 赵利堂.高等职业教育质量第三方评估研究[D].西南大学博士学位论文,2018.57.

③ 陆春阳.让第三方参与职业教育人才培养质量评价[J].职业技术教育,2011,(30):64-65.

实际贡献。[①] 另一类是关于具体指标的研究。如,陈智球和马芜茗(2014)认为评价指标应科学、系统、可行。据此,他们构建了一个由学生素养、发展能力、就业质量和综合评价4个一级指标、10个二级指标和30个三级指标构成的第三方评价指标体系。[②] 徐兰(2015)按照事前、事中和事后的逻辑,建构了包含专业筹建与人才培养方案、教学资源配置、人才培养过程管理和人才培养质量4个一级指标和区域人才定位、教学资源、职业能力培养、企业满意度等14个二级指标构成的第三方评价指标体系。[③]

在第三方评价活动的实施上,陈智球和马芜茗(2014)认为,第三方评价活动应分为四个阶段,一是制定评价方案,包括评价目标的确定、评价标准的制定、评价手段的选择等;二是采集评价数据,即由行业企业、教育研究部门等多渠道采集评价所需数据;三是形成评价结果,即由第三方评价机构通过分析评价数据,得出评价报告;四是运用评价结果,即职业院校及其利益相关者反馈评价结果,并向社会公布。[④] 赵利堂(2018)基于对国外高等职业教育质量评价(包括第三方评价)过程和我国高等职业教育质量评价过程的分析,建构了我国高等职业教育质量第三方评价的流程。根据他的观点,我国高等职业教育第三方评价的流程在整体上应具有系统性,在横向上应具有协调性,在纵向上应具有时效性以及可控性和可核性等特点。据此,这一流程应包含十三个步骤,具体包括:由评估团队的组建和培训、与评估对象沟通、界定利益相关者、以解释学辩证循环建立利益相关者的连接性构建、指标体系的构建、指标权重的分配和

---

① 耿金岭.对构建高职办学第三方评价体系的思考[J].中国职业技术教育,2012,(33):22-24.

② 陈智球,马芜茗.职业教育第三方人才培养质量评价体系研究[J].职教论坛,2014(14):19-22.

③ 徐兰.以企业为主导的第三方职业教育质量评价体系构建职业技术教育[J].职业技术教育,2015,(10):41-45.

④ 陈智球,马芜茗.职业教育第三方人才培养质量评价体系研究[J].职教论坛,2014(14):19-22.

确立、搜集信息、协商谈判、信息数据资料的分析处理、撰写评估报告、再循环、评价结论反馈、评价反馈的效果考察。①

（三）职业教育质量第三方评价的体系建设研究

在这个维度，相关研究主要分为三类。第一类是“他山之玉”类研究。即在对国外职业教育质量第三方评价体系进行梳理的基础上，提出完善我国职业教育质量第三方评价体系的建议。这类研究数量众多。汤霓（2018）从认证主体、认证标准、认证内容、认证机制等角度系统总结了国外第三方专业认证的经验，并据此提出了推进我国高等职业教育专业认证的四项建议：在认证主体上，政府部门要厘清自身职能边界，推进管与评分离，将认证权力交给专业性的独立机构；政府部门要加强对第三方认证的监管，建立元认证制度，明确认证机构应具有的资质，引导认证机构加强自身建设，确保认证质量；引导高职院校建立健全专业内部质量保障机制；以国际先进的专业认证理念为指导，建构具有中国特色的专业认证体系。② 孙颖、刘红和杨英英等（2013）对日本职业教育质量第三方评价的经验进行了总结，并探讨了对我国的三项启示：制定多元化的评价标准、建立健全以分工协作为特色的评价组织体制、赋予职业院校自主选择第三方评价机构的权利。③ 李文静（2014）基于对德国职业院校教育质量的第三方评价的理论分析和个案研究，提出我国应建立由独立、专业的第三方评价机构按照完整流程开展评价活动的评价制度。④ 王启龙（2017）认为，欧盟在职业教育领域实施的“同行评议”本质上是一种职业教育质量第三方评价，对这一模式的历史发展、主要特点、结构等进行了系统介

---

① 赵利堂，高等职业教育质量第三方评估研究[D]．西南大学博士学位论文，2018．119－127．

② 汤霓．高等职业教育专业认证：国际经验与发展逻辑[J]．中国职业技术教育，2018，(21)33－38．

③ 孙颖，刘红，杨英英，王世斌．日本职业教育质量外部评价的经验与启示——以短期大学为例[J]．比较教育研究，2013，(12)：48－55．

④ 李文静．德国职业学校教育质量保障体系研究[D]．天津大学博士学位论文，2014．

绍，并提出了完善我国职业教育质量评价的五条建议：一是建立健全与第三方评价有关的法律法规；二是通过行政手段，引导职业院校广泛开展内外部的同行评议；三是建立准入和激励制度，保证评价机构的资质，引导评价机构规范发展；四是建立元评价制度；五是培育第三方评价市场，为第三方评价的长期稳定发展创造条件。[①]

第二类是“问题导向”的研究。即基于对我国职业教育质量第三方评价体系现存问题的分析，提出相应的对策建议。在这方面，李传伟等（2016）[②]、丁建石（2017）[③]、赵蒙成和徐承萍（2017）[④]、韩喜梅，潘海生和王世斌（2018）[⑤]都做了探讨。总结起来，学者们认为，我国职业教育质量第三方评价体系存在以下主要问题：一是国家缺少相应的法律法规，第三方评价制度尚未上升到法律层面，成为一种法律制度；二是从评价对象的角度看，职业院校缺乏接受第三方机构开展评价活动的动力；三是从评价主体的角度看，缺少对第三方评价机构加以约束的制度安排；四是从评价活动的角度看，第三方评价过程的公开性、独立性和科学性都有待增强；五是评价结果没有得到有效使用。为此，应采取下述策略，以推进我国职业教育质量第三方评价制度建设。一是学术界应加强理论与实践研究，以提高对职业教育第三方评价的认识水平和指导能力；二是完善法律法规，将第三方评价制度本身作为一项法定制度确定下来，明确评价机构的责权利；三是建立第三方评价机构的准入制度，确定第三方机构进入职业教育质量评价领域的标准和程序；四是建立对第三方评价机构进行监管

---

① 王启龙．欧盟职业教育质量“同行评议”模式及本土化应用［D］．华东师范大学博士学位论文，2017．

② 李传伟，王燕妮，董海萍，柳鹏．职业教育的现代学徒制第三方评价机制研究［J］．上海教育评估研究，2016，（1）：42-47．

③ 丁建石．第三方参与职业教育质量评价的现状、问题及法律政策建议［J］．教育与职业，2017（10）下：26-32．

④ 赵蒙成，徐承萍．职业教育第三方评价的现实困境与应对策略［J］．教育科学，2017，（2）：66-72．

⑤ 韩喜梅，潘海生，王世斌．职业教育质量第三方评估的现实背景、合法性危机及化解路径［J］．高校教育管理，2018，（6）：29-36

的机制,加强对第三方评价机构及其工作的督查、指导和评价;五是评价机构应充分发挥主体性,通过完善组织机构建设、制定行业规范、增强质量和服务意识等促进职业教育第三方评价市场完善;六是职业院校及其他职业教育办学主体积极改变观念,在市场框架下,按需求购买或采用职业教育第三方评价服务。

第三类是"理论思辨"式研究。即基于单纯的理论分析,提出完善我国职业教育质量第三方评价体系的建议。周应中(2012)认为,构建职业教育专业第三方评价体系应坚持四项准则。第一,在评价主体上,他认为,第三方评价的主体与评价对象虽无隶属关系但却有利益关联,这意味着,第三方评价的主体必然是多元的。因此,应借助协商使各个评价主体在评价活动的各要素上达成共识。第二,在评价对象上,第三方评价必须凸显作为评价对象的专业的特性。第三,在评价内容上,应重点关注人才培养绩效的评价。第四,在评价方法上,应给予定量和定性评价以同等重视。根据这些准则,他提出了构建第三方评价体系的具体行动策略,主要包括建构利益相关者共同认可的评价目标,第三方评价活动中各评价主体协商制定科学的评价方案,建设各利益相关者能够广泛参与评价的开放渠道,评价者与被评价者之间持续不断地交流评价信息。① 张艺和刘家枢(2017)就我国职业教育质量第三方评价制度及其建设提出了设想。一是以《中华人民共和国认证认可条例》作为我国建立职业教育质量第三方评价制度的依据。二是将职业院校教育质量管理体系而不是教育质量本身作为第三方评价的对象。三是按照《中华人民共和国认证认可条例》的规定,选择有资质的第三方机构作为评价主体。四是建立与职业院校内部质量保障体系相衔接的职业教育质量的第三方评价制度。五是建立第三方评价结果定期向全社会公布的制度。②

① 周应中.高职专业第三方人才培养质量评价体系的构建[J].职业技术教育,2012,(5):5-9.

② 张艺,刘家枢.职业教育专业化第三方评价制度的构成研究[J].职教论坛,2017,(25):11-15.

(四)简短评述

综上所述,不难发现,关于职业教育质量第三方评价的研究已经相当丰富,但在以下几方面仍然留有进一步讨论的空间。第一,究竟应该如何理解职业教育质量第三方评价的概念。在这个问题上,现有研究不仅在“谁是第三方”这个问题上还存在分歧,而且没有对“什么是职业教育质量”进行探讨。这不能不说是一大缺憾。第二,在必要性上,单一地从第三方评价具有的优点角度切入进行论述,在逻辑上是不充分的。原因在于,第三方评价具有两面性,既有优点,也有缺点。如果第三方评价的缺点大于优点,还应该推行第三方评价吗?已有研究回答不了这个问题。也就是说,简单地认为第三方评价具有一系列的优点就认为有必要推行第三方评价,这在逻辑上是不充分的。第三,在第三方评价的活动论层面,关注具体指标和程序固然有一定价值,但从理论上来说,评价指标和程序应该如何设计取决于评价目的。评价目的不同,评价指标和程序也就不同。也就是说,评价指标和程序是第三方评价活动过程中可变的要素。更有研究价值的是,第三方评价活动过程中不随评价目的变化而变化的要素。这一要素就是评价机制。但这一点尚未获得充分重视。第四,现有研究大多聚焦于第三方评价体系这一关键主题。但这些研究存在一个普遍的缺陷,即在讨论第三方评价体系建设时,没有预先完整且清晰地描绘出理想的第三方评价体系是什么样的。这就像一个人打算去某地去旅游却不知道某地在哪儿一样让人难以理解。总而言之,已有研究虽然取得了一定的进展,但并没有关闭继续研究的大门,职业教育质量第三方评价依然存在较大的研究空间。

三、研究目标及内容

基于以上论述,本书的主要目的就是澄清职业教育质量第三方评价的下述理论问题:其一,在本体论层面,如何界定职业教育质量第三方评价的概念?如何为职业教育质量第三方评价的必要性在理论做出一个

“终极”回应?所谓“终极”回应就是指这一回答不会因为任何时空因素的变化而变得不成立。其二,在认识论层面,职业教育质量第三方评价活动的内在机制是什么样的?其三,在制度论层面,理想的职业教育质量第三方评价体系是什么样的?最后,我国应该如何建立职业教育质量第三方评价体系?据此,本书的主要内容包括:

第一部分:职业教育质量第三方评价的本体论研究,由第一章和第二章组成。其中,第一章主要通过思辨方法,在界定教育评价和职业教育质量两个概念的基础上,对职业教育质量第三方评价的概念进行分析。第二章主要对职业教育质量第三方评价得以成立特别是在我国得以成立的基础进行讨论,以澄清职业教育质量第三方评价何以必要这一问题。

第二部分:职业教育质量第三方评价的活动论研究,由第三、四、五章构成。第三章从本然和实然方面,对职业教育质量第三方评价作为一种认识活动的过程进行研究,探讨这一过程存在的矛盾。第四章将基于对第三方评价过程中存在的矛盾的分析,提出并阐述职业教育质量第三方评价活动的内在机制。第五章将对这一内在机制理论根据和现实基础展开论述。

第三部分,职业教育质量第三方评价的制度论研究。本部分将在对制度进行理论分析的基础上,运用比较研究的方法,对部分发达国家职业教育质量第三方评价制度进行讨论。具备内容包括第六、七、八章,分别论述制度的概念与结构、职业院校教育质量第三方评价制度和职业教育专业质量的第三方评价制度。

本书将以前述研究为基础,根据我国国情,就在我国建立职业教育质量第三方评价制度提出具有操作性的建议。

四、研究方法

从人们对“研究方法”这一概念的使用来看,这并不是一个非常清晰的概念。在学术生活中,常常有经济学方法、哲学方法、社会学方法等提法，也有问卷调查法、实验法等说法。前者可称为“学科”意义上的方法，后者可称为“手段”意义上的方法。

在“学科”意义上，本文涉及哲学、政治学等多个学科，但主要采用的是哲学方法。那么，何谓哲学呢？这里仅从研究对象和研究方式两个方面对哲学的概念加以探讨。在西方，黑格尔认为，哲学就是对思想的思想。① 英国著名历史学家柯林伍德在《历史的观念》一书中也写道：“哲学是反思的。进行哲学思考的头脑，绝不是简单地思考一个对象而已；当它思考任何一个对象时，它同时总是思考着它自身对那个对象的思想。因此哲学也可以叫作第二级的思想，即对于思想的思想。”②根据这种看法，哲学的研究对象就是思想。这得到了我国学者孙正聿的赞成。他明确指出，哲学的直接对象就是思想。③ 那么，这一看法正确吗？从哲学发展的历史来看，将哲学的对象界定为思想只是部分正确。古代西方哲学是本体论哲学，它追问的是世界的“本源”问题。这表明，哲学最初的对象不是思想而是世界。近代西方哲学从本体论转向了认识论。西方哲学的认识论转向出于两个原因，一是文艺复兴以后，自然科学的发展导致自然科学与宗教之间产生了严重冲突。因此，迫切需要哲学为科学研究活动和科学知识的可靠性提供支持。二是对“世界的本源是什么”的多样化回答，导致人们对认识“本源”的活动进行反思，提出人能否认识“本源”以及怎样才能认识“本源”的问题。这两个原因规定了认识论的主要任务，即回答思维能不能、何以能和如何认识存在。在这里，哲学的对象已经从世界变成了思想，只不过哲学研究的不是思想的内容，而是思想活动的可能性和方式，其目的是为思想寻找“依据”。到了现代，人们认识到，人类只能通过语言才能把握和认识世界，也只能通过语言传达认识的结果，于是，现代西方哲学从认识论进一步后退，开始以语言为哲学研究的对象。

---

① [德]黑格尔. 小逻辑[M]. 贺麟，译. 北京：商务印书馆，1980. 38-39.

② [英]柯林伍德. 历史的观念[M]. 何兆武，张文杰，译. 北京：商务印书馆，1997. 28.

③ 孙正聿. 哲学通论(修订版)[M]. 上海：复旦大学出版社，2005. 98.

由于语言是认识和思想活动的中介，因此，现代西方哲学的研究对象其实仍然是思想，只不过从思想的可能性和方式变成了思想的中介。总而言之，思想作为哲学的研究对象只是近代以来的事，那种认为哲学的研究对象是思想的看法是不完全正确的。但是，从哲学的价值看，我们依然可以认为，哲学的研究对象就是思想。为什么呢？

不论怎么界定哲学，它都是人类的一种认识活动。人之所以从事这项活动，归根结底就是因为它对人有意义，有价值。否则，这项活动就没有存在的必要和可能。而在当前情况下，以“世界”为对象的本体论哲学已经没有价值或者没有原先的价值了。胡玻认为，古代的本体论哲学思考的是“天事”。在“天事”上，人不可能有所作为。因此，本体论哲学对人没有什么价值。[①] 黄裕生认为，在古希腊，人们之所以追问世界的本源问题，根本的原因是要为自己寻找到一个依靠和支撑，以消除变动不居的世界给人带来的无助、恐慌，使人获得一种心灵上的安宁，从而“既能经受起苦难的重压，也能经受起幸福的诱惑”[②]。然而伴随着生活和人类思想文化的发展，本体论哲学的这种价值已经消失了。总之，从哲学的价值来看，以“世界”为对象的哲学在今天应该被踢出哲学的家族。这样，哲学就剩下以思想为对象的哲学。因此，哲学的对象就是思想。

哲学是对思想的思想。但是，对思想的思想并不一定是哲学。换句话说，思想并不是哲学独有的研究对象，在哲学之外，还存在其他的以思想为对象的学科。柯林伍德对此有着清醒的认识，“发现地球到太阳的距离乃是第一级思想的任务；而发现当我们发现地球到太阳的距离时我们到底是在做什么，便是第二级思想的任务了”，而这是“逻辑和科学理论的任务”。[③] 事实上，除了哲学，心理学和历史学也以思想为研究对象。

---

① 胡玻. 哲学作为思想[J]. 西南大学学报(社会科学版)，2009，(6)：68-73.

② 黄裕生. 什么是哲学与为什么要研究哲学史？——兼谈中国哲学的合法性[J]. 中国哲学史，2004，(3)：41-44.

③ [英]柯林伍德. 历史的观念[M]. 何兆武，张文杰，译. 北京：商务印书馆，1997. 28.

前者研究思想的心理过程,后者探讨历史上各学科领域中名人名家的思想。但与心理学和历史学不同的是,哲学是以哲学的思维方法去面对思想的。那么,哲学的思维方法是怎样的呢?

哲学思维是一种思辨思维。在哲学上,思辨是"指运用逻辑推导而进行纯理论、纯概念的思考"[①]。这一界定不合理之处在于,对思辨与逻辑之间关系的认识是片面的。因为哲学思辨虽然依赖于逻辑的手段,但并不是纯粹逻辑的。哲学思辨的思维方式是从一般到个别,即演绎的方式。具体的演绎过程虽然具有很强的逻辑性,但是"一般"本身的提出绝不是逻辑的。在这个意义上来说,哲学思辨也具有超逻辑性。然而,上述界定却正确地指出,思辨是"纯理论、纯概念的思考"。这一点表明,思辨具有两个特点,首先,思辨是"纯理论、纯概念的思考",而不是对经验对象的直接思考,因而是超越经验的。因此,在哲学思辨的过程中,不能出现实证和经验环节。其次,理论和概念有其经验内容,这意味着,思辨虽然超越了经验,但没有脱离经验。

作为思辨思维,哲学思维具有两种指向。人们常说,哲学思维具有批判性。这是正确的,但是不全面。原因在于,哲学思维不仅有批判的一面,也有建构的一面。从批判一面讲,哲学思维就是对"思想"的否定思考,或者说对既定思想的澄清。从建构一面说,哲学思维就是在批判的基础上,呈现一幅美好的图景,从而为人们提供生活的方向。作为思辨思维,哲学思维具有综合性。所谓综合性就是指,哲学对思想的思想不是只运用、只依靠一种思想、一种知识,而是综合运用来自各学科的思想和知识,是通过各种思想之间的互相碰撞和对话而实现的。作为思辨思维,哲学思维具有前提性。这得从哲学的研究对象谈起。如上文所述,哲学的对象是思想,但是,作为哲学研究对象的思想不是一般意义的思想,而有其特殊的规定性。那么,这种特殊的规定性是什么呢?众所周知,作为实

① 中国社会科学院语言研究所词典编辑室.现代汉语词典[Z].北京:商务印书馆,2005.1290.

践者，人的行动受其自身相关思想的影响和支配，作为认识者，人对认识对象所持的看法也是建立在其原有观念基础上的。在这里，影响和支配行动的思想以及作为新思想基础的思想就是哲学的研究对象。这意味着，作为哲学对象的思想，就是人的实践活动和认识活动的思想前提。换句话说，哲学思维就是对实践活动和认识活动赖以成立的思想前提进行追问。孙正聿认为，人类的思想有两个基本的维度，一是“构成思想”的维度，一是“反思思想”的维度。所谓“构成思想”就是以科学、宗教、艺术等方式去把握世界，从而形成关于世界的各种思想。但“构成思想”有其思想前提，即承认思维能够把握世界。一般的具体学科都属于这一维度。与“构成思想”不同，“反思思想”恰恰是要对思想与世界的关系进行探讨，寻找断言思维能够把握世界的根据。这就是哲学的维度。显然，“反思思想”是对“构成思想”前提的反思。① 这意味着，作为对“思想”的思想，哲学研究的是作为认识和实践活动前提的思想。或者说，哲学面对人的活动时，不是面向活动本身，而是透过活动本身对活动的思想前提进行考察，这就是哲学思维的前提性。综上所述，从思维的角度看，哲学就是综合运用多学科的资源，对影响和支配人类认识和实践活动的思想进行的不含实证环节的批判和重构。

在“手段”意义上，本研究主要采用文献研究法和比较研究法。在文献研究上，本研究所涉及的文献主要包括价值哲学、评价理论、教育评价、职业教育测评、社会评价、第三部门或非营利性部门等方面的著作和文章。在比较研究上，本研究主要涉及部分国家职业教育质量第三方评价的实践。

---

① 孙正聿. 哲学通论（修订版）[M]. 上海：复旦大学出版社，2005. 92-93.

第一部分

职业教育质量第三方评价的本体论研究

第一章　职业教育质量第三方评价的概念分析

康德和胡塞尔都认为,概念不是知识,判断才是知识。但判断是由概念构成的。只有当概念清晰、准确,判断才有可能正确。因此,概念分析是教育研究的一项重要任务。从教育研究的角度,石中英教授也明确指出:“概念分析的目的既是认识论的,也是实践论的。说它是认识论的,因为概念分析能够帮助我们更好、更清晰地思考、表达和交流;说它是实践论的,是因为概念分析的最终目的是帮助分析者和一切关心教育实践的人更好地、更清晰地理解教育实践本身。”[①]这一观点是发人深省的。事实上,概念分析不仅能帮助人们“理解”教育实践本身,还有助于澄清教育实践工作者的思想,从而保证教育实践工作有序正确地展开。因此,概念分析不仅有助于教育理论体系的构建,有助于提高当前我国教育学研究质量,还有利于人们认识、理解教育实践,促进教育实践的开展。基于这些考虑,在对职业教育质量第三方评价问题进行讨论时,首先需要回答的问题就是:什么是职业教育质量第三方评价?

---

① 石中英.教育学研究中的概念分析[J].北京师范大学学报(社会科学版),2009(3):29-38.

第一节　教育评价的概念分析

职业教育质量第三方评价无疑是一种教育评价。因此,在界定职业教育质量第三方评价之前,理应先行澄清教育评价的概念。那么,什么是教育评价呢?1971年,美国学者格朗兰德(Gronlund N. E.)对评价的概念做了一个极为简洁的界定。他认为,评价可以用下面的等式表达:

评价=测量(量的记述)或非测量(质的记述)+价值判断①

在这个公式中,“测量(量的记述)或非测量(质的记述)”就是事实判断。这就是说,评价就是在事实判断基础上进行的价值判断活动。陈玉琨认为,这一等式抓住了评价活动的本质。② 的确,“评价是一种价值判断”这一观点已经深入人心,而且得到人们的广泛认同。在这个意义上,我们不能认为上述等式是错误的。但是,即使这一界定是正确的,它也是不到位的。这种不到位主要表现在两点上。第一,这一界定没有清楚地指出,教育评价的对象究竟是什么。事实上,在这个问题上,我国学者有两种不同的看法。一种观点认为,教育评价的对象是客观存在的事物等。例如,涂艳国在论及教育评价的概念时认为:“教育评价是根据一定的标准,在系统而科学地收集和运用信息的基础上,对教育活动发展变化的过程和结果进行价值判断的过程。”③按照这种看法,教育评价的对象就是教育过程和结果。王孝玲更为明确地指出:“教育评价对象可以是教育的参与者(人物),如教师、学生、教育管理人员等,也可以是教育现象和活动(事物),如教育思想、教育方针、教育政策、教育活动、教育过程、教育效果等。”④与第一种观点不同,第二种观点认为,教育评价的对

---

① 陈玉琨.教育评价学[M].北京:人民教育出版社,1999.8.

② 陈玉琨.教育评价学[M].北京:人民教育出版社,1999.8.

③ 涂艳国.教育评价[M].北京:高等教育出版社,2007.7.

④ 王孝玲.教育评价的理论与实践[M].上海:上海教育出版社,1999.1.

象是教育的价值。例如，陈玉琨就认为，教育评价“是对教育活动现实的（已经取得的）或潜在的（还未取得，但有可能取得的）价值作出判断，以期达到教育价值增值的过程”①。第二，这一界定没有进一步明确什么是价值判断。在这个问题上，人们之间其实也存在分歧。肖远军认为，在教育评价中，价值判断就是对“教育活动有无价值、有什么价值、有多大价值作出的评判”②。但在日常生活中，人们通常认为，所谓价值判断就是对事物是好还是坏的判断。按照这种理解，对事物具有什么价值的判断就不能算是价值判断。总而言之，对于教育评价的概念，人们还存在不同的认识。更为关键的是，这些认识之间并不是简单的不同，而是存在一定的冲突。在这样的情况下，我们需要对教育评价的概念进行进一步的澄清，以促进教育评价实践的有序健康发展。

一、教育评价的对象——教育的价值

与教育学界对教育评价对象存在分歧的情况不同的是，哲学界的学者们一致认为，评价的对象是价值。但哲学界在“价值”的概念上存在诸多不同的认识。

王玉樑在《价值哲学新探》一书中对国内学者观点进行了总结，将各种不同的价值定义归纳为六种类型，这六种类型分别用“属性”“意义”“劳动”“需要”“关系”和“效应”界定价值。“属性论”认为价值就是客体能够满足主体需要的属性；“意义论”主张价值就是客体对主体的积极或者消极意义；“劳动论”将价值界定为“凝结着主体改造客体的一切付出”。相对于上述三种观点，“需要论”“关系论”和“效应论”之间颇有相关性。根据“需要论”，价值就是客体能够满足主体的需要；按照“关系论”，价值表示的是客体与主体需要之间肯定或否定的关系；而在“效应

① 陈玉琨. 教育评价学[M]. 北京：人民教育出版社，1999. 7.

② 肖远军. 教育评价原理及应用[M]. 杭州：浙江大学出版社，2004. 8.

论”看来,价值即客体对主体的功效或者效应。①

在这六种观点中,“属性论”明显是错误的。按照属性论,价值是事物的属性,既然是属性,那么价值对所有主体应该是相同的,这明显解释不了同一事物对不同人有不同价值这一现象。此外,属性论还参照自然客体给价值下定义,将价值归结为事实,从而犯了摩尔所批判的“自然主义谬误”②。“意义论”的问题在于,“意义”本身是一个并非自明的概念。不论是在日常生活中,还是在学术研究中,“意义”都有多种理解。有时它是指“价值”,有时则指“价值的合理化”。其对应的英文表达也有“significance”和“meaning”之分。用这样一个并非自明的概念来界定价值,很不合适。“劳动论”来源于马克思对商品价值的界定。根据马克思的观点,商品的价值是指凝结在商品中无差别的人类劳动。但是,经济学上的价值与哲学上的价值并不是一回事,而且用劳动论来界定价值就意味着,那些不是商品的产品没有价值。这明显违背了基本的常识。基于这些分析,我们十分赞同王玉樑的结论,即这三种对价值概念的理解都不合适。

在剩下的三种界定中,王玉樑认为,“需要论”和“关系论”都不能令人满意。在他看来,“需要论”之所以错误,是因为以下三个原因:第一,(价值)主体的需要有健康和不健康之分,因此满足需要并不一定有价值;第二,需要具有主观性,以需要界定价值,难以确证价值的客观性;第三,需要总是(价值)主体的需要,因此这一观点片面夸大了(价值)主体的作用。“关系论”虽然看到了价值是一个关系范畴,存在于主客体的相互作用之中,但它首先没有明确这种关系究竟是一种什么关系,其次混淆了价值和价值关系,将两者等同起来了。他认为,“效应论”是对价值概念的正确理解。其一,和“关系论”一样,它看到了价值只能存在于主客

① 王玉樑. 价值哲学新探[M]. 西安:陕西人民出版社,1993. 127-141.

② 摩尔认为,自然主义谬误有两种表现:一是将具有“善”这一性质的事物混同于“善”性质,二是将“善”性与某种超自然的实在相混淆。

体的相互关系和作用之中，从而肯定了主体和客体双方在价值形成中的地位和作用；其二，效应本身是客观的，不以人的意志为转移，从而确证了价值的客观性；其三，用“效应”——即客体对主体的实际效果——界定价值，就把价值理论建立在实践唯物主义基础上，为价值的检验奠定了基础。[1] 我们认为，王玉樑的观点是值得商榷的。在“需要论”上，他明显混淆了“需要”（need）与“愿望”“想要”（desire）。“需要”是一种客观存在的实际状态，它与人们对需要的反映——愿望或者想要并不是一回事。这就是说，需要虽然总是主体的需要，但是，“主体”的需要并不是“主观”的，而恰恰是客观的。这意味着，他对需要论的批判是没有道理的。至于“关系论”，则与“效应论”在本质上是一回事，只是表述有所不同而已。“关系论”将价值界说为客体与主体需要之间肯定或否定的关系，对于这个界定，我们有三个观点：第一，价值存在于主客体的相互关系中；第二，客体与主体需要之间的肯定关系意味着客体满足了主体需要，相反，否定关系则表明客体没有满足主体的需要。“肯定”和“否定”都是效应；第三，不能因为价值定义中有“关系”二字，就认为其混淆了价值和价值关系。实际上，“需要论”也存在相似的情况。“需要论”认为，价值是客体能够满足主体的需要，“满足”事实上就是一种结果，一种效应。如果说“需要论”与“效应论”有什么不同，那就是“满足”只是“效应”中的正向效应，而效应本身有正负效应之分。

其实，“价值是客体对主体的效应”这一基本观点虽然正确，但失之笼统。如果将“关系论”和“需要论”中的“需要”引入对“效应”的理解，则“效应论”要更为具体。将“需要”引入“效应论”，则所谓“效应”就是指客体是否满足了主体需要，满足了主体需要的就是正效应，没有满足主体需要的就是零效应，与主体需要相违背的就是负效应。事实上，如果不用“需要”来把握“效应”，“效应”是不可理解的。例如，针刺手指，人会感觉到痛，“痛”即针刺手指的效应，是一种负面价值。“痛”这一效应之

① 王玉樑. 价值哲学新探[M]. 西安：陕西人民出版社，1993. 127-141.

所以被认为是一种负面价值，主要是因为针刺手指违背了人的安全需要。如果不从人的安全需要出发，“痛”就仅仅是一种客观的机体状态。总之，所谓价值，指的是客体是否满足主体需要的效应。

在国外，美国著名价值哲学家培里指出：“当一件事物（或任何事物）是某种兴趣（任何兴趣）的对象时，这件事物在原初的和一般的意义上便具有价值，或是有价值的。或者说，是兴趣对象的任何东西事实上都是有价值的。”①简单地说，价值是一种关系，是“兴趣和它的对象之间的特殊关系”②。那么，何谓兴趣呢？“‘兴趣’一词应被视为下述名称的类名称，诸如：喜欢—不喜欢、爱—恨、希望—恐惧、欲求—避免及其他类似名称。这些名称所表示的意思就是兴趣一词所表示的意思。”③这就是说，所谓兴趣是指主体指向或者背离事物的倾向。据此，所谓价值就是指作为兴趣对象的客体满足主体兴趣的状况，或者用杜威的话概括就是：“他（指培里——引者注）把价值定义为兴趣的满足、实现和圆满成功。”④捷克哲学家布罗日克指出：“其实价值是作为对象化而产生，并作为需要对象而实现的。对象化使价值变成可能的东西，而实现则使价值变成现实的东西。”⑤所谓价值的对象化是指价值的创造过程，其实际表现就是产品的生产过程。但是，在布罗日克看来，“由此产生的价值仅仅是以可能的形式而存在着。纱要变成现实的纺织品，就应当被消费”⑥，也就是说，可能存在的价值只有与主体的需要发生联系时才能实现，而“价值只有通过

---

① ［美］R. B. 培里. 兴趣价值说［A］. 刘继. 价值和评价——现代英美价值论集萃［C］. 北京：中国人民大学出版社，1989. 44.

② 转引自李江凌. 价值与兴趣——培里价值本质论研究［M］. 北京：中国社会科学出版社，2004. 55.

③ ［美］R. B. 培里. 兴趣价值说［A］. 刘继. 价值和评价——现代英美价值论集萃［C］. 北京：中国人民大学出版社，1989. 51.

④ ［美］杜威. 评价理论［C］. 冯平，余婉娜，等译. 上海：上海译文出版社，2007. 160.

⑤ ［捷］弗·布罗日克. 价值与评价［M］. 李志林，盛宗范，译. 上海：知识出版社，1988. 24.

⑥ ［捷］弗·布罗日克. 价值与评价［M］. 李志林，盛宗范，译. 上海：知识出版社，1988. 23.

实现,才能变成真正的价值。"①这意味着,可能的价值之所以是价值,是因为作为价值承载者的客体有可能满足主体的需要。而作为现实的价值之所以从可能变成现实,则是因为客体实实在在地满足了主体需要。马克思在批判瓦格纳对价值的唯心主义理解时也指出:"'价值'这个普遍的概念是从人们对待满足他们需要的外界物的关系中产生的。"是"人们所利用并表现了对人的需要的关系的物的属性"②。在这里,马克思的主要目的虽然是强调价值的客体方面,凸显价值的客观性,但是他正确地指出价值包含两个要素,即客体的属性和人的需要,离开任何一个要素,都没有所谓价值。当且仅当两个要素结合起来,才有价值。综上所述,所谓价值,就是指客体满足主体需要的现实效果。

二、什么是评价

(一)哲学的观点

在教育领域,"评价"是一个使用频率很高的概念。但与其他许多概念相比,人们对评价概念的分析要逊色很多。其结果是,在对评价问题进行学术研究时,对评价的常识性认识充斥其中。因此,有必要对评价的概念予以详细考察。

在现代价值哲学的发展史上,直觉主义和自然主义都公开承认评价是一种认识活动,规定主义虽然表面上否定,但实质上也认为评价是一种认识。只有情感主义例外。情感主义学派公然否认评价的认识本质。在这个学派看来,价值判断并不是对事实的陈述,而只是在表达一种情感。因此,价值判断不是认识活动。评价是一种价值判断,所以也不是认识活动。在本书中,我们将评价视为一种认识活动。其理由如下:第一,国内

① [捷]弗·布罗日克. 价值与评价[M]. 李志林,盛宗范,译. 上海:知识出版社,1988. 23.

② 马克思恩格斯全集(第19卷)[M]. 北京:人民出版社,1963. 406.

外许多学者都曾对情感主义的观点进行过批判,认为评价是一种认识活动。事实上,在现代价值哲学诞生之前,人们大都承认评价是一种认识。但这里并不打算也无必要对此进行详细阐述。第二,本研究后续研究的需要。如果评价真如情感主义所说,只是一种情感的表达的话,那么,对评价进行理论上的研究似乎就失去了其意义。

问题是,即使承认评价是一种认识活动,人们对评价还是存在不同的看法。第一种观点认为,认识事物价值的活动就是评价,或者说,评价就是对主客体之间价值关系的反映。例如,冯平就认为,认识活动可以分为认知和评价两种类型。认知活动的目的是发现世界的本来面目,而评价活动则试图揭示世界的意义和价值。也就是说,与认知活动不同,评价活动不是对客观世界本身的反映,而是对客观世界价值的建构。[①] 如果说冯平的看法还较为含蓄,那么江传月的观点则十分鲜明,他明确提出:"作为结果的评价,是指对客体有无价值、有什么价值、有多大价值的评定和估价。"[②]

第二种观点认为,对价值的认识并不一定是评价。王玉樑认为,价值认识包含价值认知和评价两部分。所谓价值认知就是揭示客体对主体具有何种价值的过程,例如,人们常说的"药能治病""水能解渴"等就是人们通过认知的方式得到的价值认识。所谓评价则是根据一定的评价标准对客体对主体有无价值、有多大价值进行判定的过程。[③]

与第二种观点相同的是,第三种观点也区分了价值认知和价值评价。这种观点以李德顺、马俊峰和陈新汉为代表,他们认为,只有当评价主体与价值客体之间存在价值关系时,对价值的认识才是评价。否则,就是价值认知。这一看法可以从下面的角度进行阐述。一般来说,评价活动中包含两层关系,第一层是价值主体与价值客体的关系,第二层是评价主体

---

① 冯平. 评价论[M]. 北京:东方出版社,1995. 31.

② 江传月. 评价的认识本质和真理性——刘易斯价值理论研究[M]. 广州:中山大学出版社,2005. 138.

③ 王玉樑. 价值哲学新探[M]. 西安:陕西人民出版社,1993. 290.

与评价客体的关系。其中,评价客体指的就是价值和价值关系。冯平认为,按照评价主体与价值主体之间的关系,评价可以分为三种情况,即评价主体与价值主体完全重合、评价主体与价值主体部分重合(即评价主体是价值主体的一部分)、评价主体与价值主体完全不重合。但是,在李德顺等学者看来,如果评价主体与价值主体完全不重合,那么在所谓的评价主体与价值客体之间就不存在价值上的关系。在这样的情况下,认识主体是站在完全客观的立场上去揭示价值客体的价值的。或者说,认识主体是以认知的方式去揭示价值客体的价值的。相反,如果评价主体与价值主体完全或部分重合,那么评价主体与价值客体之间就存在价值关系。在这一情况下,认识主体不是从客观立场而是从自己的需要出发去揭示价值客体的价值的。这就是评价活动。①

第四种观点是英国哲学家拉蒙特提出来的。他认为,价值判断有两种形式,一是绝对的价值判断,即认定某物为“好”,其一般表达为“X是好的”,二是相对的价值判断,这种判断认为此物比别的事物更好些,它确定事物好的程度。这是“相对地好”。他认为,在宽泛的意义上,两种价值判断形式都是“评价”,但从严格意义上说,只有相对价值判断才是评价。他说:“在我的意思是指狭义的好的认定(好的程度的认定)时,我总是使用‘评价’这个术语。”②

美国著名哲学家杜威的观点与上述观点迥然不同。杜威将价值判断区分为“关于价值的判断”(“价值—判断”)和“评价判断”两种类型。所谓“关于价值的判断”就是对已然存在着的价值的判断。而“评价判断”则是对通过某种行动才有可能成为现实存在的价值的判断,或者说是“通过引导行动而创造价值、确定价值的判断”③。他认为,前者严格说来

---

① 李德顺.价值论(第2版)[M].北京:中国人民大学出版社,2007.226-231;马俊峰.评价活动论[M].北京:中国人民大学出版社,1994.125-128;陈新汉.评价论导论——认识论的一个新领域[M].上海:上海社会科学院出版社,1995.91-94.

② [英]W.D.拉蒙特.价值判断[M].马俊峰,王建国,王晓升,译.北京:中国人民大学出版社,1992.26.

③ [美]杜威.评价理论[C].冯平,余婉娜,等译.上海:上海译文出版社,2007.18.

并不是判断,而只是一种事后的陈述,因而不是评价。因为评价不是陈述而是判断,是预测。这意味着,只有“评价判断”才是真正的评价。例如,当一个小孩只是对一块表面光滑且闪亮的石头感到满意时,并没有发生任何评价活动。但如果这个小孩提出了“应该用这块石头做什么”这类问题时,则有了评价活动。显然,在杜威看来,评价判断是对价值可能性的判断,是对可能通过实践创造出来的价值的判断,是能够导致行动从而创造价值的判断,只有这种判断才是评价。

那么,在这五种观点中,有正确的观点吗?如果有,哪个观点正确呢?如果没有,什么样的观点是正确的呢?这里从李德顺等人的看法开始讨论。如前所述,李德顺等人根据价值关系与评价主体是否有关,将价值认识区分为价值认知和评价。其中价值认知是指评价主体对与自身无关的价值关系的反映,而评价是指评价主体对与自身有关的价值关系的认识。对此,江传月指出:“我们在生活中不是这样狭隘地使用‘评价’一词,当我说‘美国侵略越南是不正义的’‘曹操这个人很狠毒’‘节制饮食对你有好处’‘你这样做对你是不好的’时,这些价值判断所反映的价值关系与我这个作出价值判断的主体有直接关系吗?没有,但这难道不是我的评价吗?我们不也是把这些称为评价吗?如果哲学工作者要人们改变习惯称呼,说这些是价值认识(应是价值认知而不是价值认识——引者注)而不是价值评价,是没有道理的。”[①]根据这一批判,李德顺等人的观点不合理之处,主要在于这一观点与现实生活中人们对评价概念的使用存在很大差异,没有尊重人们的语言习惯,是在让生活迁就哲学。[②] 应该说,这一批判具有相当的说服力。事实上,拉蒙特和杜威等人的观点虽然也颇有见地,但存在着与李德顺等人同样的问题,即与现实中人们对评价概念的用法相距太远。例如,按照拉蒙特的观点,通常所说的绝对评价并不是

---

① 江传月.评价的认识本质和真理性——刘易斯价值理论研究[M].广州:中山大学出版社,2005.39.

② 江传月.评价的认识本质和真理性——刘易斯价值理论研究[M].广州:中山大学出版社,2005.139.

评价,只有相对评价才是评价。根据杜威的看法,所谓“终结性评价”根本就不应该被冠之以“评价”之名,因为它对后续行动没有指导作用。而在社会实践中,不论是绝对评价,还是终结性评价,都是评价家族的成员。因此,拉蒙特等人对评价概念的界定也是不能接受的。

从概念作用的角度来看,李德顺等人的看法之所以不合理,并不在于所谓“让生活迁就哲学”的问题,而在于这些看法会影响概念作用的发挥。我国著名哲学家金岳霖和冯契都认为,概念具有双重作用:摹写现实和规范现实。所谓摹写现实就是指概念是对现实的反映,所谓规范现实就是指概念对后续的行为具有指引和规范作用。如果一个概念的理论界定与人们在现实中对该概念的使用之间存在较大的距离,不仅会影响人们对这一界定的接受,而且会造成思想的紊乱和实践的无序,严重影响概念规范现实作用的发挥。总而言之,李德顺、拉蒙特和杜威对评价的理解有着与生俱来的不足,不能作为进一步讨论的基础。

事实上,江传月不仅批判了李德顺等人的观点,而且明确反对“价值认识”的提法以及将“价值认识”区分为“价值认知”和“价值评价”的做法。如果这一认识能够成立的话,那么,与李德顺、杜威和拉蒙特一样,王玉樑对评价的界定也就是错误的。在这里,我们不直接讨论这一看法,而是先看看江传月提出的理由。他指出:“‘价值认识’一词是国内价值哲学中发明的一个新词,西方的理论和我们的现实生活中没有,国内原来的哲学理论和至今的日常生活中也没有,而且这个词的含义相当模糊。”[①] 显然,这个理由根本站不住脚。在江传月看来,一个提法或者概念,只要西方理论、国内原来的理论和日常生活中都没有,或者该提法和概念含义相当模糊,那么它就不应该有。这一观点的荒唐性不言而喻。如果西方理论没有就不应该有,中国建设自己的学术队伍干什么?如果国内原来的理论没有就不应该有,还谈什么学术创新?如果日常生活没有就不应

① 江传月.评价的认识本质和真理性——刘易斯价值理论研究[M].广州:中山大学出版社,2005.138.

该有，还需要理论工作者干什么？如果含义模糊的词或概念不应该有，江传月还能使用包含有“正义”和“狠毒”等含义不清的词语的表达，如“美国侵略越南是不正义的”“曹操这个人很狠毒”吗？

其实，不论“价值认识”的提法能否成立，将揭示价值的活动区分为“价值认知”和“价值评价”都是正确的。厄姆森认为，分级是按一定标准将事物分成若干等级的活动，而评价本质上正是一种分级活动。与一般分级活动不同的是，评价是按照好坏等价值标准对事物的价值进行分级。捷克哲学家布罗日克也指出：“评价总是包含有比较。不过，并非每一种比较都是评价。……断定在某一人群中女性多于男性，这还不是评价。正如判明‘青辣椒中含有的维生素多于柑橘中所含有的维生素’不是评价一样。然而，这种常识是进行评价判断的可能的条件。从这些评价判断中可以得出某种东西更‘有用’、更‘有价值’之类的结论。当然，必须补充说明的是，这种‘更有用’和‘更有价值’的东西，是对于某一个人而言的。因为在评价的过程中，每一个主体总是选择符合它的需要和兴趣的那种东西作为评价的标准和等价物的。正是这种比较才变成了评价。”①根据这种看法，第一，反映事物是否有价值以及价值大小的活动是评价活动，因为通过这种认识活动，人们能判定某种事物是否更“有价值”。第二，而“药能治病”“水能解渴”等既不涉及“分级”，也根本就不包含有“比较”，因此，并不是评价。也就是说，揭示事物具有何种价值的活动不是评价活动。

从认知活动的特点来看，“药能治病”“水能解渴”等揭示事物具有何种价值的活动都是认知活动。一般来说，认知活动具有如下特点。从认识主体来看，认知活动要求认识主体保持价值中立，以保证认识结果的客观性、科学性和真理性。对于认知活动而言，只要认识主体有足够的认识能力，并能够保持中立立场，认识主体具体是谁并不重要。从过程的角度

① [捷]弗·布罗日克. 价值与评价[M]. 李志林，盛宗范，译. 上海：知识出版社，1988. 43.

来讲，认知的过程是认识主体对认识对象的“镜式”反映过程，是一种摹写的过程，这是一种主体意识趋向客体的过程。从认识结果来看，认知的结果有正确与否之分，而且这种正确或错误是相对于所有人而言的，其判断的标准则是认知结果与认知对象是否相符合。而揭示事物具有何种价值的认识活动在特点上与认知活动的上述特点完全一致。例如，病人甲在服用药物乙之后，病情明显好转(这说明，药物乙对病人甲来说具有价值)。据此，人们认为，药物乙可治病人甲的病。对于这一案例，我们不难得出下述观点。第一，“药物乙可治病人甲的病”是对药物乙具有何种价值的判断；第二，得出这一结论的过程其实就是认识主体“发现”药物乙具有何种价值的过程，是对药物乙具有何种价值的“镜式”反映过程；第三，只要有足够能力，不论由谁充任认识主体，都能得出“药物乙能治病人甲的病”的结论；第四，“药物乙能治病人甲的病”是否正确，其判断标准就是这一结论是否符合实际情况。如果在服用药物乙之后，病人甲的病情得到了缓解或者治愈，则说明这一结论是正确的。反之，则意味着这一结论是错误的。一言以蔽之，揭示事物具有什么价值的活动是认知活动，而不是评价。

综上所述，评价的对象虽然是价值，但评价不是对事物具有何种价值的揭示，而是对事物是否具有价值以及具有多大价值的判定。

(二)教育学的观点

在教育领域，评价概念始于 20 世纪 30 年代的美国。“教育评价之父”泰勒(Tyler，R)认为：“评价过程在本质上是确定课程和教学大纲在实际上实现教育目标(educational objectives)的程度的过程。但是，鉴于教育目标实质上是指人们发生的变化。也就是说，所要达到的目标，是指望在学生行为模式中产生某种所期望的变化，因此，评价是一种确定行为发生实际变化的程度的过程。”①按照库巴和林肯(Guba E. G. & Linco

① [美]泰勒. 怎样评价学习经验的效用? [A]. 瞿葆奎主编，陈玉琨，赵永年选编. 教育学文集 · 教育评价[C]. 北京：人民教育出版社，1989. 262.

Y. S.)的看法,泰勒的评价概念是一种描述性的概念,即评价是对学生达到教育目标程度的一种描述。与泰勒不同的是,克龙巴赫(Croabach L. J.)指出,从广义上来讲,教育评价就是收集并使用信息,以做出关于各种教育方案的决策。① 这一观点得到了斯塔弗尔比姆(Stufflebeam D. L.)的肯定,他认为,评价就是为做出决策提供各种有用信息的过程。②希尔斯(Hills P. J.)在《教育词典》中对教育评价概念也做了相似的界定。在他看来,在一般情况下,评价与研究之间的区别非常明显,前者的目的是寻求价值,而后者是在追求真理。但在教育中,两者的关系相当模糊。教育评价就是从事与课程或教育机构有关的研究,从而为做出教育和管理决策奠定基础。③ 库巴和林肯认为,这些评价概念的共同之处在于,判断被认为是评价的组成部分,这与泰勒仅将评价限于描述截然不同。

另外一些学者则将上述观点结合起来。评价标准联合委员会则认为:"评价是对某些对象的价值和优缺点的系统调查。"④相似的还有艾斯纳(Eisner E. W.)和斯塔克(Stake R. E)等人的观点,他们"或者把评价定义为一种对优缺点或价值的评估""或者把评价定义为一种既有描述又有判断的活动。"⑤库巴和林肯认为,评价就是各种利益相关者共同建构的过程,即评价活动的参与者和相关者基于对评价对象的认识,借助持续的商谈和对话,不断缩小在教育评价结果上的观点分歧,达成共识的过程。日本学者池本洋一指出,评价并不仅仅是根据测量的结果,对学生进

① [美]克龙巴赫.通过评价改进教程[A].瞿葆奎主编,陈玉琨,赵永年选编.教育学文集·教育评价[C].北京:人民教育出版社,1989.160.

② [美]斯塔弗尔比姆.方案评价的CIPP模式[A].瞿葆奎主编,陈玉琨,赵永年选编.教育学文集·教育评价[C].北京:人民教育出版社,1989.301.

③ 瞿葆奎主编,陈玉琨,赵永年选编.教育学文集·教育评价[C].北京:人民教育出版社,1989.751.

④ [以]内伏.教育评价概念的形成[A].瞿葆奎主编,陈玉琨,赵永年选编.教育学文集·教育评价[C].北京:人民教育出版社,1989.345.

⑤ [以]内伏.教育评价概念的形成[A].瞿葆奎主编,陈玉琨,赵永年选编.教育学文集·教育评价[C].北京:人民教育出版社,1989.345.

行排序,评价更是“在对决定这一评定的教授与学习的价值进行议论”①。

上述观点尽管在表述上各不相同,但是在对评价本质的理解上其实并无根本的不同。即都将评价过程看成是一个既包含事实描述,又包含价值判断的过程,都将价值判断看成评价的本质。泰勒的观点尽管被认为是描述性的界定,但事实并非如此。在泰勒看来,一个评价的过程包括两个步骤:第一步是,收集反映学生行为变化的各种信息,第二步是,将所收集来的信息与预定的教育目标相比较,判断学生达成教育目标的程度。如果说第一步是描述信息的过程,那么第二步则是一种价值判断的过程。原因在于,教育目标本身总是不可避免地体现了特定的教育价值观。这意味着对学生实现教育目标程度的判断,就是根据一定的价值标准对学生进行判断,这是一种价值判断而非事实描述。克龙巴赫等人认为,所谓评价就是为决策提供有用信息的过程。显然,在这一界定中,评价具有鲜明的未来指向性。这与杜威对评价的界定是一致的。按照杜威的看法,评价判断的第一步是确定在特定的情境中,我们喜欢和需要的东西,即“所期待的结果”;第二步就是对达成预期结果的手段进行考虑和权衡;第三步则是对需要通过行动创造出来的新的价值的判断,但是,评价判断要成为现实,就必须以三类判断为基础,即关于已经存在的价值的陈述、关于非价值性的相关事实的陈述和关于给定关系的一般性的判断。这意味着,评价判断不仅是价值判断,而且是以事实判断作为基础和前提的。如果说库巴和林肯的评价概念与其他人有何不同,那么这种不同就在于,最终的价值判断并不是由评价者单独做出的,而是由各种利益相关者通过协商的方式共同做出的。总而言之,在国外教育研究者看来,所谓评价在本质上就是一种价值判断,是对事物有无价值和价值大小的判断。

---

① [日]池本洋一. 评价与测量[A]. 瞿葆奎主编,陈玉琨,赵永年选编. 教育学文集·教育评价[C]. 北京:人民教育出版社,1989. 496.

三、教育评价的概念界定及其意义

综合上文所述，不难得出下述结论，即教育评价的对象是教育价值，但教育评价不是对教育具有何种价值的揭示，而是对教育是否具有价值以及具有多大价值的判定。由于教育价值指的是作为价值客体的教育满足价值主体需要的效应或效果，因此，所谓教育评价指的就是对作为价值客体的教育是否满足了或可能满足价值主体需要以及满足程度的判断。那么，这一界定具有什么启示和意义呢？

第一，教育评价的出发点是确定价值主体及其教育需要。按照教育评价的概念，教育评价的价值标准就是价值主体对教育的需要。这意味着，在任何一个具体的教育评价活动中，首先需要做的就是明确价值主体，即评价活动是为谁而开展的，并在此基础上，揭示价值主体对教育的需要。否则，教育评价活动就会因为缺少标准而无法开展。

第二，教育评价的内容来源于价值主体需要与教育功能之间的契合点。在日常的评价活动中，人们常常认为，评价的内容就是价值客体的某方面要素、属性或功能。例如，在对课堂教学进行评价的过程中，将课堂设计、教学过程、教学效果等列为指标。作为评价内容，这些指标一般被认为是按照时间过程逻辑划分得来的课堂教学的构成要素。其实这是不正确的。从教育评价的概念来看，课堂设计等之所以能成为评价内容，不仅仅是因为它是课堂教学的要素，还在于它与人的需要是有联系的。也就是说，评价内容其实是价值主体需要与价值客体功能的契合点。或者说，评价内容不仅与价值客体有关联，与价值主体也有联系。再举一例，在职业院校对各类人员的评价中，如果对象是教师，那么评价内容中一定会涉及教学，但如果对象是管理或专职科研人员，则不会有教学方面的内容。两者在内容上的区别，其原因并不一定在于教师有而管理或专职科研人员没有教学的能力，而在于学校对教师有教学的需要，而对管理或专职科研人员没有此类需要。总之，从教育评价的概念来看，评价内容并非单纯来自作为价值客体的教育，而是价值主体的需要与教育功能之间的契合点。

第三，凸显了人在教育评价活动中的核心地位。在日常的教育评价实践中，评价者经常见物不见人。例如，不论是中高职院校，还是普通本科高校，学生评教的实施往往都被认为是帮助教师改进教学，以更好地促进学生学习。但是，许多学校不仅在设计评教指标体系时，没有采取一定的方式或手段去了解学生对教师教学行为的需求，而且对评教结果的使用也比较粗糙简单，只是将其作为对教师实施管理的依据。在这里，“人”被遮蔽了。按照上文对教育评价概念的界定，不论是哪个层次、哪种类型、多大范围的教育评价活动，都必须以“人”的需要是否（可能）得到满足为中心，都必须以“人”为中心。这有助于促使教育评价真正回归自身。

第二节 职业教育质量的概念分析

明晰职业教育质量这一概念的含义是澄清职业教育质量第三方评价的重要前提。然而，比较遗憾的是，学者们通常只是在论及职业教育质量保障等主题时，顺便对职业教育质量进行界定，而鲜有人专门去分析这一概念。其结果是，我们对职业教育质量概念的认识存在很多误区。

一、已有观点的梳理

肖化移是国内较早研究职业教育质量问题的学者。基于对质量概念的分析，他认为，高等职业教育质量就是指高等职业教育的固有特性满足用人单位需求的程度，主要体现为高职院校的专业、课程和毕业生，即高等职业教育的产品满足用人单位要求的程度，其最为核心的内容就是高职毕业生质量满足社会和受教育者需求的程度。[①] 唐林伟和方华从多个不同的视角界定了高等职业教育质量。从内涵来讲,基于词典对“质量”的阐述,“教育质量”既可以界定为“教育的好坏程度”,也可以被理解为“好的教育”。但高职教育质量指的是前者而不是后者。原因在于,“以服务为宗旨,以就业为导向”的方针决定了高等职业教育并不是要提供最好的教育,而是要提供足以让顾客满意的教育。从外延看,高等职业教育的高等性决定了高等职业院校需要承担教学、科研和社会服务三项职能。相应地,高等职业教育质量就包括教学质量、科研质量和社会服务质量三个方面。其中,教学质量是核心,科研质量和社会服务质量则是两翼。[②] 黄斌认为,高等职业教育质量内涵的厘定直接决定于高等职业教育质量由谁说了算。由于个人、企业和国家都通过一定的方式分担了高等职业教育的成本,都是高等职业教育的利益相关者,因此,他们在高等职业教育质量的标准上都有发言权。基于这一认识,高等职业教育质量可以界定为“高等职业教育实践活动满足社会(包括国家和企业)和个人发展双重需求的程度,是对高等教育基本规律和高职教育自身特殊规律的体现和遵循程度”[③]。王军红和周志刚认为,职业教育质量就是职业教育实体及其特性满足政府、企业、受教育者等职业教育利益相关主体对技能型人才需要的程度。所谓职业教育实体指的是职业教育系统及其构成要素,如职业教育产品、职业教育资源等。因此,职业教育质量就不仅包括通常所说的职业教育产品质量、职业教育服务质量,还包含职业教育组织质量、职业教育资源质量、职业教育体系质量,等等。[④] 马树超在论及什么是高等职业教育质量时指出,高等职业教育质量与高等职业教育的

---

① 肖化移.审视高等职业教育的质量与标准[M].上海:华东师范大学出版社,2006:9.

② 唐林伟,方华.高等职业教育“质量”辩[J].现代教育管理,2011(1):96-98.

③ 黄斌.高等职业教育质量内涵及其提升路径探究[J].教育与职业,2008(12):23-25.

④ 王军红,周志刚.论职业教育质量的内涵及表达[J].天津大学学报(社会科学版),2013(5):449-452.

使命、目标及其实现结果密切相关。高等职业教育的使命和目标就是面向生产、建设、服务和管理一线培养全面发展的高技能人才,高等职业教育质量就是这一使命和目标的实现程度。具体而言,高等职业教育质量应该是“四位一体”的质量,即以学生的发展为根本质量,以学校办学综合实力的提升为基础质量,以政策的落实为环境质量,以对国家和地区发展提供的服务为贡献质量。①

从具体的表达来看,学者们在职业教育质量的概念上取得了一个基本共识,即职业教育质量就是指职业教育满足顾客需要(马树超并没有直接提及这一点,但是在他的观点中,所谓职业教育的目标其实也是顾客需要的反映)的程度。但在这个共识之外,还存在诸多分歧。第一,“职业教育质量”中的“职业教育”指的是什么,学者们的意见不太一致。黄斌将其限定为“职业教育实践活动”,而王军红和周志刚则将其理解为“职业教育系统及其要素”。第二,“职业教育满足顾客需要的程度”中所谓“顾客”指的是谁,大家也没有取得一致意见。王军红和周志刚认为“顾客”指的是就是职业教育的利益相关者,黄斌则将其具体化为国家、企业和受教育者,肖化移则有些犹豫,有时他将顾客限定“用人单位”,有时又加上“受教育者”。第三,在职业教育质量的外延上,学者们的看法也不尽相同。唐林伟和方华将高等职业教育质量分为教学质量、科研质量和社会服务质量,王军红和周志刚则将其分为职业教育体系质量、职业教育资源质量等,而马树超则将其分为根本质量、基础质量、环境质量和贡献质量。这样,我们就面临以下两个问题:其一,学者们在职业教育质量概念上取得的共识是否正确?其二,学者们在职业教育质量概念上存在的分歧又应该如何看待?

---

① 马树超.就业率高=教育质量好?提高职业教育质量你该读懂这些![EB/OL].[2016-05-07] https://mp.weixin.qq.com/s/m5RbC0V06z1rCmQZltOVjQ

二、一个初步的思考

为了厘清人们在职业教育质量概念上的共识,还得从“质量”这一概念谈起。1949 年 3 月,在中国共产党七届二中全会上,毛泽东主席总结提出了党委会的十二种工作方法,其中第七条就是“胸中有数”。所谓“胸中有数”就是“对情况和问题一定要注意到它们的数量方面,要有基本的数量的分析。任何质量都表现为一定的数量,没有数量也就没有质量。我们有许多同志至今不懂得注意事物的数量方面,不懂得注意基本的统计、主要的百分比,不懂得注意决定事物质量的数量界限,一切都是胸中无‘数’,结果就不能不犯错误。例如,要进行土地改革,对于地主、富农、中农、贫农各占人口多少,各有多少土地,这些数字就必须了解,才能据以定出正确的政策。对于何谓富农,何谓富裕中农,有多少剥削收入才算富农,否则就算富裕中农,这也必须找出一个数量的界限”①。从这段文字来看,毛泽东所说的“质量”本质上就是指性质。这与我们对“教育质量”的一般认识相去甚远。与毛泽东的观点不同,《辞海》对“质量”有两个解释,一是“量度物体惯性大小和引力作用强弱的物理量”,二是“指优劣程度。如:产品质量;教学质量”②。《现代汉语词典》对“质量”的解释也有两个,一是“表示物体惯性大小的物理量”,二是指“产品或工作的优劣程度”③。不难发现,《现代汉语词典》和《辞海》的认识大同小异。不言而喻的是,“职业教育质量”这一术语中的“质量”指的不是一种物理量,而是“优劣程度”。据此,职业教育质量就是指职业教育的优劣程度。应该说,这一界定与人们日常生活中对职业教育质量概念的理解

① 毛泽东. 党委会的工作方法[A]. 毛泽东选集(第四卷)[C]. 北京:人民出版社,1991. 1440-1444.

② 辞海编辑委员会. 辞海(第六版 彩图本)[Z]. 上海:上海辞书出版社,2009:2951.

③ 中国社会科学院语言研究所词典编辑室. 现代汉语词典(第 5 版)[Z]. 北京:商务印书馆,2005. 1757.

是高度一致的。但对于一个学术概念而言,上述界定虽然不能说是错误的,但对于概念作用的充分发挥来讲,是远远不够的。一般来说,概念有两项基本功能,一是表征,即如实描述现实,二是规范,即指导相关实践。显然,“职业教育的优劣程度”这一界定对于提高职业教育质量的实践来讲,起不到任何指导作用。从这个意义上讲,这一界定还需要进一步完善。

相对于词典来讲,国际标准化组织(ISO)对“质量”的界定要更为清楚。在2008版ISO9001标准体系中,所谓质量就是指“一组固有特性满足要求的程度”①。如何理解这一认识呢?从文字上看,理解这一表述,首先就要准确把握“固有特性”和“要求”的含义。

按照ISO9001体系的解释,所谓特性指的是某物或某事可区分的特征,分为赋予特性和固有特性。所谓赋予特性不是产品天然具有的,而是产品完成后因顾客的要求不同而增加的特性,而固有特性则是指某事或某物本来就有的,尤其是永久的特性。前者如价格等,后者如汽车的速度和颜色等。我们认为,这一解释并没有完全清晰地揭示什么是固有特性。在上述关于固有特性的理解中,在“本来就有”这一表述之后,特别加了“尤其是永久的”这一限定语。这说明,在某事物“本来就有”的特性中,有些特性是永久的,有些则不是。那么,哪些特性是本来就有而且是永久的,哪些特性是本来就有却不是永久的呢?这里仅用感冒药作为例子对此进行说明。我们知道,人类生产感冒药就是用来治疗感冒的。这种特定的功能指向是感冒药的特性之一。但对于感冒药而言,除了治疗感冒这一功能特性之外,还有其他许多特性,比如大小、颜色、外形、味道等。在所有这些特性中,功能特性是感冒药与生俱来的、永久的、将感冒药与其他事物加以区分的特征,而大小、颜色、外形、味道等也是感冒药本来就有的,但却不是永久的。之所以下此判断,原因在于:第一,感冒药一定具

① 宋其玉.2008版ISO9001标准理解与应用指南[M].北京:机械工业出版社,2009:41.

有一定的大小、颜色、外形和味道等特性，因此，这些特性是感冒药本来就有的。第二，感冒药具体的大小、颜色、外形和味道等会因为用药对象(成人还是儿童)等因素的变化而变化。或者说，感冒药并不总是如此这般的大小、颜色、外形和味道。事实上，不仅感冒药如此，其他的产品也是这样。总之，在ISO9001标准体系中，固有特性可以分为广义和狭义两种认识。在广义上，固有特性就是指某事或某物本来就有的特性，在狭义上，它是指某事或某物本来就有且永久的特性，即某事物的功能特性。

所谓要求就是指“明示的、通常隐含的或必须履行的需求或期望”①。具体来说，要求包含三类，一是明文规定的要求；二是相关方面的惯例或一般做法；三是法律法规或强制性标准的要求。我们认为，不论是哪一类要求，在根本的意义上，反映的都是相应主体对某物或某事的需要。

由于固有特性有广义和狭义两种理解，因此，质量这一概念也有广义和狭义两种认识。在广义上，所谓质量就是指某事或某物的固有特性满足顾客需要的程度。在狭义上，所谓质量就是某事或某物的功能特性满足顾客需要的程度。我们认为，狭义的界定更为合理。理由在于，我们对一个概念，特别是人文社会学科概念的理解虽然可以与日常生活不太一致，但仍然应该尊重人们对这一概念的使用，与人们日常的用法不能相距太远。否则，即使我们的理解很有道理，也无法影响人们相应的行为，进而改进实践。就质量这一概念而言，人们通常都是做狭义的理解而不是广义的理解。例如，在论及药物的质量时，人们从来不会因为药物的颜色好看等原因而认为其质量高。基于这一认识，所谓职业教育质量就是指职业教育的功能特性满足顾客需要的程度。这一认识表明，学者们在职业教育质量概念上的共识基本上是可以接受的。

① 宋其玉. 2008版ISO9001标准理解与应用指南[M]. 北京：机械工业出版社，2009：42.

三、进一步的澄清

如果说职业教育质量指的是职业教育的功能特性满足顾客需要的程度,那么,职业教育的功能特性是什么呢?这就涉及学者们的一个分歧,即“职业教育质量”中的“职业教育”指的是什么。这个问题不加以澄清,所谓职业教育的功能特性也无从谈起。杨金土教授认为:“职业技术教育主要培养从事生产、管理、服务一线的操作人员、技术人员和管理人员。”即“实务人才”①。钱景舫教授认为“职业教育是为想要成为技术应用型、技能型人才的人提供的一种教育服务”②。澳大利亚学者米亚考(Josie Miako)认为,“职业教育是为个人提供进入职业与承担新的工作任务所需的技能和知识”③。德国学者伊克尔(Friedhelm Eicker)认为,“从形式上来说,职业教育是连接普通教育与职业工作世界的桥梁。所有的在这个‘过渡阶段’所发生的‘与教育有关的’内容都是职业教育”④。虽然学者们的理解不尽相同,但相同的是,学者们普遍将职业教育视为培养某种类型且与职业活动有关的人才或使受教育者具有在职业世界从事某种职业所需要的素质的实践活动。简而言之,职业教育是一种培养某种人的实践活动。据此,职业教育的功能特性就是指职业教育培养人的这种功能。职业教育质量指的就是职业教育对人的培养是否满足了顾客的需要。按照这种认识,学者们的第三个分歧,即职业教育质量的外延问题就不难加以澄清。既然职业教育质量指的是职业教育培养人才的功能与顾客需要之间的关系,那么可以肯定的是,所谓科研质量、社会服务质量、

① 夏金星,石伟平.职业教育学实用专题[M].北京:北京师范大学出版社,2013:7.

② 夏金星,石伟平.职业教育学实用专题[M].北京:北京师范大学出版社,2013:11.

③ 夏金星,石伟平.职业教育学实用专题[M].北京:北京师范大学出版社,2013:11.

④ 夏金星,石伟平.职业教育学实用专题[M].北京:北京师范大学出版社,2013:12.

环境质量、基础质量、组织质量、体系质量等都不是职业教育质量的外延。在这里,有两个问题需要特别予以分析。第一个需要特别对待的是将高等职业教育质量分为教学质量、科研质量和社会服务质量的观点。在高等教育界,这也是一种很有代表性的观点。但事实上,这一观点是错误的。因为它混淆了高等职业教育质量与高等职业学校质量两个概念。按照高等教育学的观点,高等学校承担着教学、科研和社会服务三项职能。因此,作为一种类型的高校,高职院校的质量就包括教学质量、科研质量和社会服务质量。但高等职业教育与高等职业院校不同。前者是一种实践活动,而后者是一种社会组织。因此,将高等职业教育质量等同于高职院校质量,并因此将高职教育质量区分为教学质量、科研质量和社会服务质量的观点是错误的。如果我们更进一步去追溯,不难发现,将教育活动与实施教育活动的机构混为一谈的现象是我国教育学界的一种普遍现象。在我国,各种不同版本的教育学教科书在讲到教育的经济功能时,几乎都会提到一点,即教育具有创造科学技术、促进经济发展的功能。但真实的情况是,教育并不能创造科学技术,能够创造科学技术的是承担教育职责的高等学校所开展的研究活动。这一错误之所以出现就是因为将承担教育活动的机构与其承担的具体活动相混淆。

第二个需要认真考虑的是将职业教育质量这一概念泛化的问题。窃以为,不论是将职业教育组织质量、体系质量,还是把职业教育政策落实情况、对国家和地区发展提供的服务纳入职业教育质量概念之中,都有泛化职业教育质量概念之嫌。这种泛化固然可以成一家之言,但对于人们提升职业教育质量的实践来讲并没有什么好处,因为泛化的概念会分散人们的注意力。同时,概念泛化一旦超过一定的限度,也就等于消灭了这一概念。一个无所不包的概念本质上就是一个空概念。从这个意义上讲,职业教育质量这一概念的泛化,将会威胁到其自身的存在。

接下来的问题是,如果说职业教育质量是指职业教育培养的人才满足顾客需要的程度,那么“顾客”是谁?这就是学者们的第二个分歧。澄清这个问题依然需要从什么是职业教育谈起。如上所述,职业教育是面向职业世界培养人才的活动。作为一种人才培养活动,职业教育首先是一种过程性存在,即实际发生的职业教育活动过程,如某年某月某日在某地开展的一次实训教学过程。从过程的角度讲,职业教育指的是职业教育机构向学习者提供的教育服务。所谓顾客指的就是职业教育机构的学习者及其家长。职业教育质量就是职业教育机构向学习者提供的教育服务满足学习者及其家长需要的程度。作为一种人才培养活动,职业教育有其相应的结果,即职业教育机构的学习者在职业教育活动影响下形成的素质。由于职业教育机构本质上是为相应职业活动培养人才的。因此,在这个层面上,所谓顾客指的就是开展相应职业活动的机构,即职业教育机构毕业生的用人单位。职业教育质量指的就是职业教育机构毕业生的素质满足用人单位需求的程度。此外,在现代社会,职业教育还作为一项具有公益性的事业存在。作为一项公益性事业,职业教育往往由政府部门面向全社会提供。因此,职业教育质量还有第三层意思,即政府部门提供的职业教育满足社会需要的程度。

综上所述,我们必须回归教育学的视角,将职业教育质量理解为人才培养质量,理解为人才培养过程满足学习者及其家长需要的程度,理解为人才培养结果满足用人单位需要的程度,理解为政府的职业教育工作满足社会需要的程度。这种理解更有利于突出职业教育机构的中心任务,引导职业教育机构从外延发展转向内涵发展,有助于指导政府部门围绕社会需求发展职业教育事业。

第三节 职业教育质量第三方评价的界定

教育评价和职业教育质量两个基础概念的澄清为分析职业教育质量第三方评价的概念打下了坚实的基础,但从“职业教育质量第三方评价”这一术语来看,在界定这一概念之前,还需要就“谁是第三方”这一问题进行探讨。

一、谁是第三方——已有观点的梳理

在字面上,所谓第三方评价指的就是由第一方和第二方之外的第三方开展的评价活动。然而,这个定义并不明晰,因为谁是第三方并不清楚。从已有文献来看,学者们大致有三种观点。第一种观点认为,第三方就是第一方和第二方之外的一方。例如,陆春阳(2011)认为,评价中的第一方是教育举办者,第二方是受教育者,第三方就是指与两者有联系,但独立于两者的客体,一般包括教育主管部门和行业企业等。[①]

第二种观点认为,第三方指的是与"评价对象无隶属关系,但却是有利益关系"的一方。[②] 在职业教育领域,这一看法得到了许多学者的支持。例如,王育仁(2012)认为,第三方是相对于第一方和第二方而言的。在高等职业教育质量评价中,传统办学主体是第一方,教育管理部门是第二方。两者之外的其他各方——就业(用人)单位、行业协会、学生及其家长等就是第三方。[③] 王宝刚和赵岩铁(2013)指出,在高职院校人才培养质量评价中,第一方是指院校内组织,第二方是教育行政部门,第三方是指独立于两者之外的第三方组织,包括企业、行业、家长和学生。[④] 虽然在第三方的具体构成上,学者们存在一些分歧,列举出来的第三方显然都与作为评价对象的职业教育没有隶属关系,但却与职业教育有着利害关系。从这一点来看,这些学者都是第二种观点的拥趸。

第三种观点认为,第三方的确是第一方和第二方之外的一方。但第一方和第二方之外的一方不一定是第三方。第一方和第二方之外的一方

---

① 陆春阳. 让第三方参与职业教育人才培养质量评价[J]. 职业技术教育,2011,(30):64-65.

② 周应中. 高职专业第三方人才培养质量评价体系的构建[J]. 职业技术教育,2012,(5):5-9.

③ 王育仁. 第三方质量评价运行机制研究[J]. 中国高校科技,2012,(6):53-54.

④ 王宝刚,赵岩铁. 高职院校人才培养质量第三方评价机制探析[J]. 教育教学论坛,2013,(3):236-237.

要想成为评价中的第三方,还必须满足一个要求,即与第一方和第二方都没有隶属和利益关系。例如,杨黎明(2012)在论及职业教育毕业生的第三方评价时,不仅认为"毕业生的第三方评价就是由独立于学校的社会组织和机构对毕业生进行的评价",同时也指出,不能认为自己之外的他人就是第三方,第三方最重要的一个特点是没有利害关系。[①] 按照这种观点,不仅家长和学生,而且用人单位都不是第三方评价的评价主体,因为他们都是职业教育的利益相关者。

显然,三种观点的不同是非常明显的。按照第一种观点,第一方和第二方之外的就是第三方。我们称之为"广义第三方"。按照第二种观点,广义第三方中与第一方和第二方无隶属关系且有利益关系的才是真正的第三方。按照第三种观点,真正的第三方不仅与第一方和第二方没有隶属关系,也没有利益关联。不难看出,后两种观点在继承第一种观点的基础上,对其做了进一步的限定。那么,在这三种看法中,哪种看法才是正确的或者合理的呢?

二、已有观点的反思

从文献来看,在职业教育质量第三方评价的概念上,学者们既有分歧也有共识。分歧在于,人们尚未在"谁是第三方"这个问题上取得完全一致的意见。共识表现在两点上,其一,大家一致认为要澄清"谁是第三方",就先得厘清谁是第一方和第二方。其二,应根据评价目标来确定第一方、第二方和第三方。这里先按照既有思路做延伸性的探讨。

众所周知,在职业教育质量评价中,评价目标是职业教育质量。质量总是某种产品的质量。职业教育质量指的就是职业教育产品的质量。那么,什么是职业教育产品呢?在微观层面,职业教育产品指的是职业院校

---

① 杨黎明.关于毕业生的第三方评价(一)——学校评价、企业评价和第三方评价[J].职教论坛,2012,(27):1.

向学生提供的教育服务。在中观层面上,职业教育产品是指凝结为学生素质的教育结果。微观和中观层面的理解是教育界的共识。事实上,除了微观和中观层面之外,还可以从宏观层面来理解职业教育产品。在宏观层面上,职业教育产品是指国家或地方政府为社会提供的职业教育服务。例如,2012 和 2013 年,上海市教育科学研究院与麦可思公司合作发布了《中国高等职业教育人才培养质量年度报告》,该报告中的高等职业教育指的就是宏观层面的高等职业教育。在不同层面上理解职业教育,其第一方和第二方各不相同,第三方因而也有别。这意味着,要清楚界定职业教育质量第三方评价的概念,首先需要澄清所评价的是哪个层面上的职业教育质量,不能将不同层面的职业教育质量混为一谈。

在微观层面,职业教育产品指的是职业院校向学生提供的教育服务。职业院校和学生分别是第一方和第二方,两者之外的其他各方就是第三方。在中观层面,职业教育产品指的是体现为学生素质的教育结果。职业院校和学生是第一方,用人单位是第二方,两者之外的其他各方是第三方。在宏观层面,政府是职业教育产品的提供者,而其接受者几乎就是整个社会。也就是说,第一方是政府,第二方则是整个社会。社会是第二方,意味着社会与职业教育有着直接的利益关联。然而,社会从来都不是具体的,而是抽象的。抽象的社会与职业教育又怎么可能有直接的利益关联呢?这就意味着,作为社会组成部分的公众个人或群体与职业教育之间没有直接的利益联系,他们之间的利益联系是间接的。换而言之,在宏观层面,社会公众个人或群体是第三方,由他们实施的评价就是第三方评价。

综上所述,如果根据具体的评价目标来确定第一方、第二方和第三方,其结果是,在评价不同层面的职业教育质量时,第三方的具体构成是不一样的。比如,如果要评价的是微观层面的职业教育质量,教育行政部门和那些没有参与校企合作的企业就是第三方。如果要评价的是中观层面的职业教育质量,教育行政部门仍然是第三方,而企业则不是第三方。也就是说,在职业教育质量评价中,有些主体有时是第三方,有时则不是第三方。从实践的角度来说,这会带来思想上的迷茫和行动上的混乱。总之,根据具体评价目标来确定第一方、第二方和第三方的相对主义逻辑本身是有问题的。

这种相对主义逻辑的出现,本质上是因为人们的视野局限在职业教育领域。如果跳出职业教育领域,就会发现,所谓第三方评价不论是在理论上,还是在实践上在公共管理领域都早已出现。事实上,第三方评价之所以广为认知并不是由于教育领域的第三方评价实践,而是由于西方发达国家政府绩效的第三方评价实践和第三部门理论的兴起。

三、第三方评价概念的初步界定

在政府绩效评价实践中,所谓第三方指的是政府部门和以企业为代表的营利性组织之外的,以提供公共服务,维护公共利益为目的的组织机构。这类机构有多种不同的称呼,如民间组织、非营利组织、非政府组织、第三部门等。从历史的角度看,政府绩效的第三方评价始于 20 世纪初。1906 年,在布鲁尔(Bruere)等人的领导下,纽约市政研究院成立。第二年,该院就对纽约市政府的绩效开展了初步评价。由于纽约市政研究院是独立于政府的非营利组织,因此,该院在 1907 年开展的这次评价被视为政府绩效第三方评价的开端。在后来的发展中,美国还建立了多个著名的、旨在对政府绩效进行评价的第三方机构,如经济和效率委员会(the Committee on Economy and Efficiency)、布鲁金斯研究院(Brookings Institute)和胡佛委员会(Hoover Committee)等。20 世纪 70 年代以来,随着新公共管理运动的兴起,政府绩效的第三方评价实践在各国纷纷兴起。1979 年,撒切尔夫人上台后,就任命雷纳担任首相效率顾问,并领导一个效率小组,对英国政府部门的绩效进行评价。这次评价史称"雷纳评审"。从评价主体的角度看,雷纳评审具有两个明显特点,一是评价对象要参与评价过程,二是邀请专业人员担任评价人员,承担具体的评价职责。这直接奠定了英国政府绩效第三方评价的基本特色,即聘请各类非政府的“第三方”参与政府绩效评价。在英国的影响下,韩国从 20 世纪 90 年代开始也开启了通过聘请学术研究人员组成评价机构,对政府绩效进行评价的实践。随着政府绩效第三方评价实践的发展,发达国家普遍将第三方评价上升到法律层面,作为一种法定制度确定下来。英国、美国、韩国、新西兰、澳大利亚、日本等国家纷纷出台相关法律,强调要引入第三方开展政府绩效评价。① 事实上,在教育实践中,非政府且不以营利为目的的组织开展的评价实践也早已有之。如早在 1919 年,作为非政府且不以营利为目的的会员组织,美国中部州协会(The Middle States Association,MSA)成立了高等教育委员会,并开始对高等教育机构进行认证评价。此后,该协会的认证评价又从高等教育领域逐步延伸到中学和小学阶段。② 总而言之,不论是在公共管理还是在教育活动的评价实践中,第三方评价都已经有了百余年的发展历史。但是,由于历史的原因,作为一种评价类型,第三方评价在相当长的时间内没有得到专门探讨。所谓历史的原因指的是,第三部门虽然早已有之,但长期没有得到关注,直到 20 世纪 70 年才被概念化,从而进入人们的视野。

作为政府组织和市场组织之外的一类组织,第三部门在世界各国早就存在。其中比较有代表性的就是具有公益性质的慈善组织和社区自治组织等。但“一直以来,非营利部门被政策讨论和学术研究忽略了”③。1973 年,美国学者莱维特(Levitt,也译作列维特)首次使用了“第三部门”这一概念。他认为,将社会组织分为公共组织(政府部门)和私人组织(私营企业)的传统划分方法太过粗略,在他看来,在这两类组织之外,还存在大量的既不是政府部门也不是私营企业的社会组织,从事着政府部

① 尚虎平,王春亭.政府绩效评估中“第三方评估”的适用范围与限度——以先行国家为标杆的探索[J].理论探讨,2016,(3):12-18.

② 1919-2019: THE 100-YEAR HISTORY OF THE MIDDLE STATES COMMISSION ON HIGHER EDUCATION[EB/OL].[2020-05-30]. https://www.msche.org/about-us/history/

③ [美]莱斯特·M.萨拉蒙.公共服务中伙伴——现代国家与非营利组织伙伴关系[M].田凯,译.北京:商务印书馆,2008.51.

门和私人企业不愿做、做不了或者做不好的工作。莱维特将这类组织称为“第三部门”,以区别于作为第一部门的政府部门和作为第二部门的私人企业。此后,“第三部门”这一术语被学术界广泛使用。“第三部门”概念诞生之后,由第三部门开展的评价才被称为“第三方评价”。

在一般意义上,第三部门指的是非政府且不以营利为目的的社会组织。但是,各国国情不同,且社会组织本身具有复杂性,在第三部门究竟包括哪些组织这个问题上并没有形成完全一致的看法。如,联合国将第三部门分为3类15项,欧共体则在此基础上增加了研究与开发组织、雇主协会等,从而将第三部门分为5类18项。[①] 美国著名学者萨拉蒙(Lester Salamon)认为,第三部门或者说非营利组织应该具有下述五个特征。一是组织性。即第三部门内部有自身的机构和制度。二是私有性/民间性。即第三部门是非政府的组织机构。具体来说,第三部门可以接受政府的支持,但其内部运作必须独立于政府。三是非利润分配性/非营利性。即第三部门可以营利,但不能以营利为目的,或者说第三部门的营利不能进行内部分配,而只能用于与组织宗旨相关的活动。四是自治性,即第三部门能独立处理自身事务,不受各种外界力量的控制。五是志愿性。即组织成员是基于志愿而非法定义务参与组织的。[②] 我国学者普遍认为,萨拉蒙的这一看法只反映了现代西方发达国家第三部门的特征,中国大陆和广大发展中国家的非营利组织大多只具备其中的部分特征。如,在发展中国家,“有的非营利组织与政府关系比较近,或者直接就是由政府发起或者由政府人员直接担任非营利组织的领导者等,从而使非营利组织的内部治理缺乏民主性,在实际操作中也缺乏独立性”[③]。还有一些

---

① 汪玉凯.公共管理与非政府公共组织[M].北京:中共中央党校出版社,2003.69-70.

② [美]莱斯特·M.萨拉蒙.全球公民社会——非营利部门视界[M].贾西津,译.北京:社会科学文献出版社,2002.3-4.

③ 耿长娟.从志愿失灵到新治理——萨拉蒙的非营利组织理论[M].北京:中国社会科学出版社,2019.192.

非营利组织“在发挥公益性角色的同时,却也会进行利润分配”[①]。按照萨拉蒙的定义,这些组织都不能称为非营利组织或第三部门。应该说,这些基于事实的讨论有其道理,但仍然需要开展进一步分析。首先,人们对萨拉蒙提出的第三部门基本特征的认识存在一定偏差。比如,在私有性或者民间性上,一些人将其理解为第三部门必须是民间组织。换句话说,政府创办或者举办的组织就不是第三部门。这就是对萨拉蒙观点的误解。所谓民间性本质上指的是组织性质的非政府性,即该组织不是政府的组成部门,也不是政府的分支或附属机构,因而其运作不受政府掌控。这与第三部门由谁创办,有什么身份的人参与没有直接的关系。事实上,即使是在美国,也有一些典型的第三部门是公办的。如作为第三部门的美国州立大学就是公办大学。这些大学之所以仍然被视为第三部门,就在于其性质是非政府部门,其运作独立于政府。其次,萨拉蒙对第三部门基本特征的概括应该被理解为对典型的第三部门特征的反映。这意味着,不能认为只有完全具备这些特征的社会组织被承认为第三部门。事实上,萨拉蒙自己早已指出:“我们将这个部门定义为在一定程度上①有组织的②私人的③非利润分配的④自治的⑤自愿的一组实体。”[②]“一定程度上”这一修饰语表明,并不是说只有一个组织完全符合这些特征才能被称为第三部门。当一个组织部分地满足上述特征就可以被认为是第三部门。

总而言之,第三方评价指的是第三部门开展的评价,也就是由政府部门和私人企业之外的其他社会组织开展的评价。职业教育质量第三方评价就是由非政府且不以营利为目的的社会机构开展的职业教育质量评价活动。这一界定试图表达以下两层意思:其一,第三方评价必须是由组织机构实施的评价活动,公民个人以及因应需要而组建的临时性机构开展

---

① 耿长娟.从志愿失灵到新治理——萨拉蒙的非营利组织理论[M].北京:中国社会科学出版社,2019.193.

② [美]莱斯特·萨拉蒙,赫尔穆特·安海尔.公民社会部门[A].周红云,译.见何增科.公民社会与第三部门[C].北京:社会科学文献出版社,2000.259.

的评价不属于第三方评价。其二,只要评价主体是非政府且不以营利为目的的组织,则相应的评价活动就可以视为第三方评价。符合这一界定的组织除了不以营利为目的的纯粹民间组织,还包括与政府机构关系密切但既不是政府部门也不是企业的组织,如我国的事业单位,日本的独立行政法人等。

四、进一步的思考

回答了"谁是第三方"并不能完全定义清楚什么是第三方评价。对于第三方评价概念的界定来说,还需要进一步澄清一个问题,即第三方评价是指由第三方主导的评价活动,还是第三方参与的评价活动。第三方主导的评价活动是指第三方负责组织实施评价的全部或核心工作,包括设计指标体系、分配指标权重、建立评价标准、组织评价活动和形成评价结论。第三方参与的评价活动则仅仅强调第三方对评价工作的参与。徐双敏和李跃认为,在政府绩效评价领域,西方的第三方评价指的是第三方主导的评价,而我国则强调第三方对评价工作的参与。① 在理论上,两种观点没有绝对对错之分。但是,从实践来看,应该将第三方评价理解为第三方主导的评价。首先,从国际情况看,在国外职业教育质量第三方评价实践中,第三方评价机构始终在评价活动中起着主导作用。在绝大多数情况下,评价对象的确定、评价标准的制定、评价过程的实施、评价结论的确定和评价对象申诉和上诉的应对等评价活动都是由第三方评价机构主导完成,政府部门并不参与其中。在少数第三方评价活动中,政府部门也会以一定的方式参与其中,但评价活动最关键的两个环节——评价标准和评价结论的确定——都掌握在第三方手中。其次,从我国实际情况来看,将第三方评价理解为第三方主导的评价更符合政策的期待。从我国

① 徐双敏,李跃. 政府绩效的第三方评估主体及其效应[J]. 重庆社会科学,2011,(9):118-122.

职业教育评价实践来看，在评价活动之前，教育行政部门要聘请专家学者制定评价方案和评价指标体系。评价活动启动之后，教育行政部门同样要聘请相关专家学者实际执行评价任务。评价的基本流程是，学校开展自我评价并提交评价报告，教育行政部门委托所聘请的专家组进驻学校进行实地访问，最后由专家组根据学校自评和实地访问的结果形成评价意见。显然，从评价方案的制定，到评价活动的实施，教育行政部门都是依靠专家而不是自己直接完成的。专家学者作为第三方一直在参与职业教育评价活动。这意味着，如果认为有第三方参加的评价就是第三方评价，那么我国的职业教育评价从一开始就是第三方评价。这样一来，所谓大力发展第三方评价根本就是个伪命题。因此，坚持一个“强立场”是必要的，即唯有由第三方主导的评价才是第三方评价。

综上所述，所谓职业教育质量第三方评价可以界定为：由非政府且不以营利为目的的社会组织主导实施的以职业教育质量为评介目标的评价活动。

第二章　职业教育质量第三方评价何以必要

不论是从宏观的社会舆论环境,还是从职业教育领域的小环境来看,第三方评价已然成为职业教育质量评价领域的“意识形态”,支持第三方评价已经成为一种地地道道的“政治正确”。我们认为,越是在这样的情形下,越应该思考下述问题:为什么在职业教育质量评价领域,应该大力倡导第三方评价?从目前的研究文献来看,人们还没有给予这个问题以很好的回答。本书认为,职业教育质量第三方评价是由职业教育的产品属性决定的,是普遍的国际经验,也是开展职业教育治理的需要。

第一节　职业教育产品性质与第三方评价

建立健全职业教育质量第三方评价制度,开展职业教育质量第三方评价实践是我国职业教育领域的一项基本政策。那么,为什么应该积极发展职业教育质量第三方评价呢?学者们对此进行了一些研究。那么,这些研究的主要观点是什么?这些研究给出的答案令人满意吗?

一、已有解释的梳理

在为什么要推进职业教育质量第三方评价这一问题上,学者们提出了多种观点,概括起来主要有以下三个方面的看法。第一,从传统的角度讲,实施第三方评价有助于减轻教育行政管理部门的负担。在传统上,职业教育质量的评价主要由教育行政管理部门牵头实施。政府部门工作任务的繁杂性和在评价工作中的非专业性,严重制约了职业教育质量评价的持续性和科学性,限制了评价功能的发挥。由第三方承担评价职责,可以解放教育行政管理部门,并更好地发挥评价的应有作用。我们把这种观点称为“减轻负担说”。

第二,从评价作用角度讲,实施第三方评价有助于引导职业院校明确并坚持正确的办学方向,有助于调动各方面参与职业教育的积极性,有助于增强职业教育的吸引力。这种观点可称之为“评价作用说”。在第一个方面,《国家中长期教育改革和发展规划纲要(2010—2020 年)》明确提出要“大力发展职业教育”,以“满足人民群众接受职业教育的需求,满足经济社会对高素质劳动者和技能型人才的需要”[①]。作为实施职业教育的主体,职业院校无疑要承担起这一职责。但职业院校要圆满完成任务,就必须了解经济社会发展的现状、趋势及其对劳动者和技能型人才素质的要求,熟悉学生和家长对职业教育的期待。实施第三方评价,有助于评价内容的科学化、评价方法的专业化、评价过程的透明化、评价组织的社会化,更好地帮助职业院校准确把握经济社会的科学发展和人民群众对职业教育的诉求,确定并坚持正确的办学目标。在第二个方面,在传统的第一方和第二方评价的基础上,引入第三方评价,将更多力量引入了职业教育领域。特别是第三方评价突出了行业企业在职业教育质量评价中的地位和权力,有助于职业教育人才培养质量的提升。在第三个方面,第三方评价的透明性有助于增强社会公众对职业教育和职业院校的了解,第三方评价的专业性以及由此带来的权威性则有助于提高社会公众对职业教育和职业院校的信任。随着了解和信任的加深,职业教育的吸引力

① 国家中长期教育改革和发展规划纲要(2010-2020 年)[J]. 人民教育,2010,(17):2-15.

也将逐步得到提升。

第三,从评价本身来看,实施第三方评价能满足人们对评价公正性和科学性的期待。因此,这一观点可称为"科学公正说"。公正性和科学性是人们对评价活动的普遍要求。实施第三方评价,有助于评价公正性和科学性的实现。第三方评价的重要特点就是独立性,即作为评价主体的第三方在身份和财政上被认为是独立的,与第一方和第二方之间没有隶属或利益关系。独立性使得作为评价主体的第三方能够超脱利益羁绊,对评价对象进行客观的评价,从而为评价结论的公正性提供了保障。在第三方评价中,第三方机构大多由专家和教授组成,具有较高的专业水准,能够熟练运用专业知识,设计专业工具,采用科学方法开展评价,为评价活动的科学性提供了有效的保证。

二、已有解释的反思

从某种意义上来讲,已有的解释看上去并无缺陷,相当有力。但仔细分析,就会发现这些观点存在局限性。"减轻负担说"和"评价作用说"两种观点属于典型的外部解释,其基本的逻辑是:第三方评价有现实的好处,所以要实施第三方评价。这个逻辑存在明显缺陷。第一,如果实际情况变了,第三方评价的"现实好处"将不复存在,第三方评价因此也就没有必要了。这意味着,"减轻负担说"和"评价作用说"的说服力完全取决于外部情况,因此这两种观点无法对第三方评价的必要性与合法性提供一个稳定的解释。第二,这一逻辑没有考虑第三方评价可能带来的消极后果。试问,如果第三方评价在能带来诸多好处的同时,带来了更大的负面后果,那么还应该实施第三方评价吗?显然不能。总之,"减轻负担说"和"评价作用说"不能很好地解释为什么要实施第三方评价这一问题。

与前两种观点不同,"科学公正说"则是从第三方评价的特点出发进行的解释。这种解释看上去是很有道理的,但其实也存在问题。首先,在评价的科学性上，其实不仅第三方评价可以做到，第一方和第二方也可以做到。例如，在高职层面，许多高职院校都设有专门的高水平的高职教育研究所，这些研究所完全可以承担起对职业教育质量进行科学评价的任务。从这个意义上讲，以确保评价的科学性作为开展第三方评价的理由并不充分。其次，在评价的公正性问题上，人们通常认为，第一方和第二方是当事双方，与评价对象有着直接的利益关联。为了最大限度地实现自己的利益，第一方和第二方往往都是根据自身利益开展评价活动。换句话说，第一方和第二方很难客观公正地开展评价。正是基于这一看法，人们才试图引入与第一方和第二方均没有利害关系的第三方进行评价，以保证评价结果的客观公正。这里存在一个明显的假设，即评价主体的独立性能够为评价的公正性提供充分的保证。事实上，第三方的独立性的确为评价公正性提供了一定的保证，但这个保证并不充分，因为在现实中，第三方仍然存在成为新的利益相关方的可能。如果第三方“非常不幸”地成为新的利益相关方，那么，第三方评价的公正性就无从谈起。因此，以确保评价的公正性作为开展第三方评价的理由同样不够充分。

综上所述，人们对为何要开展职业教育质量第三方评价这一问题的解释，虽然具有一定的说服力，但并不充分。主要表现为，已有的观点并不能说明，对于职业教育质量，为什么“必须”开展第三方评价？出现这一不足的主要原因是，已有观点都是从“评价活动”本身而不是作为评价对象的“职业教育”的角度来进行阐述的。因此，我们有必要转换角度，从分析评价对象——职业教育——的特点出发，来考虑职业教育质量第三方评价的必然性。在这方面，教育经济学对职业教育产品属性的研究提供了很好的基础。

三、作为信任型产品的职业教育

教育学界在论及教育产品的属性时，一般都援引经济学的公共产品理论。这一理论依据(非)竞争性和(非)排他性两个标准，将社会产品划分为纯公共产品、准公共产品和私人产品。根据这种划分,教育经济学的学者们一般都认为,义务教育属于公共产品,而高等教育属于准公共产品。但在经济学上,除了上述分类之外,还有另外一种分类。尼尔森(Nelson P.,1970)根据消费者与厂商之间信息不对称性程度,即消费者在什么条件下能获得关于产品质量的充分信息,将社会产品划分为搜寻型产品(search goods)和经验型产品(experience goods)。[①] 在日常的消费行为中,消费者往往要货比三家,这种行为就是搜寻行为。如果产品质量是在搜寻过程中被消费者把握,那么这种产品就是搜寻型产品。由于搜寻行为发生在购买行为之前,因此,搜寻型产品就是指消费者在购买该产品之前就能知晓其质量的产品,例如衣服。经验型产品则是指消费者只有在购买并使用该产品之后才能真正知道其质量的产品,如餐馆的菜肴。在这一分类的基础上,达尔比和卡米(Darby M. & Kami E.,1973)又增加了一种新的类型,即信任型产品(credence goods)。[②] 信任型产品是指消费者在购买并消费该产品后也难以把握其质量的产品,如耐用品的修理、医疗服务等。需要注意的是,信任型产品的质量并不是无法判断,而是难以判断。相对于经验型产品的质量只需要使用该产品就可以加以判定而言,信任型产品质量的评判需要消费者在使用该产品之后付出额外的成本和代价(如更多的知识、更长的时间等)。

那么,职业教育属于搜寻型产品、经验型产品还是信任型产品呢?目前,学者们并未直接论及。但国外学者对高等教育的产品属性有所讨论。范富格特和韦斯特黑登(van Vught F. A. & Westerheijden D. F.,2010)认为,学生在接受高等教育之前是无法判定其质量的。因此,他们断定高

---

① Nelson P.. Information and consumer behaviour[J]. *Journal of Political Economy*, 1970,78(22):311-329.

② Darby M.,& Kami E.. Free competition and the optimal amount of fraud[J]. *Journal of Law and Economics*,1973,16(1):67-88.

等教育不是搜寻型产品,而是经验型产品或者信任型产品。[①] 这一观点是有道理的。因为在大学中,不论是教学,还是科研,抑或是社会服务,都是实实在在的活动,在活动实际发生之前,其质量根本无法判断。与此不同的是,迪普科恩和麻兹赖特(Depken C. A. & Mazonaite E.)认为,高等教育有很多消费者,对于不同的消费者而言,高等教育具有不同的产品属性。在他们看来,由于大学生经历了高等教育的过程,他们因而能够判断高等教育质量的高低。因此,对于他们而言,高等教育是经验型产品。但是,如果学费是由第三方,如家长或政府支付的,那么对于这些第三方而言,高等教育类似信任型产品。[②] 这种观点存在一个比较大的问题。我们知道,搜寻型产品、经验型产品和信任型产品的分类是按照商品的提供者与消费者之间的信息对称程度来划分的,而家长或政府只是高等教育的付费者,而不是消费者,这意味着对于他们而言,根本就没有所谓高等教育是哪一类产品的问题。与前述观点不同,汉斯曼(Hansmman H. B.,1980)明确指出,包括高等教育在内的各级教育所提供的都是复杂且细微的服务,不论是家长还是学生都没有足够的能力去评价机构所提供的服务质量。[③] 在这个意义上来讲,高等教育无疑是一种信任型产品。这是颇有道理的。因为高等教育非常复杂,而且教育评价活动是一种专业活动,那些没有受过评价专业训练的人很难具有评价高等职业教育质量的能力。弗兰克和斯科恩菲尔德(Franck E. P. & Schönfelder B.,2000)则指出,要确认高等教育的质量需要消费者具备了解生活状况(这一状况是由于没有接受高等教育或接受了另外一种高等教育所致)的能力,

---

① van Vught F. A., Westerheijden D. F.. Multidimensional ranking: a new transparency tool for higher education and research[J]. *Higher Education Management and Policy*, 2010, 22(3): 31-56.

② Depken C. A., Mazonaite E. The World University Rankings: Do Country Characteristics Matter? [EB/OL]. http://belkcollegeofbusiness. uncc. cdu/cdcpkcn/P/rankedcolleges2. pdf.

③ Hansmman H. B.. The role of nonprofit enterprise[J]. *The Yale Law Journal*, 1980, 89(5), 835-902.

但是这超出了我们能力范围。同时,一个好的高等教育,其效果是在我们整个职业生涯过程,甚至延续到退休之后逐渐显现出来的。这意味着,消费者不可能在消费了高等教育产品之后就能确定其质量。因此,他们也认为,高等教育是信任型产品。[①] 这一看法最令人称道之处在于看到了教育服务的效果具有滞后性这一特点。而这一特点足以表明,要想正确评价高等教育质量,即使不付出其他的代价,至少要付出额外的时间成本。从这个意义上讲,高等教育是地地道道的信任型产品。

综上所述,第一,人们无法在接受高等教育之前就了解其质量,因此,高等教育不是搜寻型产品。第二,由于高等教育的复杂性、教育评价的专业性和教育效果的滞后性,人们也无法在接受高等教育之后就能判断其质量。人们要想真正了解高等教育质量,需要能力上的支持和更长的时间上的等待。因此,高等教育也不是经验型产品。一句话,高等教育是信任型产品。事实上,前述关于高等教育产品属性的讨论和分析完全适用于职业教育。从这个角度讲,职业教育也是一种信任型产品。

四、职业教育质量第三方评价何以必要

从经济学的视角看,职业教育是由职业教育机构向人们提供的商品。作为一种商品,在其质量高低这一问题上,职业教育的提供者说了不算。但是,由于职业教育是一种信任型产品,因此,职业教育的消费者也很难在接受了职业教育服务之后就能对其质量做出恰当的评判。在这样的条件下,只能有一种选择,即由职业教育产品的提供者和消费者之外的第三方对其质量进行评价。

相对于前面的各种解释来讲,这种教育经济学的解释具有显著的优点。前文的分析表明:“减轻负担说”和“评价作用说”的合理性完全依赖

---

① Franck E. P. ,Schönfelder B. . On the role of competition in higher education —— uses and abuses of the economic metaphor[J]. *Schmalenbach Business Review*,2000,52(3),214-237.

于外部环境,一旦外部环境发生变化,其合理性就荡然无存。不仅如此,这两种观点只考虑到第三方评价带来的好处,而没有充分估计其可能造成的不良后果。因此,“减轻负担说”和“评价作用说”不能为职业教育质量第三方评价的必要性提供一种具有“必然性”的解释。在“科学公正说”中,评价的科学性并不为第三方评价所独有,评价的公正性并不必然得到保证,至多可以说,相对于第一方和第二方评价而言,第三方评价实现评价公正性的概率更大。因此,“科学公正说”同样不能解释,为什么在职业教育质量评价中,“必须”实施第三方评价。相对于已有的解释来讲,教育经济学的解释则完美地解决了上述问题。第一,教育经济学解释的基本逻辑是:职业教育是一种信任型产品,所以应该由第三方对其质量进行评价。在这种逻辑中,对第三方评价必要性的解释建立在且仅仅建立在对职业教育产品属性的认识上,与职业教育和评价活动所处的外部环境没有任何关联。概括来说就是,对职业教育质量实施第三方评价是职业教育的本质要求。显然,这是一种内在的解释,也是一种必然性的解释。

第二节　职业教育质量评价的国际经验

“他山之石,可以攻玉”。作为一个发展中国家,我国在各种事业的改革发展中需要经常学习借鉴先进国家的经验,吸取其他国家的教训。职业教育质量评价工作也不例外。

一、美国

博格和霍尔认为,认证是美国人最熟悉并接受的高等教育质量保障形式和最行之有效的质量评价方式。[①] 由于美国的认证是由非政府、非营利的第三方机构实施的，因此，认证本质上是一种第三方评价。从这个角度讲，可以将美国高等教育第三方评价的模式称之为"认证模式"。事实上，美国职业教育第三方评价的主要方式之一也是认证。

美国职业教育认证分为面向职业院校的认证和面向专业的认证。在美国，高等教育认证机构中的一些地区性认证机构会对职业院校进行认证，如新英格兰学校和学院协会（New England Association of Schools and Colleges，NEASC）和中部州协会都向职业院校提供认证服务。NEASC 成立于 1885 年，是美国一所著名的地区性认证机构。作为一所高等教育认证机构，NEASC 最初并不开展面向中等职业学校的认证服务。1968 年，NEASC 执行委员会决定成立一个特设委员会，对新英格兰地区六个州的职业教育进行调查，以决定是否需要向该地区职业教育机构提供认证。历经两年的调查研究，1970 年，NEASC 执行委员会正式设立了职业技术机构委员会，执行对职业技术教育机构进行认证的任务。最初，该委员会认证的对象是中学（9-12 和 9-PG）和高等教育机构（非学位和副学士学位）。1992 年，该委员会改名为技术和生涯机构委员会（Committee on Technical and Career Institution，CTCI）。1994 年，提供职业技术教育性质学士学位教育的高等教育机构也被纳入该委员会的认证范围。但从 2002 年开始，提供学士学位高等教育的机构认证权又逐步转移到高等教育机构委员会。目前，CTCI 主要对新英格兰地区综合技术高中（comprehensive technical high school）、职业中心（career center）以及高等教育中的非学位授予机构进行认证。[②]

与 NEASC 直到 20 世纪 70 年代才开始提供中等职业教育机构认证服务不同，成立于 1919 年的美国中部州协会早在 1921 年就成立了中等

---

① ［美］E. 格威狄·博格，金伯利·宾汉·霍尔. 高等教育中的质量与问责［M］. 毛亚庆，刘冷馨，译. 北京：北京师范大学出版社，2008. 20.

② NEASC. The History of CTCI.［EB/OL］.［2018-12-12］. https://ctci.neasc.org/overview.

学校委员会(The Commission on Secondary Schools,MSA-CSS),面向中等教育机构开展认证活动。1978年,MSA又建立了向初等教育机构提供认证服务的机构,并于1988年命名为初等学校委员会(The Commission on Elementary Schools,MSA-CES)。在职业教育领域,中等职业学校和高等职业院校的认证工作由MSA-CSS负责。”

作为职业院校的认证机构,不论是NEASC,还是MSA-CSS都是非政府且不以营利为目的的会员组织。以MSA为例,MSA章程明确规定,MSA虽然要获得美国教育部的认证许可,并遵守其相关要求,与包括教育部在内的诸多政府机构保持合作关系,但是MSA不是政府部门,不承担政府部门的任何法定职责。MSA-CSS的经费主要来源于三个渠道:会员机构缴纳的会费、申请认证机构缴纳的认证费用和捐赠。但是,为了保持独立性,MSA-CSS不接受来自会员机构的捐赠。同时,对于那些有附加条件的捐赠,MSA-CSS有权自主决定是否接受。[①] 总之,MSA-CSS是一个完全独立的机构。作为会员组织,NEASC和MSA-CSS的会员都是教育机构。职业院校要想成为成员,不仅要缴纳一定的会费等费用,而且必须获得其认证。职业院校如果想保留会员身份,则需要按照要求,每隔几年就需要再次接受认证机构的认证。

与职业院校认证一样,专业认证工作也是由非营利、非政府且经过美国教育部或者高等教育认证委员会(The Council for Higher Education Accreditation,CHEA)认可的认证机构负责。比较有代表性的认证机构有工程与技术认证委员会(Accreditation Board for Engineer and Technology, ABET)等。ABET成立于1932年,并于1936年开始面向工程专业开展认证工作。目前,ABET设有应用和自然科学、计算科学、工程以及工程技术四个认证委员会。在这四个委员会中,工程技术认证委员会认证的对象是工程技术类专业。这类专业与我国高等职业教育专业的人才培养目

① RELATIONSHIPS WITH GOVERNMENTAL AGENCIES[EB/OL].[2019-10-12]. https://www.msa-cess.org/Customized/Uploads/ByDate/2015/December_2015/December_18th_2015/8.1%20Relationships%20with%20Governmental%20Agencies74181.pdf

标高度一致。其中,四年制工程技术专业与职业技术本科四年制专业类似,两年制工程技术专业相当于我国专科层次的高职专业。

作为一个对高等职业教育工程技术类专业进行认证的机构,ABET是一个非营利、非政府组织,由美国土木工程师学会(American Society of Civil Engineers,ASCE)、美国机械工程师学会(The American Society of Mechanical Engineers,ASME)、美国工程教育学会(American Society for Engineering Education,ASEE)、电气和电子工程师协会(Institute of Electrical and Electronics Engineers,IEEE)等36个专业性会员协会构成。

二、日本

随着高中教育和高等教育的普及,日本中等职业学校教育不断萎缩,职业教育逐渐高等化。在日本,高等职业院校主要包括短期大学(Junior college)、高等专门学校(College of technology)和专门学校(Specialized school)。1956年,日本政府制定了大学设置标准。自此,高等学校的设立就必须获得日本文部省的批准。1991年,日本对大学设置标准进行了简化,但同时提出,大学"应导入自我检查和自我评价体系"[①]。1999年,文部省再次对大学设置标准进行了修订,要求大学"必须"进行自我评价,并公开评价结果。至此,日本建立起了由设置许可和自我评价两个体系构成的高等教育质量保障体系。

为了改进和提升高等教育质量,1998年,大学审议会发布《21世纪的大学愿景》报告,要求加强高等院校的自我评价,并引入第三方评价。1999年,文部省设立大学评价与学位授予机构,作为第三方对国立大学进行评价。2002年,日本修订了《学校教育法》。修订后的《学校教育法》进一步确认高等教育机构实施自我评价是一项法定义务,而且明确

① 王国辉. 从事前规制到事后确认——日本大学现行认证评价制度研究[J]. 高教探索,2015,(7):67-72.

规定,从 2004 年开始,所有的大学、短期大学和高等专门学校都应以 7 年为一个周期接受由文部省认可的第三方认证机构的评价认证。日本高等职业教育第三方评价机构概况见下表 2-1。

表 2-1　日本高等职业教育第三方评价机构及其评价对象

评价机构	性质	评价对象
短期大学基准协会	一般财团法人	短期大学
大学基准协会	公益财团法人	大学、短期大学、法学院、专门职大学院
日本高等教育评价机构	公益财团法人	大学、短期大学、专门职大学院
大学改革支援・学位授予机构	独立行政法人	大学、高等专门学校、法学院
日本技术者教育认定机构	一般社团法人	大学、高等专门学校、专门职大学院

资料来源:NIAD-UE. Overview Quality Assurance System in Higher Education (second edition). 2014. 24.

在这些机构中,短期大学基准协会、大学基准协会、日本高等教育评价机构、大学改革支援・学位授予机构的评价对象是职业教育机构,而技术者教育认定机构则针对工程、农业和科学领域的专业进行评价认证。所有评价认证机构都是非政府的第三方组织。日本第三方评价机构的性质比美国复杂。在日本,第三方评价机构有一般社团法人、一般财团法人、公益财团法人、独立行政法人等。这些机构都不是政府机构。一般社团法人是一种会员性质的团体,其设立需要全体会员的同意。一般财团法人则是建立在财产的基础上。只有当有人捐助了至少 300 万日元的财产,才可以设立一般财团法人。一般社团法人和一般财团法人两者在设立的条件和程序上虽然不同,但都属于"一般法人",不以营利为目的。公益财团法人是一种公益法人。根据日本法律规定,公益法人必须满足一定的标准,如"以实施公益目的事业为主要目的";"预计在公益目的事业实施过程中,通过该事业所获得的收入不超过实施该事业所需合理费用总额";公益资格被撤销或因合并而导致法人消亡时,其资产要捐赠给组织宗旨相近的公益法人、中央和地方政府、其他法人,而不能采取其他方法处理。从这些标准来看,公益财团法人也是不以营利为目的的社会组织。对于独立行政法人,日本《独立行政法人通则法》第二条做了明确界定。根据法律规定,所谓独立行政法人是指“对关乎国民生活及社会经济的安定等的公共立场上必须确实实施之事务及事业,国家自身不必要直接实施的,委托给民间主体实施恐有难以实施之虞,或为了高效、有效的实施(相关事务、事业),而有必要让一个主体独占行使的,基于本法及个别法之规定设立的法人”①。显然,独立行政法人不是民间组织,但也不是行政机构。独立行政法人的经费由国家划拨,但其业务的实施不受政府部门直接干预,而是独立完成的。总而言之,日本高等职业教育第三方评价机构尽管在机构的法律地位上不尽相同,但都属于不以营利为目的的非政府机构。这样,日本就建立了一个由设置许可、自我评价和第三方评价组成的高等职业院校质量保障和评价系统。

三、荷兰

1985年以前,在中央集权的高等教育管理体制下,荷兰各类高等学校都只具有十分有限的办学自主权。相应地,高等学校在教育质量上也不承担责任。1985年,荷兰政府发布题为《高等教育:自治与质量》的报告,在赋予高等学校更大自主权的同时,也要求其在高等教育质量上承担更多责任。随后,在借鉴美国专业认证经验的基础上,荷兰从1987—1988年开始对研究型大学的专业进行外部评价。1990年,应用技术大学开始实施与研究型大学相同的专业评价活动。1999年,欧洲29个国家签署了《博洛尼亚宣言》,决定到2010年建立欧洲高等教育区,实现欧洲高等教育一体化的目标。为了更好地融入欧洲高等教育一体化进程,2000年,荷兰成立了高等教育认证委员会,提出要引进高等教育认证制度。2002年,荷兰颁布了修订后的《高等教育与研究法》,宣布对荷兰的应用技术大学和研究型大学现有和新设立的专业质量进行强制认证,并

① 陈伟.日本独立行政法人制度研究[D].重庆:西南政法大学硕士学位论文,2013.9.

成立了荷兰认证组织(Netherlands Accreditation Organization,NAO)。2003年,荷兰与比利时弗兰德地区政府签署了一项关于荷兰和弗兰德地区高等教育计划认证的协议,荷兰认证组织随即被改组为荷兰与弗兰德地区认证组织(Accreditation Organisation of the Netherlands and Flanders,NVAO)。NVAO是一个以国际条约为基础的、独立的认证机构。2005年,NVAO根据荷兰公共法获得了独立法人地位,它在荷兰和弗兰德地区的任务都经法律确定。

NVAO的认证包括专业认证和院校审核(Institutional Audit)。专业认证包括新专业初次认证(Initial Accreditation)和现有专业认证(Accreditation of existing programme)等多种类型,覆盖了研究型大学和应用技术大学开设的副学士、学士和硕士学位专业。NVAO的专业认证始于2003年,是荷兰最早的一种认证形式。2011年,NVAO在专业认证的基础上,增加了院校审核。院校审核的对象包括研究型大学和应用技术大学在内的高等学校。院校审核并不是对高等学校教育质量的直接评价,而是对高等学校内部质量保障体系和质量文化所进行的评价,以确保高等学校能够满足学生对高等教育的期望。总之,NVAO虽然是一个由政府主导建立的认证机构,但作为一个独立法人,它是一个第三方机构。在具体的评价活动中,NVAO严密的制度安排也保证了认证的独立性。

四、俄罗斯

作为一个有着悠久中央集权历史的国家,俄罗斯职业教育质量评价的权力长期掌握在政府手中。这一体制直到2003年俄罗斯签署《博洛尼亚宣言》才开始松动。由于《博洛尼亚宣言》建议由独立机构开展教育质量评价,使得建立教育质量独立评价的体制机制成为可能。2005年,俄罗斯建立了教育质量社会检查及事业发展署(The Agency for Quality Assurance in Higher Education and Career Development,AKKORK)。这是俄罗斯第一所对高等教育质量进行独立评价的机构。在职业教育领域,该机构组织实施职业院校教育大纲质量评价。经过几年的探索，2012 年，俄罗斯修订并发布了《俄罗斯联邦教育法》。根据《俄罗斯联邦教育法》的规定，俄罗斯职业教育评价包括政府评价和社会评价。其中，政府评价包括许可、认证、监督和鉴定等形式。社会评价包括三种类型，一是教育质量的独立评价。在操作中，教育质量的独立评价又分为由教育关系参与者发起的学生培养质量独立评价和由公共委员会实施的教育活动质量独立评价。在这里，公共委员会由制订教育领域国家政策和法规的联邦权力执行机关、社会组织、消费者公共团体组成。二是教育机构的社会认证，由俄罗斯国内或国外的社会组织实施。三是职业教育大纲的社会职业认证，由雇主、雇主协会及其授权机构组织实施。除了对第三方评价类型及其主体做了详细规定之外，《俄罗斯联邦教育法》还对政府权力机关和第三方评价机构在第三方评价活动中的职责和权力以及第三方评价与政府评价之间的关系做了细致的规定。[①] 这些法律规定为职业教育第三方评价在俄罗斯有序健康开展奠定了坚实的法律基础。

五、德国

德国职业教育举世闻名，特别是“双元制”职业教育，更是成为许多国家学习的榜样。作为德国职业教育体系的重要组成部分，其职业教育质量评价体系同样具有鲜明特点。在德国，职业学校教育管理权归属州政府。但在职业学校评价活动中，各州政府都是委托第三方机构实施评价，而不是直接开展这类活动。一般而言，实施职业院校外部评价的第三方机构是各州的学校研究所或学校质量研究所。学校研究所所需经费一般来源于州政府财政拨款，但是学校研究所是独立于州政府和学校的非

① 王云龙主编. 俄罗斯教育法律选译[Z]. 公蕾，译. 北京：社会科学出版社，2018. 123-125、163-167.

政府机构。[①] 在企业培训中,学徒在完成企业培训任务后要参加国家考试。为免受培训企业的影响,国家考试由主管机构——即手工业协会、工商业联合会、农业协会等行业协会负责。在操作上,主管机构要成立考试委员会,负责考试的组织实施工作。按照《联邦职业教育法》的规定,考试委员会应满足下述要求:第一,在委员身份上,必须包含雇主代表、雇员代表和职业学校教师。第二,在委员数量上,至少包含三名成员。其中,雇主代表和雇员代表数量应相同,职业学校教师至少一名。第三,在委员的任命上,"雇员代表根据主管机构管理区已有的工会或以社会和职业政策为宗旨的独立联合组织的推荐任命。职业学校教师委员由主管机构与学校监督管理当局或其指定的机构共同任命"[②]。

总而言之,世界主要国家职业教育质量评价各有特色。但共同之处在于,第三方评价是各国职业教育质量评价体系的重要组成部分。换而言之,建立第三方评价制度,开展第三方评价活动是各国职业教育质量评价的普遍经验。从这个角度讲,我国也应该借鉴这一经验,结合我国国情,建立自己的职业教育质量第三方评价制度。

第三节　第三方评价与职业教育治理体系建设

不论如何界定"管理"这一概念,决策都是管理活动中一个不可或缺的过程。而评价则是基于对事实的描述做出价值判断,从而为决策提供有用信息的活动。从这个角度讲,评价与管理之间有着天然的联系。因此,从管理的角度切入,对评价问题进行讨论是一个很重要的视角。这里仅从管理的视角对为什么要开展职业教育质量第三方评价这一问题进行

---

① 李文静.德国职业学校教育质量保障体系研究[D].天津大学博士学位论文,2014.80.

② 联邦职业教育法[Z].姜大源,刘立新,译.中国职业技术教育,2005,(32):49-57.

分析。

一、公共治理理论的兴起

在公共管理领域,“治理”是一个地地道道的研究热点。从历史的角度看,“治理”思想的提出是因为西方发达国家公共管理出现了“政府失灵”和“市场失灵”的困境。“二战”后,西方国家建立起了福利国家制度,政府职责不断增加,政府规模持续扩大,导致政府管理效率低下,服务低质。20 世纪 70 年代,西方资本主义国家的经济危机造成政府财力不足。这些都导致政府的“超级保姆”角色难以为继。公共产品的供给出现了“政府失灵”的现象。在这种情况下,新公共管理理论在 20 世纪 70 年代末应运而生。新公共管理理论主张将私营部门,即企业管理的逻辑引入政府公共管理,对政府进行企业化改造,打造企业化政府。具体来说,新公共管理理论包含以下基本观点。第一,政府与社会之间的关系就如企业与顾客之间的关系。公务员就是企业经理和管理者,社会公众就是顾客。政府管理应该树立起企业“顾客导向”的理念,以满足公民和纳税人的需求作为行动目标。第二,重视产出及其评价。政府管理不能只管投入不讲产出,而应借鉴企业管理的经验,关注政府活动的产出和结果,从效率(Efficiency)、经济(Economy)和效能(Effectiveness)等方面对政府和公务人员的工作绩效进行评价。第三,引入竞争机制。政府的职责就是提供公共产品。新公共管理运动将公共产品的生产和公共产品的提供分开,认为应该允许私营部门参与公共产品的生产。第四,改革政府内部结构。新公共管理运动主张打破传统的官僚层级制的政府结构,通过权力下放实现政府管理的扁平化,打破部门之间的条块分割,以提高政府活动的效率。在新公共管理理论的影响下,西方许多发达国家发起了名称各异的新公共管理运动,对政府进行市场化改造,有力地推动了西方发达国家的政府改革,提升了公共产品的供给能力。但是,新公共管理运动强调经济、效率和效能等经济价值,对公共利益和社会正义构成了威胁。比如,新公共管理过于强调绩效,这导致政府管理实践中出现牺牲长期目标成全短期目的的现象。也就是说,新公共管理运动导致公共产品供给中出现了“市场失灵”的现象。在这样的情况下,公共治理理论登上了历史舞台。

1989 年,世界银行发表了名为《南撒哈拉非洲:从危机走向可持续增长》的报告。报告在讨论南撒哈拉非洲国家在 20 世纪 80 年代的经济社会危机的根源时,使用了“治理危机”(crisis in governance)一词。此后,许多国际组织纷纷跟进,阐述“治理”问题。世界银行于 1992 年度发布名为《治理与发展》的报告,联合国则于同年成立“全球治理委员会”,创办了《全球治理》杂志。1996 年,经济合作与发展组织发布《促进参与式发展和善治的项目评估》。自此,“治理”开始影响公共管理实践,并迅速走红,成为政治学、管理学等学科探讨的热点话题。

公共治理本质上是“一种公共管理活动和公共管理过程”①,但具有如下特征:一是治理目标的公益化。治理包括公共治理和私人治理。公共治理的目标是实现好、维护好和发展好公共利益。二是治理主体的多元化。公共治理的主体除了政府之外,还包括私营部门、第三部门和公民个人。三是治理权力的多中心化。在治理活动中,多元主体之间是一种平等的关系。因此,政府不再是唯一的权力中心,私营部门、第三部门和公民个人等都参与到治理过程中,形成了各个权力中心。四是治理方式合作化。多元主体在参与治理活动中,并非各行其是。相反,治理活动的顺利进行是建立在多元主体的互动和合作的基础上。五是治理结构的网络化。在治理活动中,平等的多元主体在正式和非正式的制度和规则指引下开展持续的沟通、协商和互动。这样就形成了一个“自我组织”却错落有致、运行有序的网状结构。总而言之,公共治理理论是一种主张“通过多元主体共治,解决传统公共行政的‘政府失灵’与新公共管理之‘市

---

① 俞可平. 全球治理引论[J]. 马克思主义与现实,2002,(1):20-32.

场失灵’”[①]的公共管理理论。

二、第三部门与我国公共治理体系建设

从历史的角度看,公共治理理论在西方诞生有其特定的社会条件。一是公共产品供给中的政府失灵和市场失灵现象,这是公共治理理论需要解决的问题;二是较为完善的市场经济体制和发达的第三部门使得西方国家形成了成熟的多元治理主体且彼此之间能以伙伴关系为基础开展民主平等的合作。我国的社会现实与此有着不小的差异。一方面,西方的市场失灵的前提是西方市场经济体制已经很完善,而我国改革开放以来特别是党的十四大以来,一直在强化市场在资源配置中的作用;另一方面,我国第三部门不够发达。但这并不能说明公共治理理论对我国没有价值。从最根本的意义上看,公共治理理论的最终诉求是,构建一个具有公开、透明、包容、民主、平等、合作等特征的公共管理体系。在这样一个体系中,政府、私营部门、第三部门和公民个人都能充分且恰当地发挥自身优势和作用,通过合作增进公共利益。这与我国公共管理改革的目标是一致的。何翔舟和金潇也认为:“公共治理理论从西方引入中国,试图解决的核心问题之一即是超越政府本位,树立社会本位理念,推动政府管理走向社会治理,政府不再是公共管理的唯一主体,政府、市场与社会‘平等协商、良性互动、各司其职、各尽其能’。”[②]这就是说,在公共治理理论的视角下,不论是西方还是我国,公共管理改革的最终目标都是建立一个政府部门、私营部门、第三部门和公民个人在公共管理活动中能够“平等协商、良性互动、各司其职、各尽其能”的体系。当然,与西方国家相比,我国公共治理体系及其建设有自己的特点。一是在性质上,我国建设

---

① 何翔舟,金潇. 公共治理理论的发展及其中国定位[J]. 学术月刊,2014,(8):125-134.

② 何翔舟,金潇. 公共治理理论的发展及其中国定位[J]. 学术月刊,2014,(8):125-134.

的是有中国特色的社会主义公共治理体系，要坚持中国共产党的领导。二是在主要策略上，我国一直是“大政府、小社会”，因此公共治理体系建设的主要任务是如何转变政府职能，增强私营部门、第三部门和公民个人参与公共管理的动力和能力。

2013 年，党的十八届三中全会发布《中共中央关于全面深化改革若干重大问题的决定》（以下简称《决定 1》），将全面深化改革的总目标确定为：“完善和发展中国特色社会主义制度，推进国家治理体系和治理能力现代化。”[①]2019 年，党的十九届四中全会发布《中共中央关于坚持和完善中国特色社会主义制度　推进国家治理体系和治理能力现代化若干重大问题的决定》（以下简称《决定 2》），对新时代中国特色社会主义公共治理体系建设做出了全面部署。《决定 1》《决定 2》内容十分丰富。这里仅从公共治理理论一般特征的角度开展论述。

第一，坚持和完善中国共产党的领导制度体系，确保公共治理体系建设沿着社会主义方向前进，提高党的执政水平和领导能力。第二，坚持推进社会主义市场经济改革，完善社会主义市场经济体制，使市场在资源配置中发挥决定性作用。第三，在政府治理上，强调要优化政府组织结构，严控政府机构编制，减少机构数量，控制政府规模，实行扁平化管理，以提高政府效率；要加快转变政府职能，推进简政放权，放管服结合，健全宏观调控的制度体系；要“以推进国家机构职能优化协同高效为着力点”完善行政体制。第四，积极发展第三部门，充分发挥第三部门作用。一方面要通过行业协会商会、事业单位等组织与行政机关脱钩，鼓励社会力量举办非营利性医疗机构和文化组织等方式，积极发展第三部门；另一方面明确提出要创新公共服务的提供方式，推广政府向社会机构购买公共服务，充分发挥各种社会组织在社会治理中的重要作用。第五，完善制度，促进群众在公共治理过程中能够依法开展自主管理、自主服务、自主教育和自主

① 中共中央关于全面深化改革若干重大问题的决定[Z]. 求是，2013，(22)：3-18.

监督,“实现政府治理和社会调节、居民自治良性互动”[①]。

显然,在新时代中国特色社会主义公共治理体系建设过程中,第三部门占有重要地位,并被寄予厚望。

三、建立第三方评价制度是职业教育治理体系建设的迫切要求

职业教育治理体系是新时代中国特色社会主义教育治理体系和公共治理体系的重要组成部分。第三部门是职业教育治理体系的重要主体,在职业教育治理中能够发挥重要作用。其中,评价是第三部门参与职业教育治理的重要领域。

《决定 I》在论及政府职能转变时要求:“凡属事务性管理服务,原则上都要引入竞争机制,通过合同、委托等方式向社会购买。”[②]评价作为一种认识活动,是一种地地道道的微观的、事务性的工作,不应该由政府部门承担,而应该交给第三部门。《决定 I》还规定:“适合由社会组织提供的公共服务和解决的事项,交由社会组织承担。”[③]根据这一规定,教育评价的责任应由第三部门承担。原因在于,第一,教育工作是一项专业性工作。1966 年 10 月,国际劳工组织和联合国教科文组织在《关于教师地位的建议》中提出:“教学应该被视为一种专业,它是公共服务的一种形式,需要教师通过严格的和持续的学习获得和保持专业知识和专业技能,要求个体和集体对于教育以及他们所负责的学生的福利有一种责任感。”[④]。1986 年 6 月 21 日,我国国家统计局和国家标准局发布的《中华

---

① 中共中央关于坚持和完善中国特色社会主义制度　推进国家治理体系和治理能力现代化若干重大问题的决定[Z]. 人民日报,2019-11-06(001).

② 中共中央关于全面深化改革若干重大问题的决定[Z]. 求是,2013,(22):3-18.

③ 中共中央关于全面深化改革若干重大问题的决定[Z]. 求是,2013,(22):3-18.

④ Recommendation concerning the Status of Teachers[EB/OL]. [2021-3-12]. https://www.ilo.org/wcmsp5/groups/public/---ed_dialogue/---sector/documents/normativeinstrument/wcms_162034.pdf.

人民共和国国家标准职业分类与代码》中，教师被列入“专业技术人员”一类。1993 年我国颁布的《中华人民共和国教师法》中规定“教师是履行教育教学职责的专业人员”。总而言之，教师职业在世界范围内都被认为是专门性职业。教师从事的就是教育工作。教师职业的专业性表明，教育工作是一项专业性工作。那么，这意味着什么呢？所谓专业就是指其“从业者们声称对某些事务具有较他人更多的知识，尤其是对其客户的事务具有较客户本人更多的知识”①。也就是说，专业最基础的含义就是专门的知识和技能。这一含义决定了专业具有但不限于下述几个特征。其一，专门性职业具有独特的不可替代的社会价值。另外，由于专门知识和技能不是短期就能掌握的，因此，人们要想从事专业性工作需要接受较长时间的教育和培训。其二，专门性职业的从业人员由于掌握了一般人不掌握的专门知识和技能，因此在该职业范围内享有充分的专业自主权。专门性职业的这些特点意味着，并不是任何一个主体都具有足够的能力对专门性职业的工作进行评价。专业性工作的评价职责应该交给那些在该专业领域内具有一定水平的主体。作为一项专业性工作，教育工作的评价应该由具有较高教育专业水平的主体承担。

第二，评价是一门专业。评价活动广泛存在于日常生活之中。但私人领域中的评价与公共领域的评价完全不同。在私人领域，人们可以随意地发表任何评价意见。但在公共生活中，评价的结果对评价对象及其利益相关者等诸多群体的利益都会产生重大影响，因此，人们不断要求提高评价工作的科学性。在这样的背景下，评价越来越成为一项专业性工作。从现实来看，在公共领域，评价活动对评价主体的要求越来越高。一般来说，评价主体不仅需要树立正确的评价理念，还需要熟练地编制量表，科学地判断量表质量，合理地组织测量活动，正确地解释测量结果；不仅要设计评价指标，还要分配指标权重，编制评价标准；不仅需要科学采

① 刘思达. 职业自主性与国家干预——西方职业社会学研究述评[J]. 社会学研究，2006，(1)：197-221.

集所需信息，而且要分析并利用信息，以做出正确的价值判断。这些工作都是专业性的工作，因为完成这些工作需要评价主体掌握丰富的统计、测量和评价等方面的专业知识和技术。

总之，不论是作为教育评价对象的教育活动，还是教育评价活动本身，都是专业性工作。专业性工作应由专业人士而不是政府部门承担。在政府之外的其他治理主体中，第三部门最适合承担教育评价责任。原因在于，第一，教育评价工作十分复杂，公民个人难胜繁巨。第二，任何一种类型的教育活动都具有公益性，这决定了以营利为目的的私营部门不适合开展教育评价工作。一句话，作为教育评价的一部分，职业教育评价工作也应由第三部门中的专业性教育评价组织来进行。

事实上，《决定Ⅰ》对教育评价有更为明确的规定："推进考试招生制度改革，探索招生和考试相对分离、学生考试多次选择、学校依法自主招生、专业机构组织实施、政府宏观管理、社会参与监督的运行机制""深入推进管办评分离……强化国家教育督导，委托社会组织开展教育评估监测。"也就是说，在党中央关于教育治理体系建设的部署上，教育评价已经被明确地交给了具有专业资质的第三部门。

概而言之，在我国建立健全职业教育质量第三方评价制度，既是职业教育自身的本质要求，也是建设中国特色职业教育治理体系的需求。同时，这也与职业教育质量评价的国际经验一致。

第二部分

职业教育质量第三方评价的机制论研究

第三章 职业教育质量第三方评价的过程及其矛盾

在哲学史上,休谟第一次明确区分了“是/不是”的问题——即实然问题与“应该/不应该”的问题——即“应然”问题。[①] 事实上,在“实然”和“应然”之外,还有一个“本然”。所谓“本然”就是指本来怎样。也就是说,按照本性,事物是怎样的。“实然”“应然”和“本然”之间虽然不同,但存在密切的联系。冯平认为,应然以实然为基础,但从实然中并不能直接推出应然。在他看来,应然的提出既依赖于事实,也依赖于人的客观愿望和理想。[②] 这一观点虽然有道理,但并不足够。因为“应然”不仅以事实和人的理想、愿望为依据,还依赖于人们对“本然”的认识。离开本然,“应该”极有可能停留在意识上,而无法成为现实。实际上,人们在评判一个“应然”是否合理时,也往往以“实然”和“本然”为标准。与“实然”不符,人们就会认为“应然”脱离了实际,与“本然”不一致,人们就会认为“应然”违背规律。这意味着,人们对一个事物进行研究时,基本的逻辑顺序是了解“实然”,把握“本然”,进而预测“应然”。在对职业教育质量第三方评价过程进行研究时,道理也是如此。本章将在对职业教育质量第三方评价的本然过程和实然过程进行讨论的基础上,揭示第三方评价过程内在的矛盾。

---

① [英]休谟.人性论(上下册)[M].关文运,译.北京:商务印书馆,1980.509-510.

② 冯平.评价论[M].北京:东方出版社,1995.282.

第一节 职业教育质量第三方评价的本然过程及其内在难题

一、职业教育质量第三方评价的本然过程

评价过程可以从两个层面来理解,一是指整个评价的发展过程或总体的评价过程,在这个意义上,评价过程就是诸多单个评价过程循环上升的过程,这种评价过程没有终点;二是指单个评价活动从开始到结束的全过程。这里的评价过程指的是后者。那么,什么是第三方评价的本然过程呢?具体来说,第三方评价的本然过程指的就是第三方评价作为一种单个的评价活动,按照其评价本性的实施过程。

在哲学界,马俊峰将单个评价过程划分为五个步骤:评价标准的确立、评价信息的获取、评价推理、得出价值判断和评价的检验与修正。① 陈新汉则认为评价过程包含两个环节,第一个环节是选择评价标准,第二个环节是"主体把经过选择并进入主体意识的主客体之间的价值信息用规范来整合之,并经过价值判断和评价推理,从而形成关于客体的正确评价"②。冯平认为这一过程包含"确立评价目的和评价的参照系统、获取评价信息、形成价值判断"三个环节。③ 与前面两位学者不同的是,冯平提出了"评价参照系统"。那么,什么是评价的参照系统呢?冯平认为,所有的评价结果在本质上都可以用"X 是有价值的"这句话来表达。从逻辑学的角度看,这一表达可以依次扩展为"X 对谁是有价值的""X(对

---

① 马俊峰. 评价活动论[M]. 北京:中国人民大学出版社,1994. 250-338.

② 陈新汉. 评价论导论——认识论的一个新领域[M]. 上海:上海社会科学院出版社,1995. 111.

③ 冯平. 评价论[M]. 北京:东方出版社,1995. 74.

谁)的哪一方面是有价值的”“X 与什么相比(对谁的哪一方面)是有价值的”“以什么为标准衡量 X(对谁的哪一方面比什么)是有价值的”“谁认为 X(以什么尺度对谁的哪一方面比什么)是有价值的”。其中,“对谁”指价值主体,“就什么方面而言”是评价视角,“与什么相比”是评价视阈或者说评价的范围,“以什么为标准进行衡量”指评价标准。所谓评价活动的参照系统就是由对前四个问题的回答构成。[①] 也就是说,评价的参照系统包括价值主体、评价视角、评价视阈和评价标准等内容。显然,评价参照系统包含但不限于马俊峰和陈新汉提到的“评价标准”。从评价的概念来看,评价参照系统的提出是极为正确的。所谓评价,可以用图 3-1 表示。

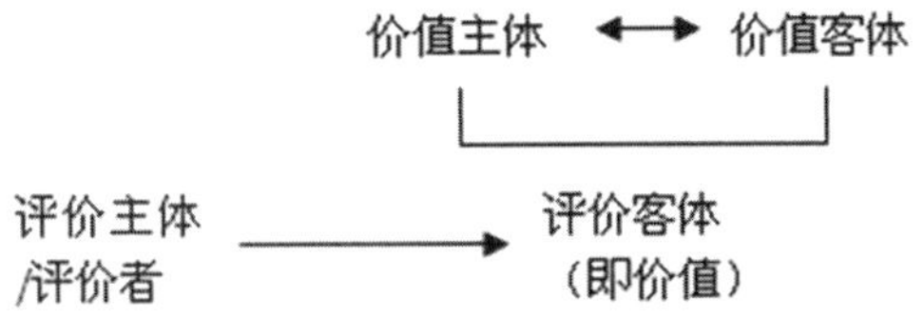

图 3-1 评价活动的静态结构

根据图 3-1,评价客体,即评价对象就是事物的价值。价值指的是价值客体满足价值主体需要的关系,如果价值客体满足了价值主体的需要,价值客体就具有正向价值,反之,价值客体就没有价值或者具有负面价值。所谓评价就是对价值主体与价值客体之间价值关系的揭示。但评价不是对价值客体具有何种价值的反映,而是关于价值客体对价值主体有无价值和价值大小的判断。换句话说,评价是人们对价值客体是否满足了价值主体需要以及满足程度的判定。从这一概念来看,在评价过程中,评价主体除了要澄清价值主体之外,还应准确把握价值主体对价值客体

① 冯平.评价论[M].北京:东方出版社,1995.76.

的需要以及两者之间的契合点,即评价视角。而这些都是冯平所言评价参照系统的内在要素。综合上述几种看法,评价活动的一般过程就是:明确评价目的——明晰评价参照系统(确定价值主体——选择评价视角——划定评价视阈——确立评价标准)——获取评价信息——评价推理——得出评价结论——评价结果的检验与修正。

在教育评价领域,学者们认为,教育评价一般要经历准备、实施和结果处理三个阶段。其中,准备阶段的核心任务就是要对教育评价进行整体设计,以确定评价目的、内容、范围、方法、手段和程序等。具体来说,准备阶段的主要步骤是:明确评价目的——设计评价准则——赋予评价准则以一定权重——确定评价标准。如果加上实施和结果处理两个阶段,就可看出,教育评价学者们对评价一般过程的描述与哲学界对评价过程的描摹颇为相似。首先,不论是哲学界还是教育学界,都将明确评价目的作为评价活动的第一个环节。其次,哲学界学者提出的"获取评价信息""评价推理"和"得出评价结论"其实是对教育评价学者提出的"评价的实施阶段"的具体化。但两种描述也有一些差异。在教育评价学者的描述中,没有价值主体的确定、评价视角的选取和评价视阈的选择三个环节,但多了评价准则的设计和权重分配两个阶段。事实上,这种不同并不是本质上的,而是文字上的。原因在于:第一,确定价值主体并不是一个很有难度的事情。确定谁作为价值主体,往往取决于评价实践的客观要求。因此,在实际的评价中,价值主体往往与评价目的是同时确定的。第二,并不是在所有的评价活动中都需要选择评价视阈(范围)。一般来说,只有相对评价才有根据实际情况选择评价视阈(范围)的需要。第三,评价准则与评价视角其实是一回事。所谓评价准则就是评价内容。在教育评价活动中,人们常常认为,评价内容就是价值客体的某方面要素、属性或功能。其实这是不正确的。评价内容其实是价值主体需要与价值客体功能的契合点。或者说,评价内容不仅与价值客体有关联,与价值主体也有联系。举例来说,在大学对各类人员的评价中,如果对象是教师,那么评价内容中一定会涉及教学,但如果对象是专职的科研人员,则不会有教学方面的内容。两者在内容上的区别,其原因并不在于教师有而专职科研人员没有教学的能力,而在于学校对教师有教学的需要,而对科研人员没有此类需要。一句话,评价内容其实就是价值主体的需要与价值客体功能的交汇点,即评价的视角。也就是说,评价准则就是评价视角。

总而言之,从评价的本性来看,评价的一般过程就是确定评价目的——明确价值主体及其需要——选取评价视角——划定评价视阈(范围)——确立评价标准——实施评价过程——得出评价结论。作为一种评价活动,第三方评价也应按照这一过程展开。

二、第三方评价本然过程中的两大难题

作为一种评价活动,第三方评价理应遵循评价的一般过程。在这一过程中,最为关键的环节是明确价值主体及其需要。在这里,有两个问题必须明确,一是谁是价值主体,二是这一环节为什么“最为关键”。在第一个问题上,对于第三方评价而言,所谓价值主体就是评价结果的(预期)使用者,也就是评价活动是为谁而开展的。举例来讲,时下流行的大学排名一般都打着为高中毕业生择校的旗号,这说明,大学排名的价值主体是高中毕业生而不是其他群体。那么,为何这一环节“最关键”呢?原因在于,不论是评价视角的选择,还是评价标准的确立,都是以此为基础的。首先,评价视角的选取以明确价值主体及其需要为前提。如前所述,所谓评价视角是指价值主体需要与价值客体功能的交汇点。从这一点看,评价视角的选取不仅要看价值客体的可能作用,还要考虑价值主体对价值客体的需要。如果未能明确价值主体及其需要,则评价视角的选取是不可能的。其次,评价标准是价值主体需要的主观反映。从哲学上讲,评价是对事物是否以及在多大程度上满足了价值主体需要的判断。根据这一理解,评价主体在判定价值客体的价值的时候,总是以价值主体的需要为依据,或者说,价值主体的需要就是衡量价值客体是否有价值的标准。这似乎意味着,评价标准就是价值主体的需要。其实不然。从哲学

的观点看,评价标准并非价值主体需要。因为评价标准是人的主观看法,而价值主体的需要是一种客观存在。一方面,评价本质上是价值判断,而判断是人的一种基本的思维形式,因此,作为一种判断,评价必然是评价主体主观的意识活动。评价标准作为这一活动的一个组成要素,必然也是评价主体的主观认识。另一方面,需要是一种客观状态。需要(need)不同于想要(desire),想要是人的一种主观渴望,而作为价值标准的价值主体需要是一种客观存在的不平衡状态,或者说是价值主体与环境之间的一种不平衡状态,而不是价值主体的主观意识。如喝水的需要指的是人的血液中水分的缺乏,而人体血液中水分的缺乏是一种客观存在的状态。尽管评价标准不等于价值主体需要,但两者之间存在密切关系。根据评价的概念,价值主体的需要是事物是否有价值、有多大价值的标准。但这种标准是一个客观的标准。价值主体的需要真正成为评判事物价值的标准,就必须被人们意识到,进入人们的主观意识领域,只有如此,它才能成为人们判断事物价值的实际标准。在这个意义上,评价标准是人们对价值主体需要的主观反映。[①] 总之,在评价过程中,评价者要想准确选取评价视角,合理确定评价标准,首先就需要确定评价结果的目标用户及其需要。对于职业教育质量第三方评价来讲,就需要明确评价结果的预期使用者及其对职业教育的需要。

明确价值主体虽然不难,但确定价值主体的职业教育需要却并非易事。第一,由于各方面的原因,在评价过程中,作为评价主体的第三方可能意识不到或者错误地意识到价值主体的需要。一般而言,职业教育质量第三方评价有两种基本的方式,一是第三方以自身的职业教育需要为标准开展评价,另一种是第三方根据特定主体,如政府、行业等的需要开展评价。在第一种情况下,第三方就是价值主体。在第二种情况下,第三方不是价值主体。但不论是哪种情况都存在难以识别价值主体需要的问题。中国历史上著名的故事“讳疾忌医”就说明了这一点。在这个故事

---

① 李德顺. 新价值论[M]. 昆明:云南人民出版社,2004. 229-230.

中,蔡桓公之所以“忌医”,根本的原因并不是因为他明知自己有病而不就医,而是他没有意识到自己有病,或者说,蔡桓公未能意识到自己有治病的(客观)需要。即使在当代的日常生活中也是如此。例如,一个身体状况不适合饮酒的人,可能恰恰嗜酒如命。第二,在实际的职业教育实践中,价值主体对作为价值客体的职业教育的需要并不是单一的,而是多样的。这种多样性不仅表现在作为类的价值主体的需要上,也体现在某个特定价值主体的需要上。对于某个特定的价值主体而言,其对职业教育的多样性需要之间并不是彼此无关的。相反,这些需要之间存在密切的关系。其一,这些需要之间可能是相互对立,互不相容的,一种需要的满足意味着其他需要不能得到满足或充分满足;其二,这些需要之间可能是相互促进的,即一种需要的满足有助于其他需要的满足;其三,这些需要之间可能既存在对立,又存在互补的关系。在一定条件下,这些需要之间彼此相互补充,但在另一些条件下,则彼此之间是相互竞争的。比如,在现实生活中,个人和群体对职业院校的需要就是多样的。以企业为例,企业既希望职业院校通过教学培养适用人才,又希望职业院校能通过技术研发和技术服务解决生产中遇到的问题。这两种不同的需要之间既可能相互促进,也可能相互对立。一方面,职业院校教师通过参与对生产过程的研究,能够把握一线生产动态,从而可能更好地其促进教学,提高教育质量。这是其相互促进的一面。另一方面,职业院校教师也有可能因为对技术研发和技术服务的过度参与,对其教学工作产生负面影响,从而降低教育质量。这是相互对立的一面。

那么,应该怎样处理价值主体多重需要之间的关系呢?英国哲学家拉蒙特提出的“共同需求”学说可作为一种解决方案。拉蒙特认为,评价与选择有着密切的关系。这种关系表现为,评价是选择的内在机制,而选择是评价得以发生的原因,也是评价的外在表现。但拉蒙特所说的选择有其特定的含义。根据他的看法,价值主体具有两种或更多的需求,但由于购买力——需求者的占有能力有限,这些需求不能全部得到满足。换句话说,在价值主体的诸多需求中,必然有需求得不到满足或充分满足。

在这种情况下,价值主体就需要做出取舍的决策,即选择。而要做出选择,人们就需要开展评价,确定那些已被判定为好的事物的“好的程度”,或者说确定哪个事物更好一些。

那么,评价的依据何在呢?拉蒙特认为,对事物好的程度的判断依据是代价最小的原则,也就是“经济原则”。具体来说,评价的根据就是“机会成本”的高低,机会成本越高,价值越小,机会成本越低,价值越大。在这里,所谓机会成本是指,“未实现的需求内容,这需求内容本来能够利用对购买力的偏爱来实现,但这购买力实际上被用于实现另外的需求内容了”①。也就是说,由于某种(些)需求得到满足而导致其他需求未能得到满足或没有得到全部满足,这些未被满足的需求的总量就是机会成本。

机会成本是评价的根据,那么机会成本的高低又是根据什么来判断的呢?拉蒙特的回答是:共同需求。所谓共同需求并不是指不同人之间的相同需求,而是指某个人不同需求之间的共同性。例如,对于某个又饥又渴的人来说,吃与喝是两种不同的需求,但这两种需求都从属于营养的需求,都是营养需求的表现。换而言之,营养需求就是吃喝两种需求的共同需求。当人们需要在面包与饮料之间做出选择,即选择满足吃的需求还是喝的需求时,其根据就是哪种需求的满足能更好地满足营养的需求。在特定条件下,如果面包比饮料更好地满足了营养的需求,则面包有更大的价值,反之,则饮料的价值更高。

在这里,拉蒙特事实上提出了两个价值标准。仍以吃喝为例。如果吃的需求的满足比喝的需求的满足更好地满足了营养的需求,那么吃的需求就成为评价的价值标准,那些能满足吃的需求的事物就比能满足喝的需求的事物更有价值。这样,拉蒙特的“共同需求”本质上就是确定价值标准的标准。

根据拉蒙特的观点,在职业教育质量第三方评价中,评价者首先要做

---

① [英]W. D. 拉蒙特. 价值判断[M]. 马俊峰,王建国,王晓升,译. 北京:中国人民大学出版社,1992. 58.

的就是识别出研究需要、教学需要和社会服务需要中的共同需要,在此基础上判断哪种需要的满足能更好地满足共同需要,能更好地满足共同需要的那种需要就是第三方评价的价值标准。

应该承认,拉蒙特的方案在理论上是颇有创意的。但这里也存在困难。其一,在个人诸多不同且相互竞争的需求中辨别出共同需求在实践上是相当困难的。其二,拉蒙特的"共同需求"学说是针对相互竞争的需求的,而人们对职业教育的研究需要、教学需要和社会服务需要并不必然是相互对立的,在某种情况下,三者之间是相互补充、相互促进的关系。因此,拉蒙特的方案对于职业教育质量第三方评价而言并不合适。

为了处理好价值主体多重需要的关系,在评价实践中,人们往往采取加权的方式来解决。评价往往需要建立指标体系。一套完整的指标体系是由三个部分(指标、权重和具体的标准)构成。在这三个部分中,指标本身反映的是价值主体需要的内容,权重表达的则是指标的重要性程度,或者说权重反映的就是哪种需要更重要以及重要到什么程度。然而,恰恰是在这里出现了难题,这个难题就是,只要价值主体不是特定个体而是群体,就难以确定"更重要的需要"。因为对于某个群体中的不同个体而言,"更重要的需要"是不同的。例如,在职业教育质量第三方评价过程中,企业虽然都具有技术研发和服务、人才培养和社会服务等需要,但对于不同类型、行业、规模的企业而言,"更重要的需要"是哪种需要各不相同。

总而言之,从理论的角度看,职业教育质量第三方评价本然过程中存在两个难以解决的问题,一是作为评价主体的第三方,如何准确识别价值主体职业教育需要的问题;二是如何处理价值主体对职业教育的多重需要之间的关系问题。

第二节 我国职业教育质量第三方评价的实然过程及其内在矛盾

职业教育质量第三方评价的实然过程指的是第三方机构开展职业教育质量评价的实际过程。在我国，职业教育质量第三方评价实践主要有三种典型形态，一是高等职业院校排名，二是第三方机构面向特定职业院校开展的评价，三是第三方机构对全国或区域高等职业教育质量的评价。

一、我国职业教育质量第三方评价的实然过程

（一）高职院校排名

2012 年，武汉大学中国科学评价研究中心和中国科教评价网开始对我国高职高专院校竞争力进行评价，并发布排行榜（以下简称金苹果版高职排名），从而正式拉开了高职院校排名的序幕。2017 年，《广州日报》数据和数字化研究院（Guangzhou Daily Data & Digit Institute，GDI）进入职业教育评价领域，开始发布高职高专排行榜（以下简称“广报版高职排名”）。

邱均平和王菲菲等在阐述开展金苹果版排名的初衷时指出：“在独立学院和专科院校的发展进程中，也曾暴露出一些问题，需要引入一套科学合理的评价机制对这些院校的办学条件、师资队伍建设、教学质量、社会影响等进行合理的考察评估，从而指导社会大众对其进行评价与选择，使其在竞争中实现优胜劣汰，真正满足人民群众的高等教育需求。”[①]显然，在实际评价开始之前，第三方机构已经提出了一些指标。事实上，金

---

① 邱均平，王菲菲. 中国独立学院与公立专科院校评价的理论与实践探析[J]. 重庆大学学报（社会科学版），2014，(3)：88-94.

苹果版排名最初的排名指标是第三方机构在本科高校排名指标的基础上，考虑到数据的可获得性等因素自行研发的。但指标权重则是“在征求各类专家意见和我们长期研究的基础上，采用层次分析法确定和计算”。遗憾的是，第三方机构并未呈现参与意见征求的专家的背景资料以及意见征求的方式和过程。[①] 金苹果版排名的指标在 2016 年有重大变动。该年度高职院校排名指标体系由 3 个一级指标、20 个二级指标、44 个观测点构成。该指标体系“参考专家分析及历年来高职高专院校的反馈意见”“最终通过层次分析法与专家评估确定”[②]。2019 年金苹果版排名指标体系的确定同样参考了高职高专院校的反馈意见和专家评估的意见。[③] 综上所述，金苹果版排名的基本过程就是由第三方机构根据高职高专教育的特点、中国高等教育评价实践、数据等因素，自行研制评价指标，并在征求专家和高职院校意见的基础上确定最终的指标体系。然后收集、整理相关数据，并通过加权计算，形成排名结果。

“广报版”高职排名的研制过程中，“GDI 组建专业数据团队，运用大数据、云计算技术，研制评价指标体系，建设数据库，分析和处理相关数据。同时听取高校教师和社会各界关心教育人士的意见和建议，对评价体系进行完善。与此同时，GDI 组织成立了包括国内顶尖高校、教育研究机构等业内知名专家组成的学术顾问委员会，聘请中国人民大学周光礼教授为首席顾问专家”[④]。显然，“广报版”高职排名的研制与金苹果版高职排名虽然有所不同，但相同的是，评价指标体系主要是第三方机构在参考专家意见的基础上自己开发的。

---

① 邱均平，王菲菲. 中国独立学院与公立专科院校评价的理论与实践探析[J]. 重庆大学学报(社会科学版)，2014，(3)：88-94.

② 邱均平，柴雯. 2016 年中国高职高专院校竞争力评价与分析，重庆大学学报(社会科学版)，2017，(33)：70-76.

③ 邱均平，汤建民，刘宁，祖文玲，2019 年中国高职高专院校竞争力评价方法与结果分析[J]. 评价与管理，2019，(1)：41-47.

④ “2017 广州日报高职高专排行榜”发布[EB/OL]. [2020-9-29]. http://www.gzgddi.com/index.php? m=content&c=index&a=show&catid=3&id=119

(二)“国家版”高等职业教育质量年报

2012 年,受全国高等职业院校校长联席会议的委托,上海教育科学研究院和麦可思研究院联合研制并发布了《2012 年中国高等职业院校人才培养质量报告》,被称为首份“国家版”高等职业教育质量年报。截至 2019 年,上海教育科学研究院和麦可思研究院已经连续 8 年发布中国高等职业教育质量报告。该报告从首次发布起就受到政府部门、学术界和高等职业院校的广泛关注。其中一个重要原因就在于该报告的编制者被普遍认为是第三方机构。

作为第三方评价的结果,“国家版”高等职业教育质量年报存在下述明显的特点:一方面,年报中所使用的数据主要来源于省级高等职业教育质量年报、高职院校发布的院校质量年报和企业发布的“企业参与高等职业教育人才培养年度报告”,另一方面,年报的评价指标体系是由第三方评价机构独立研制。众所周知,在一项评价活动中,评价指标体系是最为关键的要素。年报所使用的指标体系由第三方独立开发,意味着一般的社会公众和学生、家长等高等职业教育的利益相关者的声音在年报编制过程中被忽略。

除了上述两种职业教育第三方评价形式之外,另外一种就是由第三方机构面向特定职业院校的评价。这类评价通常采取的都是购买服务的模式,即职业院校购买第三方机构的评价服务。职业院校在评价过程中的任务主要是提供相关数据和毕业生相关信息(以方便第三方机构进行问卷调查)。第三方机构负责评价活动的几乎全部工作。

总而言之,我国高等职业教育质量第三方评价的实然过程可以大致概括为:明确评价目的——(确定目标用户群体)——选取评价视角——选择评价视阈——确立评价标准。在这一过程中,不论是评价目的、目标用户群体,还是评价视角、评价视阈和评价标准,都是由第三方机构完全或者是在咨询相关专家意见的基础上确定的。

二、职业教育质量第三方评价实然过程的问题

从表面来看,职业教育质量第三方评价的实然过程并无不妥之处。原因在于,这一过程与现实中其他的评价过程基本一致。但是,从评价的概念和当前的社会背景来看,这一过程存在着严重问题。为使论述为更集中,这里以高职院校排名为例,对职业教育质量第三方评价实然过程中存在的问题进行阐述。

(一)问题的描述

第一,过程与评价的本质相悖。高职院校排名作为一种评价活动,即使是由第三方开展的评价活动,也应该遵循评价活动的本质要求。如前所述,开展评价活动,首先需要在确定评价目的的基础上,澄清价值主体(即目标用户群体)及其需要,以便确定评价的视角,即评价的具体内容。第三方机构在研制高职院校排名过程中,理应先行确定排名的目标用户群体,并了解其需要。那么,现实情况如何呢?“广报版”高职排名声称该排行榜不仅“有助于推动中国特色高职高专建设,打造高职高专评价体系的中国标准,打造中国经济升级版,创造更大人才红利,促进就业和改善民生,加强社会建设和文化建设,满足人民群众生产生活多样化的需求,使高职高专扎根中国大地,服务国家创新驱动发展战略”[①],而且“对考生高考志愿填报也有较强的参考价值”[②],能够“为参评院校后续的针对性提升提供参考,助力我国高职高专教育高质量发展”[③]。金苹果版高职排名认为该排行榜具有四个方面的重要作用:“为政府部门科学决策

① “2017 广州日报高职高专排行榜”发布[EB/OL].[2020-9-29]. http://www.gzgddi.com/index.php? m=content&c=index&a=show&catid=3&id=119

② “2017 广州日报高职高专排行榜”发布[EB/OL].[2020-9-29]. http://www.gzgddi.com/index.php? m=content&c=index&a=show&catid=3&id=119

③ GDI 高职高专排行 TOP1000 榜(2020)发布. http://www.gzgddi.com/index.php? m=content&c=index&a=show&catid=3&id=356

提供定量依据”“为高校管理发展定位提供参考辅助”“为广大考生择校求学提供报考指南”和“为中国大学本科教育评价提供有益的补充”①。这些论述表明，虽然不同高职排名的目标用户群体有所差异，但相同的是，各排名都希望自己的排行榜可以同时服务于多个目标群体。在理论上讲，这当然无可厚非。问题的关键是，从评价活动的内在要求看，第三方机构在确定了多个目标用户群体之后，应该基于这些目标用户群体对高等职业教育的共同需要设计排名指标、权重等要素。为此，第三方机构还应该完成下述工作：一是了解各目标用户群体对高等职业教育和高等职业院校的需求，二是对各目标用户群体中可能存在的不合理需求进行澄清，三要对不同目标用户群体不同或者有冲突的需求进行协调，四要以经过澄清的高等职业教育需求为基础确定排名指标、权重分配和结果呈现的方式等。但是，我国高职院校排名并非如此。在实际的设计过程中，这些排名的设计者一方面声称排名服务于学生、院校、政府等多个群体，另一方面没有采取任何程序去了解、澄清并协调这些群体对高等职业教育的需要。在这些排名的设计过程中，指标和权重等是第三方机构基于专家的意见独立确定的。各目标用户群体都被排除在排名设计过程之外。

综上所述，从高职院校排名的评价本质来看，在排名的设计过程中，第三方机构应采取各种方式去了解、澄清并协调目标用户群体对大学的需要，并以这些需要为依据研制排名的指标等具体要素。但现实的高职院校排名在设计过程中都违背了排名作为一种评价活动的本质要求。

第二，过程忽视了排名所处的社会背景。对高职院校排名实然过程的探讨不能离开排名所处的社会背景。但是，对社会背景进行描述有多个不同的角度，如社会的经济发展情况、政治活动情况等。这里仅从价值观的角度对高职院校排名的社会背景进行描述。

---

① 邱均平，王菲菲. 中国独立学院与公立专科院校评价的理论与实践探析[J]. 重庆大学学报(社会科学版)，2014，(3)：88-94.

在自然经济时代,人类的力量十分薄弱。为了能够生存下去,人们只能依赖集体的力量与自然抗争。在这个时期,并不存在独立的个人,真实存在的是群体。因此,也就没有独立于群体的所谓个人利益,有的只是群体利益。在意识层面,人们一般都没有个人意识。但是,近代以来,市场经济体制逐渐在世界各国得以确立,并获得了长足发展。在市场经济体制下,社会分工的不断发展,使得人逐渐脱离了群体而成为独立的个人,即“具有自立(能力)、自主(性质)、自律(意志)和自由(状态)性质即独立人格的个人”[①],其结果是,每个人不仅有了区别于集体利益和他人利益的个人利益,而且产生了自己独立的意识,这就导致社会的价值观和利益观向多元化发展。

伴随着改革开放的持续深入和市场经济的不断发展,我国也由改革开放前的一元价值观时代迈入到了不同价值观多元共存的时代。2001年,一项对中国、日本和韩国青年的社会价值观的调查和比较研究发现,当代中国青年的价值观正在向“现代价值观”乃至“后现代价值观”转化,而传统的儒家价值观依然健在。[②] 2002年,史天健在全国范围内随机抽样调查的数据显示,价值观不仅在不同年龄组的人之间存在差异,而且在同一代人之间也有不同。[③] 赵孟营等人于2007年对全国9省(区、市)的30个地级市和直辖市的下属区县共计3000人的政治价值观、经济价值观、福利价值观、文化价值观和生活价值观进行了调查,结果表明,不同(社会经济地位、社会政治身份、社会关系和自然特征)群体之间社会价值观呈现出分化状况。[④] 近些年来,价值观多元化已经成为一种不值得大惊小怪的正常社会现象。

---

① 高清海.从人的生成发展看市场经济[J].江海学刊,1995,(1):76-82.

② 君冢大学,吴鲁平,金哲秀.东亚社会价值的趋同与冲突——中日韩青年的社会意识比较[M].北京:社会科学文献出版社,2001.10-12.

③ 王绍光.国家能力的重要一环:濡化能力[A].潘维,廉思,主编.中国社会价值观变迁30年(1978-2008)[C].北京:中国社会科学出版社,2008.76-106.

④ 赵孟营.跨入现代之门——当代中国的社会价值观报告[R].北京:北京师范大学出版社,2008.56-61.

不仅社会价值观呈现出多元化，而且教育和职业教育价值观也表现出多元化。按照克拉克·克尔的观点，伴随着时代的变迁，大学已经从纽曼的古典大学，演变为弗莱克斯纳的现代大学，进而发展为现在的巨型大学。“巨型大学是一个不一致的机构。它并不是一个群体，而是若干群体——本科生群体与研究生群体；人文学者群体，社会科学家群体，科学家群体，各专业学院群体；所有非学术人员群体；行政管理者群体。它的界限是模糊的——它延伸到校友、立法议员、农民、商人，他们都关联到一个或几个这些校内群体。”[①]可以说，现代大学已经从社会边缘走向社会中心，成为汇集不同利益群体的“城市”。在这座城市中，不同群体有着不同的利益诉求，因此他们在看待“城市”时秉承不同的价值观。不仅高等教育领域是这样，在职业教育领域也是如此。以《国家职业教育改革实施方案》为核心的一系列职业教育政策文本，要求职业院校不仅要开展职业学历教育，还应承担职业培训的职责，成为技术技能人才培养高地。对于高职院校，政策文件还要求其成为技术创新和服务、社区教育和终身学习的平台。职业院校职责的不断增加意味着利益相关者范围的持续扩大。职业院校因而面临着价值观多元化的挑战。

政府　作为公共利益的代言人，政府总是期望职业院校能最大限度地提升公共利益。因此，合法的政府必定是基于提升公共利益的需求来评价职业院校的。这与其他群体基于本群体的立场评价职业院校有很大差异。此外，从社会学的角度看，政府也是一种社会组织，有其自己的利益需求。这就使得政府往往借着“公共利益”的旗号来追求自己的利益。从政治学的角度看，国家和政府不过是统治阶级专政的工具，政府的价值立场就是统治阶级的立场，而不代表被统治阶级的利益。

事实上，不仅政府有着与其他群体不同的价值倾向，而且不同政府之间也有不同的诉求。在现实社会中，世界各国都有自己的政府，即使在一

---

① ［美］克拉克·克尔. 大学之用(第五版)［M］. 高铦，高戈，汐汐，译. 北京：北京大学出版社，2008. 10.

个国家内部,也存在不同级别的政府。不同的政府由于所处地位的不同,对职业院校和职业教育就有不同的期望。如,基层政府往往希望本地的专科层次高职院校能够升格为本科层次院校,但教育部对于专科层次高职院校升本仍然从严控制。

社会 社会往往也被认为是职业院校和职业教育的利益相关者。事实上,所谓“社会”是个非常模糊的概念。有的时候,它与自然相对,指的是人类社会;有的时候,它与政府相对,指的是民间;有的时候,它与个人相对,指的是群体。在这里,社会是第二和第三两种意义的结合,表现为非政府的各种机构或组织,例如企事业单位和各种民间社会组织。

与职业教育的其他利益相关者(如政府)相比,社会组织处于迥然不同的地位,这就使得他们有着与其他主体不一样的价值观。在其内部,社会组织不仅数量众多,而且不同的组织和机构在宗旨、目标和使命上也是多种多样。即使是同一类型的组织,其实际状况也各不相同。这就决定了不同的社会组织对职业院校有着迥异的期许。例如,在人才培养上,有的期望职业院校培养出的技术技能人才是一个合格的劳动者,能够立刻达到上岗的要求,有的并没有这个要求,只希望职业院校培养出合格的劳动者胚子。

学生 社会存在决定社会意识。由于学生处于与其他社会群体不同的地位,这就决定了他们对职业院校有着与其他群体不一样的价值观念。作为职业院校和职业教育的重要利益相关者,学生对职业院校的一般期待是,职业院校能够最大限度地提高自己的人力资本和文化资本,提升个人的素质,从而帮助自己找到满意的工作,获得丰厚的收入,提高自己的社会地位,拥有美好的生活。然而,在现实中,学生的性别、民族、家庭情况、个人禀赋能力等各不相同,使得他们的职业教育需求有着相当的差异。以中职为例,有的学生希望通过中等职业教育获得一技之长,有的则将中等职业教育作为帮助其升入高等教育的跳板。事实上,类似的情况也出现在家长群体中。有的家长将孩子送入中职,仅仅是希望有人能管管孩子,防止孩子在人生观、价值观、世界观尚未成熟的时候走入歧途,有的家长则希望孩子能学会“随身”的“薄艺”,有的则希望孩子在职业教育这一轨上实现上大学的夙愿。

概而言之,当代社会是一个价值观多元化的社会。然而,在这样一个社会诞生并获得长足发展的高职院校排名,其设计过程却罔顾多元价值观的存在。

正如上文所述,职业教育的不同利益相关者秉承不同的职业教育价值观。在这样的情况下,要设计一个可以服务于多个不同目标用户群体的排名,第三方机构就不仅应采取各种手段去把握并澄清这些群体的职业教育诉求,而且应对不同群体的职业教育诉求进行协调,在这些群体之间取得一致,并以这种一致看法为根据,提出排名的指标等要素。同样,在职业教育的任何一个利益相关群体内部,还存在各种不同的亚群体,而这些亚群体对职业教育的需求也不尽一致。这就意味着,第三方机构还应在了解并澄清这些亚群体职业教育需求的基础上,协调各个亚群体的职业教育需求,在取得共识的基础上,确定高职院校排名的具体构成要素。然而,事与愿违。在现实中,作为排名设计者的第三方机构并没有对不同目标用户群体的职业教育需求进行协调。也就是说,高职院校排名的实然过程与排名所处的价值观多元化的社会背景是相背离的。

综上所述,高职院校排名实然过程的问题就是,第三方机构没有采取任何手段去了解并澄清排名的目标用户群体对高等职业教育和高职院校的需要,更没有对群体内部和群体之间不同的高等职业教育需求进行协调。这一问题的直接后果是,排名的过程与其评价本质和社会背景出现了冲突,或者说,高职院校排名并没有真正地反映排名使用者的高等职业教育价值观。也正因此,高职院校排名可能会损害排名使用者的利益。

事实上,其他形式的职业教育质量第三方评价也存在这一问题。例如,国家版高等职业教育质量年报的编纂者认为“高等职业教育人才培养质量年度报告所面对的主要对象,不是教育行政部门,也不是教育战线内部,而是社会大众,尤其是学生、家长和用人部门”①,也就是其评价结果的使用者主要是“社会大众,尤其是学生、家长和用人部门”。据此,年报的编纂者应该广泛了解、澄清并协调“社会大众,尤其是学生、家长和用人部门”在高等职业教育上的需要,“社会大众,尤其是学生、家长和用人部门”应该广泛参与到年报的编纂过程中来。但事实并非如此。正因为此,荣莉、唐以志和罗丹在论及“国家版”高等职业教育质量年报时,明确提出了商榷意见,认为“高职教育越来越受到人们的关注,特别是利益相关者,他们不仅要有知情权,还要有一定的参与权,以达到其对高职教育质量的预期”②。总而言之,在我国职业教育质量第三方评价实践中,高等职业教育利益相关者及其相关需要普遍被忽视。

(二)原因分析

第三方机构之所以没有采取一定的手段去了解并协调评价结果使用者的职业教育需求,并不是源于第三方机构的疏忽,而是有其客观原因。其直接原因是第三方机构对评价概念的认知论理解。这里仍以高职院校排名为例。我国的高职院校排名是从本科高校排名发展而来。两者的具体指标不同,但是在基本思想上是完全一致的。从本科高校排名实践来看,第三方机构普遍将排名和评价视为一种认知活动。

武书连领衔开展的大学排名是我国最早的大学综合排名,也是最受人们诟病的大学排名。2003 年,中国人民大学教授顾海兵发表了《陷入误区且步入禁区的“中国大学排名”》,对武氏排名进行了全面的批判。在这篇文章中,顾海兵教授认为,武氏排名存在重理轻文的倾向,且其指标权重的分配不合理。③ 对第一个问题,武书连引用了厦门大学裴云的

① 上海市教育科学研究院,麦可思研究院. 2013 中国高等职业教育人才培养质量年度年报[M]. 北京:外语教学与研究出版社,2013:34.

② 荣莉,唐以志,罗丹. 中国高等职业教育质量年度报告标准体系:分析与评价[M]. 中国职业技术教育,职业技术教育,2016,(12):28-32.

③ 顾海兵. 陷入误区且步入禁区的“中国大学排名”[J]. 中国高等教育,2003,(7):22-24.

研究为自己辩护,认为大学排名中文科得分低,理科得分高的情况,正确反映了中国大学重理轻文的实际情况。在回应第二个质疑时,武书连认为"《评价》是根据教育部公开发布的专任教师数和研究与发展全时人员数,统计出中国大学的教学与科研权重分配的,该权重实际是中国一千多所大学对本校教师各类工作时间统计的结果"。而在涉及文理科的权重分配时,他又指出:"大学评价只能客观地反映中国高校的实际情况,而不能改变和伪饰这种情况。理科与文科的实际比例是 8∶2,在《评价》中就只能记载为 8∶2,而不能记载为 5∶5。"这里所谓的"理科与文科的实际比例是 8∶2"指的是,"2002 年中国普通高校理科全时科研人员与文科全时科研人员人数之比约为 8∶2,当年理科博导与文科博导人数之比也约为 8∶2"。从这些论述来看,在武书连看来,大学排名就是要"客观"地反映大学的实际状况,大学排名与大学的利益相关者等都没有任何关系。大学排名是一种科学的认知活动。[①] 刘念才等认为,世界一流大学尽管各有其不同的个性特征,但是也有共性,一所真正的世界一流大学在任何指标体系下都是一流的。"世界大学学术排名"(ARWU)的初衷就是"为了定量分析我国大学在世界大学体系中的位置,找出与世界一流大学的主要差距"[②]。按照这样的观点,真正的世界一流大学是一种客观存在,不以人的意志为转移,"世界大学学术排名"就是对中国大学与这些大学之间差距的一种科学认知。中国校友会网大学排名课题组的蔡莉和蔡言厚等人对国内四个主要大学排名进行了比较,其目的是"检验多指标综合排名与实际相符的状况",采用的方法是,考察中央直管学校、985 工程学校、拥有研究生院的学校、211 工程学校以及 86 所全国重点大学的并集——125 所大学,在 2004 和 2005 年四个国内排行榜(武书连、网大、武大和校友会网)综合排名中的名次,并进行统计分析,结果认为,

---

① 武书连. 大学名次该怎么排[N]. 科技日报,2003-06-12(11).

② 刘念才,程莹,刘莉. 世界大学学术排名的现状与未来[J]. 清华大学教育研究,2005,(3):8-15.

中国校友会网的大学排名与实际最为相符。① 邱均平认为,自己所主持的大学排名“基本上符合我国高校当前的客观情况”②,“中国大学 50 强”的设计者认为,该排名“指标体系设计符合我国高等教育发展规律,能够客观、公正、准确地反映我国高校的现状”“能较准确地反映各高校的实际水平差距”③。与武书连等人一样,这三个排名的设计者都认为自己的排名符合作为价值客体的大学的实际情况,而不是价值主体需要满足的状况。这意味着,他们对大学排名的理解与武书连是一致的,即都将大学排名的活动视为一种价值中立的认知活动。根据这种认识,大学排名的对象是大学而不是大学满足主体需要的状况,因此,在大学排名过程中,就不需要去了解任何个人和群体的高等教育需求。第三方机构在本科高校排名实践中将排名和评价视为认知活动的观点并不会仅仅体现在本科高校排名中,而是延伸到了高职院校排名实践中。

高职院校排名设计过程出现问题也有其间接原因。第一是价值论研究中“拟科学”的认知论传统。近代以来,自然科学在理论和实践两个方面都取得了巨大的成功。在实践上,以牛顿力学为代表的近代科学的产业化运用极大地促进了生产力的发展。从理论上来说,以牛顿理论为代表的自然科学的成就也是空前的,正如丹皮尔所说:“牛顿理论的精确性实在令人惊异。两个世纪中一切可以想到的不符的情况都解决了,而且根据这个理论,好几代的天文学家都可以解释和预测天文现象。就是现在,我们也须用尽一切实验方法,才能发现牛顿的重力定律和现今天文知识微有不符。”④正是因为自然科学取得显赫成绩,使得自然科学成为一

① 蔡莉,蔡言厚,田金山. 中国校友会大学排行榜的理论与实践[J]. 现代大学教育,2006,(1):75-79.

② 邱均平,张洋,余以胜,等. 2005 年中国大学排行榜是如何产生的?[J]. 高教发展与评估,2005,(4):74-84.

③ 中国大学 50 强设计原则[EB/OL]. [2011-5-29]. http://plan.ruc.edu.cn/100622/102894/102896/55492.html

④ 参见[英]W. C. 丹皮尔. 科学史及其与哲学和宗教的关系[M]. 李珩,译. 桂林:广西师范大学出版社,2001. 177.

切学科的典范，自然科学的研究范式成为一切学术研究均应遵循的理想范式。正是在这一背景下，近代西方哲学出现了“认知论转向”。认知论的哲学就是以“外在于主体”的客观事实为研究对象，以描述和说明为主要方式，以追求不以主体意志为转移的、放之四海而皆准的普遍真理为旨归的哲学。在这种哲学思想的影响下，当一般价值论于 19 世纪末 20 世纪初在西方兴起之后，人们普遍使用认知论的方法开展价值论的研究。① 在我国，一般价值论研究兴起于 20 世纪 80 年代，而此时，哲学的主流解释框架就是认知论模式，这使得价值论研究无处逃遁，而被纳入认知论传统中。总而言之，“如果平心静气地梳理、咀嚼一下价值论发展的历史，那么我们会发现，除了某些宗教化的价值信仰、道德化的价值说教、艺术化的价值实践以及某些日常习俗之外，人们大都是用‘拟科学’的认知论的方法对待价值论、处理价值问题”②。评价活动作为认识事物价值的活动，是价值论的组成部分，按照拉蒙特和杜威的看法，则是价值论的核心部分。正因为此，评价论研究也没有逃脱认知论传统的渗透，其具体表现就是，将评价视为一种认知活动，认为评价活动就是力图如实并准确反映价值这种客观存在或存在者性质的认知活动。在理想的情况下，评价的结果就是外在于主体意志的、确定性的客观真理。这种真理与科学真理在本质上是一回事。第二，从知识社会学的角度来看，任何一项认识活动都不是绝对内在的，认识活动除了与认识主体的认识能力有关之外，还与认识主体的家庭出身、阶级地位和利益等紧密相关。就高职院校排名而言，对高职院校排名的认知论理解与排名制作者的背景有一定关联。在我国，高职院校排名的制作者大多是理工科出身，并长期从事自然科学研究，这使得他们更容易受到自然科学范式的影响。例如，金苹果版高职院校排名的负责人邱均平教授出身于化学专业，并从事文献计量学的研究工作。第三，哲学特别是价值哲学教育的欠缺也是重要原因。在我国，中

① 孙伟平. 价值哲学方法论[M]. 北京：中国社会科学出版社，2008. 7.
② 孙伟平. 价值哲学方法论[M]. 北京：中国社会科学出版社，2008. 25.

小学教育最为重视的是知识教育和政治思想教育，哲学教育非常匮乏，表现在课程数量上，从中学到大学的必修课程中仅有马克思主义哲学一门哲学课程；具体到课程内容上，就笔者经验来看，从中学到大学，这门课程在内容上并没有根本的不同，而且该课程涉及的主要是本体论和认知论的内容，至于价值论，则被完全忽视。哲学教育特别是价值哲学教育的不足，造成人们缺少起码的哲学素养，尤其是价值哲学的修养。第四，人们对评价要求的误解也是原因之一。在评价活动中，评价者保持客观是一项基本要求。那么，什么是"客观"呢？

《现代汉语词典》认为，"客观"有两种含义："①属性词。在意识之外，不依赖主观意识而存在的（跟'主观'相对，下同）：客观存在、客观事物、客观规律。" "②按照事物的本来面目去考察，不加个人偏见的：他看问题比较客观。"[①]《辞海》也是从两个方面解释"客观"之含义的。一方面，"主观指人的意识、精神、认识；客观指人的意识以外的物质世界或认识对象"[②]，另一方面，客观"指不带个人偏见，按照事物的本来面目去认识"[③]。不难发现，《现代汉语词典》和《辞海》对"客观"的解释是高度一致的。在词典提供的两种解释中，第一种解释是一种存在论的解释，意思是事物的存在不依赖于人，是独立自存的。第二种解释是一种认识论的解释，指的是人在认识事物时的一种态度，即按照事物自身的尺度而不是人的尺度去认识事物。由于评价是一种认识活动，因此，在评价中，所谓的客观只能是认识论意义上的客观。也就是说，评价活动中的"客观"指的是评价者要按照评价对象的实际去实施评价活动。这是一种态度，一种实事求是的态度。总之，在词典中，"客观"指的是评价者在评价活动中的一种态度和取向而不是指评价结果，不是指评价结果准确反映了评价对象。与词典略有差别的是，教育评价的教科书在论及评价的客观性

---

① 中国社会科学院语言研究所词典编辑室. 现代汉语词典（第 5 版）[Z]. 北京：商务印书馆，2005. 775.

② 夏征农，陈至立. 辞海（第六版，彩图本）[Z]. 上海：上海辞书出版社，2009. 3027.

③ 夏征农，陈至立. 辞海（第六版，彩图本）[Z]. 上海：上海辞书出版社，2009. 1247.

时,“客观”不仅指评价者的实事求是的态度,也指评价结果准确反映了评价对象的实际情况。例如,胡中锋在论及教育评价客观性原则时认为:“客观性原则是指评价的过程和结果都应符合客观实际。”[①]肖远军认为:“客观性原则,是指在进行教育评价时,必须具有客观、实事求是的态度,公正、准确地反映被评对象的形状和特征。”[②]事实上,在我国各种类型的教育评价活动中,人们普遍有一个理想,即评价结果准确反映评价对象的真实状况。不同的是,有的称之为客观性原则,有的称之为科学性原则[③],有的称之为真实性原则[④]。从评价的本质来看,将客观理解为评价结果符合评价对象实际的观点是站不住脚的。原因在于,评价是一种价值判断而不是事实判断。事实判断有对错之分。事实判断正确,就意味着该判断与事实相符,反之,则说明判断与事实不符。但价值判断本身并没有正误之分。既然没有正误之分,也就不存在与事实是否符合的问题。因此,所谓“客观”,在评价活动中就是指评价者在评价全过程持有的一种实事求是的态度和立场。其具体表现包括:第一,如实准确地收集、处理评价所需要的各种信息;第二,在做出评价结论时,以所收集到的信息为依据;第三,在形成评价结论时,严格遵循评价标准,而不擅自掺入自己个人的态度和主观偏好。按照保持“客观”的评价要求,评价者在评价活动中应依据自己的理性,如实地反映价值主体的价值立场。然而,在现实的评价活动,包括大学排名活动中,人们一般都将“客观性”错误地理解为要求评价者秉承中立的价值立场。由于上述四个方面的原因,导致人们不自觉地将高职院校排名视为一种认知活动,并进而影响了高职院校排名的设计过程。概而言之,职业教育质量第三方评价实然过程之所以出现问题,主要原因在于第三方机构的错误认识,即将排名和评价错误地理解为一种认知活动。

---

① 胡中锋.教育测量与评价(第二版)[M].广州:广东高等教育出版社,2006.92.

② 肖远军.教育评价原理及应用[M].杭州:浙江大学出版社,2004.21.

③ 王孝玲.教育评价的理论与技术[M].上海:上海教育出版社,1999.44-45.

④ 涂艳国.教育评价[M].北京:高等教育出版社,2007.85-86.

综上所述,作为一种评价活动,职业教育质量第三方评价有其本然的设计逻辑,这一逻辑就是:确定评价目的——明确价值主体及其职业教育需要——选取评价视角——选择评价视阈——确立评价标准。在这种逻辑中,最关键的是确定价值主体及其职业教育需要。然而,恰恰在这里出现了难题:其一,第三方机构对价值主体职业教育需要的识别与反映往往会出现偏差;其二,价值主体对职业教育往往有多重需要,而多重需要之间的关系难以准确反映在评价活动之中。这之所以是难题,就在于似乎没有任何方法能保证评价标准是价值主体需要的真实反映。但这并不意味着人们对此束手无策。要寻找应对之道,先得分析其产生的原因。在理论上来说,第三方机构之所以难以准确把握价值主体的职业教育需要和多重需要之间的关系,不外乎三个方面的原因,其一,职业教育的复杂性以及价值主体各种需要之间关系的多样性;其二,现实社会条件的有限性;其三,第三方机构人员的理性的有限性。在既定的时空条件下,前两个因素是难以改变的,唯有第三种因素是可以改善的。因此,解决这些问题的路径就是,采取一定的方式缓解或者解决理性的有限性。

与其本然过程不同,职业教育质量第三方评价的实际过程存在两个问题,即评价过程与评价的本质和社会背景相冲突。这些问题的出现,将会损害评价结果使用者的利益。因此,迫切需要加以解决。从逻辑上来说,解决这些问题有两种选择,一是改变评价的本质和社会背景,一是改进评价实践。在这两种选择中,第一种路径根本走不通。原因在于,作为一种评价,职业教育质量第三方评价的本质是任何人都无法改变的。而价值观多元化不仅是一种社会现实,而且还是一种趋势。可以说,第三方机构对此无能为力。总之,要想解决职业教育质量第三方评价实然过程中的问题,唯有改进职业教育质量第三方评价的实然过程。

那么,应该如何改进职业教育质量第三方评价的过程呢?如前所述,职业教育质量第三方评价实然过程之所以出现困境,其认识论原因在于,由于多种因素的共同作用,第三方机构没有真正地将第三方评价理解为一种评价活动,而是将其看成认知活动。出于这一认识,第三方机构就根本没有考虑评价所处的价值多元化的社会背景。正是受这些认识的影响，第三方机构既没有调查并澄清评价结果使用者群体的职业教育需要，也没有对不同群体或亚群体不同的职业教育需要进行协调，从而造成了第三方评价过程与其评价本质相悖，与价值观多元化的社会背景相矛盾。在这个意义上来说，要消除上述矛盾，第三方机构就需要在转变认识，真正地将第三方评价理解为评价的基础上，采取一定的方式去了解并澄清评价结果使用者群体对职业教育的需求，并对不同群体/亚群体职业教育需求进行协调。

第四章　对话——职业教育质量第三方评价的内在机制

不论是职业教育质量第三方评价的本然过程还是实然过程,都存在着问题。在本然过程中,存在着价值主体需要的识别、多种需要之间关系的处理等难题。在实然过程中,评价者则罔顾评价结果使用者的职业教育需求,从而使得评价结果使用者的利益可能遭受损失。那么,这些问题应该如何解决呢?从上一章的分析来看,不论采取何种方式解决这些问题,这种方式都应具有下述功效,一方面,它能缓解或者解决理性有限性的问题;另一方面,它还能帮助第三方评价机构了解、澄清和协调利益相关群体的职业教育诉求。从对话的概念来看,对话具有这些功能。因此,将对话机制引入评价过程是解决前述问题的客观要求。不仅如此,交往行为理论等思想为将对话机制引入评价过程奠定了理论依据,而社会的经济、政治、文化和技术的发展则说明,将对话机制引入评价过程具有现实的可能。

第一节　何谓对话

一、对话的词源学和词典分析

《大英百科全书》(网络版)(Encyclopedia Britannica Online)认为,从词源来看,英语的“对话”(dialogue)一词来自法语 dialogue,拉丁语的 dialogus 和希腊文的 dialogos。[①] dia 意为 through,即“穿越、两者之间”。logos 汉语译为“逻各斯”,古希腊语表示为 λόγος。根据《希英大辞典》对“λόγος”的解释,逻各斯有十种含义:“1. 计算、尺度,2. 对应关系、比例,3. 说明、解释、论证、公式,4. 灵魂内在的考虑,如思想、理性,5. 陈述、演说,6. 口头的表述、言词,7. 特殊的说法,如神谕、格言、命令,8. 所想的、说的东西,如对象、主题,9. 表述的方式,如理智的、文学艺术的表述,10. 神的智慧或言词。”[②]在这十种含义中,“言说”是逻各斯的基本含义,但彼此之间有着紧密的关系。根据叶秀山的看法,首先,希腊文的 logos 来源于动词 lego,最初意为“采集”,后来演化为“说”。但“采集”活动需要事先确定“采”什么和不“采”什么,这里就有一个标准和尺度的问题。因此,logos 就具有了尺度的意思。“说”也不例外,“说”也有个尺度的问题,也就是说,“说”不是胡说,也需要按照一定的规则说,“说”之前,人们需要通过“计算”,按照一定的“尺度”说。这样,计算、尺度就成为 logos 的含义。其次,在古希腊,不仅 logos 具有“说”的含义,mythos 也具有说话的意思,但两者并不相同,mythos 是以讲故事的方式说“活生生的世界”,而

---

① http://www.britannica.com/bps/dictionary? query=dialogue

② 汪子嵩,范明生,陈存富,等. 希腊哲学史(第一卷)[M]. 北京:人民出版社,1988. 456.

logos 是以概念的方式说“思想”的世界。因此，logos 也有思想、理性的含义。[①] 总之，logos 的基本含义是言说，而 dialogos 的意思就是“两者之间的言说”，也就是对话的意思。

在《汉语大辞典》中，对话有五种含义，即(1)核对说过的话；(2)相互间的交谈；(3)文艺作品中人物之间的对话；(4)对立或无联系的国家、集团之间所进行的接触或谈判。也指政府机构负责人士等与群众就某些问题交换意见的谈话；(5)答话。[②] 在《现代汉语词典》中，作为名词的“对话”是指“两个或更多的人之间的谈话(多指小说或戏剧里的人物之间的)”。作为动词，对话是指“两方或几方之间接触或谈判”[③]。

在国外词典中，《新牛津英语词典》认为，作为名词，“dialogue”意为“conversation between two or more people as a feature of a book, play, or film”。作为动词，“dialogue”意为“take part in a conversation or discussion to resolve a problem”[④]。《朗文当代高级英语词典(英英·英汉双解)》中对 dialogue 有两种解释，即“1. (a) written conversation in a book or play, (小说或剧本的)对白”“2. (an) exchange of ideas and opinions, esp. between two countries, groups, etc., whose positions are opposed (尤指两个对立国家、组织等的)对话、交换意见”[⑤]。在《大英百科全书》(网络版)中，dialogue 有多重含义：(1) 文章(written composition)中两个或更多人物之间的交谈(conversing)；(2) a：两个或两个以上人之间的交谈，也指人与事物(如电脑)间的交流，b：不同思想和观点之间的交流，c：为了解

---

① 叶秀山. 永恒的活火——古希腊哲学新论[M]. 广州：广东人民出版社，2007. 86-107.

② 中国汉语大词典编辑委员会，汉语大词典编纂处编纂. 汉语大词典(第二卷)[Z]. 上海：汉语大词典出版社，1988. 1303.

③ 中国社会科学院语言研究所词典编辑室. 现代汉语词典(第 5 版)[Z]. 北京：商务印书馆，2005. 345.

④ [英]皮尔素. 新牛津英语词典[Z]. 上海：上海外语教育出版社，2001. 509.

⑤ 艾迪生·维斯理·朗文出版公司词典部. 朗文当代高级英语词典(英英·英汉双解)[Z]. 朱原，等译，北京：商务印书馆，香港：艾迪生·维斯理·朗文出版社中国有限公司，1998. 406.

决某种冲突，不同党派代表之间的商讨（discussion）；（3）文学或戏剧作品中的对话元素；（4）起联想到对话作用的两个或两个以上部分的乐曲。

从词典来看，尽管在中文的语境中，对话有“核对说过的话”之意，但这种含义在现代已不常用。对话最为基本的含义是指两方或几方之间的言语行为，这种言语行为有时没有明确的目的指向，有时则以问题的解决为目标。

二、西方思想家的对话思想

（一）伽达默尔：对话即视阈融合

作为哲学解释学的集大成者，20世纪德国著名哲学家伽达默尔（Hans-Georg Gadamer）虽然认为理解就是对话，但其对“理解”的认识与狄尔泰颇为不同。在狄尔泰那里，作为理解对象的作品与其作者是一体的，正因为此，理解才被认为是将自己置于作者的思想之中，并重新体验作者思想的过程。但是，伽达默尔认为，本文一旦诞生，便具有了自身的意义，并且这种意义远远超出其作者的意图。因此，理解的任务并不是重构作者的体验，而是专注于本文自身的意义。

伽达默尔认为，理解总是相互理解。这意味着，被认为是理解对象的本文在理解活动中不是作为客体，而是与理解者一样是作为主体而存在的。理解者与本文之间的关系并不是主体与客体的关系，而是主体与主体的关系。正如伽达默尔所说：“流传物像一个‘你’那样自行讲话。一个‘你’不是对象，而是我们发生关系……流传物是一个真正的交往伙伴（Kommunikationspartner），我们与它的伙伴关系，正如‘我’和‘你’的伙伴关系。”①

那么，理解者与本文之间的相互理解是一个什么样的过程呢？伽达

① ［德］汉斯-格奥尔格·加达默尔．真理与方法［M］．洪汉鼎，译．上海：上海译文出版社，1999．460．

默尔认为,只有取得某个问题视阈,我们才能理解本文的意义。因此,理解总是发生在由各种前见构成的视阈中。所谓视阈就是指处境,而处境就是一种立足点,其作用就在于它对视觉的可能性进行了限制。视阈概念表明,理解总是从某个特定的立足点出发的。由于从某个立足点出发所能看到的东西是有限的,因此,任何理解都不是终极而是暂时的。视阈虽然有界限,但并不是封闭、固定和绝对的。因为人类的历史是运动的。"视阈其实就是我们活动于其中并且与我们一起活动的东西。"①理解的过程就是理解者视阈与本文的视阈不断地相遇、交融的过程,也就是视阈融合的过程。但是,首先,视阈的融合并不是一个视阈对另一个视阈的同化或顺应,而是理解者视阈与本文视阈一起相互熔融,形成一个更广阔的视阈,从而使我们能够达至更好地理解。其次,视阈融合的结果是新视阈的形成,但新的视阈并不是终点,而是新的理解活动的起点,或者说是新的视阈融合的出发点。因此,视阈融合和理解是永无止境的。正是在不同视阈不断融合的过程中,本文的意义得到了不断地生发,直至无限。

在伽达默尔看来,理解具有问答的结构。他认为,本文成为理解的对象意味着本文向理解者提出了一个问题。"为了回答这个向我们提出的问题,我们这些被问的人就必须着手提出问题。我们试图重构流传物好像是其回答的问题……重构本文应是其回答的问题,这一做法本身是在某种提问过程中进行的,通过这种提问我们寻求对流传物向我们提出的问题的回答。"②这样,理解就表现为问答逻辑,但这一逻辑并非死板的"一问一答,而是将回答在瞬间转化为一个新的提问,从而使问中有答,答中有问,问的时候已经有所理解,理解了一个问题,就是进入一个新的更高层次上的发问"③。而对话的原始程序就是问和答。因此,"把诠释

① [德]汉斯-格奥尔格·加达默尔.真理与方法[M].洪汉鼎,译.上海:上海译文出版社,1999.390-391.

② [德]汉斯-格奥尔格·加达默尔.真理与方法[M].洪汉鼎,译.上海:上海译文出版社,1999.480.

③ 滕守尧.对话理论[M].中国台北:扬智文化事业股份有限公司,1997.41.

学任务描述为与本文进行的一种谈话(ein In-das-Gesprachkommen mit dem Text)……是对原始东西的一种回忆”[1]。一句话,理解在本质上就是对话。

综上所述,理解即视阈融合,对话即理解,因此,对话就是视阈融合,就是理解者与本文两个平等主体通过相互问答,使本文意义不断生成的过程。

(二)巴赫金:语言的对话性

巴赫金(Mikhail Bakhtin)是20世纪苏联著名的哲学家,在哲学、语言学、符号学、美学、诗学等领域卓有建树,并有着巨大影响。尽管巴赫金涉足多个不同的学科领域,但贯穿于其中的则是对话、交往的哲学精神。

巴赫金认为,孤独的个人是虚幻的,因为人的存在本身就意味着交际。在他看来,我自己身上有他人,而他人身上也有我。因此,如果我离开他人,我就不成其为我。对于每个人而言,“应先在自己身上找到他人,再在他人身上发现自己(即在相互的反映中,在相互接受中)”[2]。这意味着,人的存在是一种关系性存在。但这并不足够。按照马丁·布伯的观点,在人类的关系中,存在“我—它”和“我—你”两种关系,因此还必须追问人在本质上是一种什么样的关系性存在。

巴赫金认为,真正的人类生活在本质是对话的,“生活意味着参与对话:提问、聆听、应答、赞同等。人是整个地以其全部生活参与到这一对话之中,包括眼睛、嘴巴、双手、心灵、精神、整个躯体、行为”[3]。生活本质上之所以是对话的,原因在于语言的本质是对话。巴赫金认为,语言的生命存在于话语——即生生不息的言语活动中,而任何话语都内在地具有对

① [德]汉斯-格奥尔格·加达默尔.真理与方法[M].洪汉鼎,译.上海:上海译文出版社,1999.473.

② 钱中文主编.巴赫金全集(第五卷)[C].白春仁,顾亚铃,等译.石家庄:河北教育出版社,1998.379.

③ 钱中文主编.巴赫金全集(第五卷)[C].白春仁,顾亚铃,等译.石家庄:河北教育出版社,1998.387.

话性。在他看来，一个话语要么是对其他话语的回应，要么意在诱发其他话语。这就是话语的对话性。自言自语，即独白型话语也不例外，因为独白型话语在本质上也是说话者对“我”身上之“他人”之话语的回应，只不过在独白型话语中，所谓的“说话者”和“听话者”在实体上是同一个人而已。话语的对话本性表明，语言的本质就是对话。在巴赫金看来，语言的整个生命，不论是运用于日常生活、公事交往领域，还是科学、文艺领域，抑或是其他领域，无不渗透着对话关系。也就是说，在人的所有生活领域都充盈着对话，对话是人类生活中最为基本的东西。因此，生活的本质是对话。生活的对话本性表明，对话性关系是人的存在方式。用巴赫金的话说就是：“一切都是手段，对话才是目的。单一的声音，什么也结束不了，什么也解决不了。两个声音才是生命的最低条件，生存的最低条件。”“存在就意味着进行对话的交际。对话结束之时，也就是一切终结之日。”①

既然对话性关系是人的存在方式，那么，这是一种什么样的方式呢？或者说，什么是对话呢？就巴赫金的思想而言，从语言学的角度看，对话是对话者之间话语的相互回应。如果将相互回应的内容加以抽象，对话者的话语之间不外乎是“同意或反对关系、肯定和补充关系、问和答的关系”②，这种关系也就是巴赫金所说的“纯粹的对话关系”。

(三)戴维·伯姆：“伯姆对话”

戴维·伯姆(David Bohm)是当代著名的科学家和思想家。出于对人类社会“碎片化”及其后果的忧虑，他创造性地提出了其对话理论，被誉为“伯姆对话”，受到广泛的推崇。

戴维·伯姆认为，在现实生活中，每个人在政治、经济、宗教和人生方面都有彼此不同的思维假定(assumption)，也就是一定的看法、意见或观

---

① 钱中文主编. 巴赫金全集(第五卷)[C]. 白春仁，顾亚铃，等译. 石家庄：河北教育出版社，1998. 340.

② 董小英. 再登巴比伦塔——巴赫金与对话理论[M]. 北京：生活·读书·新知三联书店，1994. 3.

念。这些看法、意见或观念与其持有者已经融为一体,以至于当它们受到质疑时,人们就会认为是对自己的质疑,从而竭力为自己进行辩护。其结果是,当持有不同观点的人参与同一项工作时,往往会出现争论不休的情况,因而使得工作难以顺利开展。在社会层面上,如果每个人都维护自己在各种社会问题上的看法,良好的社会也就不可能建立起来。为了建设一个良好的社会,即能分享共同意义(如做事的意义、目的和价值等)的社会,对话十分必要。

那么,何谓对话呢?根据戴维·伯姆的观点,对话的真谛"乃是在于真正地、流畅地对真理进行交流"①,通过交流对思维假定本身以及形成这些假定的思维过程进行探究。在交流过程中,对话的参与者一要将自己的思维假定搁置起来,放在一边,但并不故意去压制它们的出现。这并不意味着参与者不信任它们,而仅仅是不对其好坏优劣做出任何评判。二要让自己"空空荡荡",即要在心中保持一种空灵之境。只有如此,人们才能不受内在认识和外在环境的任何束缚,真诚地、全身心地参与对话。对话并无任何绝对的目的,其目的就在于交流、对话本身,通过交流使对话参与者的诸多思维假定都显现出来,并仔细加以审视,从而使对话参与者意识到并理解每个人心中所想。这一过程本质上就是意义分享的过程。历经这一过程,在对话群体中会逐渐萌生新的理解和共识。这是一种对话之初并不存在,而是借助对话创造出来的理解和共识。它具有把人和社会粘连起来的作用。

(四)潘尼卡:对话的对话

雷蒙·潘尼卡(Raimon Panikkar)是西班牙当代著名的哲学家和神学家。作为哲学家和神学家,他对人类的命运怀有深切的关怀。他认为,社会文化从来都是多元的,在这个意义上来说,人从来都是生活在多元的世界中。在过去,这并不构成一个问题,因为不同民族、不同人之间"老死不相往来"。然而,在今天,由于经济、社会的发展,人与人、民族与民

① [英]戴维·伯姆.论对话[M].王松涛,译.北京:教育科学出版社,2004.20.

族之间被紧紧联系在一起,使得各种不同甚至互不相容的文化和生活方式彼此相遇。不仅如此,任何一种试图统一生活方式的努力都得不到人们的信服。于是,如何面对与自己相异的文化就成为一个事关我们生存的根本问题。或者说,多元论不仅成为一个问题,而且是人类不得不面对的生存论问题。

潘尼卡认为,作为一种生存论问题,多元论困境来源于人类的实践。因此,人类也只有在实践中寻找出路。他认为,对话的对话(dialogical dialogues)是人类走出多元论困境的实践方式。所谓对话的对话是相对于辩证的对话(dialectical dialogues)而言的。在辩证的对话中,人是作为理性的人而参与其中的,对话的目的是为了获得对实在的一种理性的、唯一正确的认识。潘尼卡认为,辩证的对话是需要的,但无力处理个人的、跨文化的和多元论的问题,这三类问题需要对话的对话来处理。那么,何谓对话的对话呢?潘尼卡指出:“对话的对话是关于对象的对话……又是主体之间的、旨在成为关于主体的对话的一种对话。他们不是想就某物对话,而是就他们自身进行对话:他们用对话表达他们自己……对话的对话与其说是关于意见的对话,不如说是关于拥有这样的意见的人的对话,最后不是关于你,而是关于我对你的对话。”①显然,在潘尼卡看来,对话的对话并不是人们之间交换意见,而是整体的人与整体的人之间的对话。或者说,对话的参与者并不是提出思想的主体,而是“人”之本身。对话的内容并不仅仅是思想观点,更是“他们自身”,即作为“人”的人。对话的目的因此就不纯粹是在思想上达成共识,更是“关于我对你的对话”,最终在“我们自身之中发现整个属人的世界和整个实在”②。

从上文的论述来看,不同的思想家在阐述对话思想时,存在明显的差异。有的在本体论的层面论述对话,认为对话是人的存在方式,如伽达默

① [西]雷蒙·潘尼卡.宗教内对话[M].王志成,思竹,译.北京:宗教文化出版社,2001.39.

② [西]雷蒙·潘尼卡.宗教内对话[M].王志成,思竹,译.北京:宗教文化出版社,2001.序言9.

尔和巴赫金，有的则是在认识论的层次上讨论对话，如戴维·伯姆。但特别需要指出的是，即使是本体论层面的探讨，也具有认识论的意义。综合以上论述，这里从认识论层面就对话概念做出如下界定，即所谓对话是人们之间自由平等地交流和交往行为。具体而言，对话具有如下特征：第一，对话具有开放性。这种开放性在空间上表现为对话对所有人开放，在时间上表现为其未完成性，同时也表现为对话参与者心灵的开放性。第二，对话的目的是达成共识。对话永无止境的特点并不意味着对话没有自身的目的。对话的目的就是在对话参与者之间取得一致。但是，作为对话目的的共识有其自己的规定性，(1)这种共识和一致是暂时而非永恒的；(2)共识不是相互妥协，不是相互说服的结果，而是超越了对话参与者的已有看法，而达成的一种新的理解，这种新的理解是“非强制性的全体一致”。第三，对话具有平等性。即所有人都有同等的权利决定是否参与对话，在对话过程中，所有参与者都有同等的发言权。第四，对话是理性驱动的。即对话的过程不是人们之间无理性的宣泄或倾诉的过程，而是参与者之间基于理性的交流过程。第五，对话具有真诚性。这种真诚性不仅表现为对话参与者之间相互信任，因而真诚地表达了自己的所思所想所感，而且表现为参与者怀有认真倾听的态度。

第二节　对话与职业教育质量第三方评价过程问题的耦合

职业教育质量第三方评价一般过程中之所以出现两大难题，不外乎三个方面的原因：其一，职业教育的复杂性以及价值主体各种需要之间关系的多样性；其二是现实社会条件的有限性，导致人们在开展职业教育质量第三方评价时缺乏必要的手段和条件；其三，作为评价主体的第三方的理性的有限性。在这三个原因中，最根本的是第三个原因。如果能够发展评价主体的理性，则职业教育的复杂性会降低，而且人们也能够创造出更好的评价条件。因此,解决这些问题的路径就是,采取一定的方式缓解或者解决理性的有限性。笔者认为,这个方式就是将对话作为基本机制引入职业教育质量第三方评价过程之中。

如前所述,要化解职业教育质量第三方评价本然过程中的难题,就必须采取合适的方式,消除或者缓解有限理性的影响。而要解决职业教育质量第三方评价实然过程中的问题,就需要使用有效的方法,去把握、澄清并协调各个利益相关群体对职业教育的需求。那么,什么样的方式方法具有这些作用呢?从对话的概念来看,对话具有这样的作用。换句话说,如果在第三方评价过程中引入对话机制,那么,不仅本然过程中的难题能得到有效缓解,而且实然过程中的问题也能迎刃而解。

第一,对话能在某种程度上解决本然过程中的难题。对话之所以能做到这一点,从根本上来说,并不是因为通过对话使更多的人参与了职业教育质量第三方评价过程。事实上,在理论上来说,参与人数越多并不能确保,也不意味着评价结果就越正确、越合理。对话能够成为解决这一问题的一条路径,根本的原因在于,对话能够减少或者消除有限理性的影响。有限理性是指:“我们的想象和筹划能力是有限度的和易犯错误的。”①而对话具有限制有限理性影响的功能。对话之所以具有这样的作用,是因为下述两个原因。其一,对话具有“附加”的价值。举例来说,面对一件事情,甲可能考虑到了乙没有考虑到的情况。如果在甲与乙之间没有对话的话,那么乙就只知道自己考虑到的可能性。但是,如果甲与乙之间进行了沟通和交流,那么乙把握的情况就会更全面。对于乙来讲,这就是对话带来的“附加”价值。反之也是如此。其二,对话具有“增值”的价值。在实际的社会生活中,不论面对什么事情或者事物,人总有自己的观点。如果人们围绕这些事情或事物进行对话,那么对话参与者之间就能交流并分享各自的看法。但对话的作用不限于此。在对话过程中,不

---

① 詹姆斯·D·费伦. 作为讨论的协商[A].[美]约·埃尔斯特. 协商民主:挑战与反思[C]. 周艳辉,译. 北京:中央编译出版社,2009. 51.

同观点之间的相互撞击,往往会导致新的观点的出现。这就是对话的“增值”价值。对话的“附加”价值和“增值”价值表明,对话能有效地缓解有限理性的不利影响。

在职业教育质量第三方评价的本然过程中,如果引入对话机制,积极引导价值主体参与对话,那么,不仅职业教育质量第三方评价的价值主体能更清晰地认识到自己的需要,更重要的是,作为第三方机构的评价主体能借助对话减少自己的有限理性,更准确地把握价值主体的职业教育需要,从而能更好地确保评价标准是价值主体职业教育需求的如实反映。

第二,对话的开展能帮助第三方机构了解评价结果使用者的职业教育需求。从外在表现来看,对话就是人们之间自由平等地交流。作为一种交流,对话是个双向的、有来有往的过程。这明显不同于日常生活中的社会调查,因为一般的社会调查“有来无往”,是一个单向的收集信息的过程。从对话的双向性不难得知,对话活动要想得以发生并持续下去,就需要对话参与者表达自己的所思所感,回应他人的所想所悟。对于对话的参与者来讲,不论是主动的表达,还是看似被动的回应,其实都在向他人展示自己私人的内心世界。换句话说,对话的过程也就是向他人传达自己私人信息的过程,或者说,对话具有揭示私人信息的作用。

在评价过程中,第三方评价机构理应了解评价结果使用者的职业教育需求。而这种需求是评价结果使用者自己个人的私人偏好,是一种私人信息。如果能将对话机制引入第三方评价的过程,将评价结果使用者纳入对话的进程,鼓励他们就各自的职业教育需要进行讨论,那么,对话揭示私人信息的功能就将帮助第三方机构把握评价结果使用者对职业教育的需求。

第三,对话能澄清评价结果使用者不合理的职业教育诉求,从而帮助第三方机构把握评价结果使用者真正的职业教育需要。对话之所以能做到这一点,是因为对话具有自我教育的作用。如上所述,对话具有双向性,这使得人们一般都能认识到对话是一个促进相互理解的过程。事实上,对于任何一个对话参与者而言,对话的过程不仅是他面对其他参与者的过程,也是自己面对自己的过程;不仅是参与者之间相互理解的过程,也是每个参与者自我理解的过程。在对话过程中,每个参与者都会遭遇来自他人的不同看法的冲击,这种冲击不仅使得对话参与者进入他人的心灵,而且促使每个参与者反躬自省,重新审视自己原先观点的合理性或正确性,即对话也使得参与者重新进入了自己的精神世界。在这个意义上来说,对话的过程就是一个自我审查的过程,或者说是一个自我教育的过程。在第三方评价的过程中,通过评价者与评价结果使用者以及评价结果使用者之间的对话,评价结果的每个使用者都能重新考量自己对职业教育的需求的合理性,自觉抛弃那些并不合理的诉求,使得那些真正的需求得以浮现。

第四,如前所述,为了解决评价过程与评价的社会背景和影响效应之间的冲突,在评价过程中,评价者需要对不同的评价结果使用者群体的职业教育需求进行协调,在不同群体之间取得共识,并以共识为基础,提出评价指标,分配指标权重并确定评价标准。在实际生活中,达成一致和共识的方式有很多。但对话是取得共识最为有效的方式。从政治学的角度看,达成一致的途径有三种,一是强制,一是竞争,一是对话。所谓强制就是以强大的权力为依托,将某种偏好强加给所有的人。如中国西汉时期的"罢黜百家,独尊儒术"就是以国家权力强制的方式,试图将儒家学说强加给所有人。所谓竞争就是在各种不同的偏好经过优胜劣汰的竞争之后,挑选最终胜出的偏好作为决策的基础。近代以来,西方"以投票为中心""以少数服从多数"为原则的代议制民主(也称聚合式民主)本质上就是这种类型。如果说强制的方式在历史上自有其意义的话,那么在现代民主社会,它已经失去了合法性。不仅如此,在主体意识高扬的今天,寄希望于以这一方式获得一致认识,也失去了可能性。竞争的方式虽然是民主政治活动中的主流,但是这种方式本身无法避免"多数人的暴政"这一潜在危险,因而存在着与民主的本意背道而驰的可能。以这种方式取得的所谓一致,其实是以少数人被迫放弃自己的偏好为代价的,因此这种一致是虚假的。与强制和竞争不同,对话是理性的,并且具有包容性、公开性、平等性、非强制性、真诚性等特点,从而使得不同利益群体的职业教育价值观能够充分地交流和融合,达成真正的共识。总而言之,以强制方式取得的一致是运用权力的结果,以竞争方式达成的一致则是少数人被逼无奈的选择。在这两种情况下,所谓共识和一致并非出于所有人的真心实意,因而是虚假的共识和一致。相对于这两方式,通过对话达成的共识则反映了所有对话参与者的真实想法,因此是真正的共识。在这个意义上说,对话是取得共识最为有效的途径。

在职业教育质量第三方评价过程中,如果在评价结果使用者之间就职业教育需求进行对话,并达成共识,那么,评价的最终结果就不会损害使用者的利益,而且由于共识是经过评价结果使用者之间的平等交流协商达成的,评价的结果也将会得到人们的共同承认,从而更有利于职业教育质量第三方评价发挥质量保障的作用。

综上所述,对话具有减少有限理性、揭示私人信息、自我教育和达成有效共识的作用。正是由于这些作用的存在,才使得第三方评价机构的有限理性受到限制、评价结果使用者的职业教育价值观得以揭示和澄清、不同使用者的职业教育需求得以协调,从而缓解了职业教育质量第三方评价本然过程的难题,化解了第三方评价实然过程中的矛盾。

第五章 对话作为职业教育质量第三方评价内在机制的理论依据与现实基础

从对话的功能来看,对话的引入非常契合职业教育质量第三方评价作为评价活动的内在需求和实际要求。事实上,如果跳出第三方评价这一狭小的领域而从更广阔的视野看,将对话作为基本机制引入职业教育质量第三方评价已经具备了牢固的理论依据和扎实的现实基础。

第一节 引入对话机制的理论依据

一、哈贝马斯的交往行为理论

尤尔根·哈贝马斯(Juergen Habermas)是德国著名的思想家,也是一位百科全书式的学者,其学术足迹遍及哲学、社会学、政治学、语言学、伦理学和法学等领域。我国学者章国锋曾将哈贝马斯的思想体系划分为交往行为理论、话语伦理学、关于"现代性"问题的论述等六个部分。[①] 但是,在哈贝马斯的整个思想大厦中,交往行为理论处于基础性地位。

---

① 章国锋.关于一个公正世界的"乌托邦"构想——解读哈贝马斯《交往行为理论》[M].济南:山东人民出版社,2001.序言2-5.

哈贝马斯认为,社会现代化的结果是,社会分化为经济系统、行政(政治)系统和社会文化系统。在这三种系统中,经济系统遵循金钱的逻辑,政治系统遵循权力的逻辑,而社会文化系统遵循交往对话的逻辑。社会文化系统就是公共领域,即“首先意指我们的社会生活的一个领域,在这个领域中,像公共意见这样的事物能够形成。公共领域原则上向所有公民开放。公共领域的一部分由各种对话构成,在这些对话中,作为私人的人们来到一起,形成了公众。那时,他们既不是作为商业或专业人士来处理私人行为,也不是作为合法团体接受国家官僚机构的法律规章的规约。当他们在非强制的情况下处理普遍利益问题时,公民们作为一个群体来行动;因此这种行动具有这样的保障,即他们可以自由地集合和组合,可以自由地表达和公开他们的意见”①。也就是说,公共领域就是指在经济系统和政治系统之外的一个理性交往领域,在这个领域中,公众可以就“普遍利益”问题,即社会公共事务自由公开理性地交换看法,进行讨论,以达成共识。

哈贝马斯认为,经济系统依赖“社会文化系统向教育和就业系统输送劳动动机”②,而行政系统依赖社会文化系统以合法化形式提供动机。简而言之,社会整合依赖于社会文化系统的产出。但是,在晚期资本主义社会中,出现了经济系统和行政系统对社会文化系统的侵略,造成社会文化系统出现产出失调,失去了社会整合的能力。换句话说,由于金钱和权力对社会文化系统的侵蚀,使社会文化系统丧失了共同的价值和规范,人与人之间的矛盾和冲突无法得到解决,其结果导致经济系统和行政系统也出现危机。根据这种看法,解决社会危机的途径就是重构经济、政治和文化系统之间的关系,通过交往行为的合理化,重新唤起社会文化系统的社会协调作用。

---

① [德]尤根·哈贝马斯. 公共领域[A]. 汪晖,译. 载汪晖,陈燕谷. 文化与公共性[C]. 北京:生活·读书·新知三联书店,2005. 125-126.

② [德]尤尔根·哈贝马斯. 合法化危机[M]. 刘北成,曹卫东,译. 上海:上海世纪出版集团,2009. 55.

在《交往行为理论》(第一卷)中,哈贝马斯曾多次对交往行为概念进行阐述。“交往行为(Kommunikatives Handeln)概念所涉及的是至少两个以上具有言语和行为能力的主体之间的互动,这些主体使用(口头的或口头之外的)手段,建立起一种人际关系。”[①]“我们所说的交往行为,主要是一些互动,其中,参与者在通过交往达成的共识的基础上,把他们自己的行为计划毫无保留地协调起来。”[②]交往行为是以沟通为取向的行为,而“沟通是具有言语和行为能力的主体相互之间取得一致的过程”[③]。根据这些论述,交往行为具有下述特征:第一,交互性,即交往行为不是某个主体的单方面行为,而是两个以及两个以上主体之间的行为;第二,符号性,即交往行为是以语言为中介的行为;第三,共识性,即交往的目的是取得共识,并基于共识协调各自的行动计划。总而言之,在哈贝马斯那里,所谓交往行为就是指两个及两个以上的主体之间以语言为中介,以达成共识为目的的对话行为。但是,哈贝马斯指出:“对话中唯一允许的强制是较好的论证的强制;唯一允许的动机是通力合作寻求真理……对话过程中除了论证之外,不会承认任何东西。”[④]这意味着,在真正的交往和对话中,参与者不能使用任何策略。共识只能以各种观点的说服力为基础,或者说,“共识的基础是相互信服(Uberzeugung)”[⑤]。

然而,在现实的社会生活中,任何一个对话的参与者都处于特定的社会位置,拥有不同的经济、政治和文化资本。如果没有相应的约束,那些拥有较丰富的经济、政治和文化资本的对话参与者就可能对其他参与者

---

① [德]尤尔根·哈贝马斯.交往行为理论(第一卷)[M].曹卫东,译.上海:上海人民出版社,2004.84.

② [德]尤尔根·哈贝马斯.交往行为理论(第一卷)[M].曹卫东,译.上海:上海人民出版社,2004.291.

③ [德]尤尔根·哈贝马斯.交往行为理论(第一卷)[M].曹卫东,译.上海:上海人民出版社,2004.274.

④ [德]哈贝马斯.认识与兴趣[M].郭官义,李黎,译.上海:学林出版社,1999.318.

⑤ [德]尤尔根·哈贝马斯.交往行为理论(第一卷)[M].曹卫东,译.上海:上海人民出版社,2004.274.

施加强制，从而造成交往和对话的异化。为了保证交往和对话的有效性，哈贝马斯提出了“理想的话语环境”，也就是交往和对话必须遵循的伦理规范。具体包括：第一，对话的所有潜在参与者都拥有同等参与对话的权利。第二，对话的所有参与者都有同等权利提出主张和建议，并进行解释和论证，都可以对对话的有效性规范进行质疑，提出反对或者赞成的理由。第三，对话的所有参与者都拥有同等权利实施表达式话语行为——表达自己好恶、情感和愿望的行为。第四，对话的每一个参与者都必须有同等的权利实施调节式话语行为，如发出命令和拒绝命令，作出允许和禁止等。① 从这四项要求来看，真正的对话具备三个特征，第一，对话不是封闭的，而是对所有人开放；第二，对话的所有参与者有同等的权利就对话的规则和规范发表自己的看法；第三，在对话的过程中，所有的参与者具有同等的“说话”权利。

仅具备“理想话语环境”并不足以保证对话能真正成为现实。哈贝马斯认为，要真正成为解决社会文化危机的途径，对话过程中的言说行为也必须是有效的，或者说，对话中的言说行为必须满足下述四个条件，即言说者的表达是可领会的，以使说者和听者能够相互理解；言说者的表达是一个真实的陈述，即对世界的真实描述；言说者真诚地表达了自己的意见、意图、情感和愿望；言说者所选择的表达符合公认的规范，即是一种正确的话语。② 也就是说，在对话过程中，参与者的言说行为必须具有可理解性、真实性、真诚性、正确性。否则，对话就不可能开展，共识也不可能达成。

哈贝马斯提出交往行为理论的目的在于，为由于政治和经济系统对社会文化系统的入侵所导致的人与人之间的矛盾和冲突寻求解决之道，以最终实现社会的重新整合。根据这一理论，社会整合的基础是建立具有合法性的价值规范，但价值规范是否合法取决于规范是如何形成的。

---

① 章国锋. 关于一个公正世界的“乌托邦”构想——解读哈贝马斯《交往行为理论》[M]. 济南：山东人民出版社，2001. 152.

② [德]哈贝马斯. 交往与社会进化[M]. 张博树，译. 重庆：重庆出版社，1989. 3.

在这一理论看来,只有当社会规范是人们之间通过相互交流而达成的一致性看法,它才是合法的。这一理论的意义在于,人们之间矛盾和冲突的解决可能有许多不同的方式,但是,合法的方式必须来自人们之间的交流和对话。在职业教育质量第三方评价过程中,不同的利益群体有不同的需要。因此,这些群体之间可能存在着直接或间接冲突。从交往行为理论的角度看,人们虽然有很多的方法化解冲突,但要想确保方法的合法性,那么,最终采用的方法就必须是各方经过理性对话,一致同意的方法。总而言之,从交往行为理论的角度看,对话理应是职业教育质量第三方评价过程的内在程序。

二、协商民主理论

近代西方各国在资产阶级革命之后,建立起了自由主义的民主制度。自由主义的民主制度主张间接民主或者说代议制民主,即公民按照少数服从多数的原则,通过投票选举出代理人,并由代理人代表公民行使统治权利。然而,伴随着社会的发展,自由主义民主制度的缺陷逐渐显现。第一,自由主义的民主是一种代议制民主,即公民对政治决策的参与不是直接,而是间接的,是以民选代表为中介的。显然,对于这种代议制民主而言,民选代表的代表性是至关重要的问题。如果民选代表能时刻关注公众的意见,并以这些意见为基础,参与国家治理,那么代议制民主作为一种民主实现形式的合法性就毋庸置疑。但是,现实的情况并非如此。在实际的民主实践中,民选代表的"活动舞台及兴趣正远离公众的生活和视野"①。虽然在代议制民主中,公民可以定期重新选举代表,但代表在一段时间内权力的扩展,还是使得公民对决策的影响越来越小。这意味着,政治权利并非来自于人民的同意和授权,换句话说,民主实践越来越

---

① 格雷厄姆·史密斯,科琳娜·威尔斯.公民陪审团与协商民主[A].[南非]毛里西奥·帕瑟林·登特里维斯.作为公共协商的民主:新的视角[C].王英津,袁林,林云娟,等译.北京:中央编译出版社,2006.100.

背离民主的本质。第二,在自由主义民主实践中,不论是政治代表的选举,还是代表参与决策的过程,都是在缺乏公共讨论的前提下,通过投票的方式进行的。也就是说,自由主义民主是一种“以投票为中心”的民主。由于投票行为反映了投票者的个人偏好,因此,自由主义民主的目的就是借助投票将个人偏好聚合成为集体偏好。而投票之前公共讨论的缺乏意味着,自由主义民主是以“个人偏好是固定不变的”这样一个假设为前提的。然而,个人偏好固定不变的假设是错误的,因为“偏好不仅会在公民获得更多关于政策的信息时改变,而且当他们了解到其他公民的偏好,并学会与其他人一起工作以发现其从前未曾考虑到的政策选择时,偏好也会改变”①。因此,自由主义民主实践的前提假设是错误的。这直接威胁到自由主义民主的合法性。第三,自由主义民主是以政治平等原则为前提的。所谓政治平等就是指所有公民拥有相等的政治权利。但是,在现实的社会中,贫富分化的日益加剧和社会不平等的不断扩展,削弱了政治平等原则,使得一些群体成为政治活动中的边缘群体,造成这些群体的利益和观点在政治决策过程中得不到充分表达,甚至被排除在决策程序之外。自由主义民主制度的上述问题,导致政治决策的合法性出现了前所未有的危机,因而需要加以克服。正是在这样的条件下,协商民主思想应运而生。也正是因为这样的背景,协商民主理论的目的就非常清楚,即回答这样一个问题:在多元主义条件下,怎样才能确保政治决策的合法性?

协商民主的思想家们给出的答案是,任何一项集体决策必须以所有可能受此决策影响的人或其代表的协商为基础,决策才是合法的。那么,在协商民主中,何谓协商呢?库克认为:“协商就是各种观点不受限制地交流,这些观点涉及实践推理并总是潜在地促进偏好变化。”②格雷夫认

---

① [美]小莱尔·卡特.协商民主能挽救我们吗?[A].陈家刚选编.协商民主[C].上海:上海三联书店,2004.289.

② [爱]梅维·库克.协商民主的五个观点[A].陈家刚.协商民主[C].上海:上海三联书店,2004.44.

为,在协商民主中,协商具有四个特征,即(1)协商应是公共的、包容性的;(2)协商不受任何强制,不论是外在强制还是内在强制;(3)协商的对象是人们在协商过程中表达出来的利益与需要;(4)协商的目的是达成共识,但共识的达成是理性驱动的。[①] 在博曼看来,协商是以对话为方式开展的共同的合作性活动。这一过程具有如下特点,(1)所有公民都有同等的权利参与协商;(2)在协商过程中,所有公民都有同等的发言权;(3)所有参与协商的人应该有开放的胸怀和认真倾听的态度;(4)协商的目的是为了获得"非强制性的全体一致"[②]。从这些论述来看,所谓公共协商其实就是各方自由平等地对话。协商民主的真义就在于强调,公民应"通过自由而平等的对话、讨论、审议等方式,参与公共决策和政治生活"[③]。或者说,在多元主义条件下,只有以公民之间自由平等的对话为基础,社会和政治决策的合法性才能得以保证。

那么,为什么以对话为基础的决策才具有合法性呢?这是因为,第一,决策之前的对话,扩大了决策的参与面,解决或者缓解了代议制民主中代表的"代表性"问题。第二,一项合法的决策应该充分考虑到相关人员在这项决策中的利益诉求。对话揭示了与决策有关的人员的私人信息,从而使得决策有了坚实的基础。第三,一项合法的决策必须以与决策有关的人员的真实利益诉求为基础,而对话的教育与自我教育功能,减少了人的有限理性,澄清了不合理的需求,使得相关人员真正的利益需求得以显现。第四,协商民主强调与决策有关的人员通过直接对话的方式参与决策的进程,在一定程度上缓解了事实上的政治不平等。

协商民主理论主要关注西方资本主义国家政治领域决策的合法性问题,其基本观点是,只有以对话为基础的政治决策才是合法的。我国的社

---

① [美]帕布洛·德·格雷夫. 协商民主与惩罚[A]. 陈家刚. 协商民主[C]. 上海:上海三联书店,2004. 271.

② [美]詹姆斯·博曼. 公共协商:多元主义、复杂性与民主[M]. 黄相怀,译. 北京:中央编译出版社,2006. 4-25.

③ 俞可平. 协商民主译丛·总序[A]. [澳]约翰·S. 德雷泽克. 协商民主及其超越:自由与批判的视角[M]. 丁开杰,等译. 北京:中央编译出版社,2006. 1.

会主义性质决定着并不存在决策的合法性问题。从这个角度讲,协商民主理论并不适合我国。但这并不意味着协商民主理论对我国毫无价值。第一,在现代社会,不论是国家层面的政治决策,还是某个社会组织层面的决策,民主决策已经成为一个基本要求。第二,协商民主理论将对话作为决策前置机制的做法虽然旨在解决西方资本主义国家政治决策合法性问题,但还有一项重要功能就是有助于决策质量的提升。这意味着,协商民主理论将对话作为决策前置机制的观点在决策中具有重要的技术价值。

第三方机构在职业教育质量评价活动中也需要做出一系列的决策,如评价标准的研制、评价结论的确定等。这些决策事关职业教育诸多利益相关者的实际利益。因此,第三方机构也应遵循协商民主的精神,将利益相关者纳入职业教育质量评价过程之中,借助对话与协商来推进评价活动。

三、"社会议题导向"的评价理论

在库巴和林肯看来,评价理论经历了四个发展阶段。20 世纪 30 年代之前是评价发展史上的测量时代(Measurement Generation)。在这一时期,评价就是测量。20 世纪 30 年代,泰勒在历史上首次提出了"教育评价"这一概念。在泰勒看来,教育评价就是在对学生的行为表现进行测量的基础上,对教育结果与教育目标的一致性程度进行描述的过程。因此,这一时期被称为教育评价发展史上的"描述时代"。进入 20 世纪 60 年代,在克隆巴赫和斯塔弗尔比姆工作的基础上,斯塔克撰文明确提出:"没有人全面考察评估,描述和判断都很重要。它们是评估的两个基本方面。"[①]斯克里文(Scriven M.)在《评价方法论》(The Methodology of E-

① [美]埃贡·G. 古贝,伊冯娜·S. 林肯. 第四代评估[M]. 秦霖,蒋燕玲,等译. 北京:中国人民学出版社,2008. 8.

valuation）一文中也指出“评价的目的本来就包括对长处、优点和价值等方面的估计”①。这样，判断作为评价的一个基本要素得到确认，教育评价理论由此进入判断时代。

根据库巴和林肯的观点，前三代评价理论存在三个重大缺陷：一是管理主义倾向，即评价活动只回应了管理者的要求，而没有将管理者之外的其他群体纳入评估过程；二是忽略了价值的多元性，具体而言，现实社会中的价值观是多元的，但在前三代评价中，没有任何一种评价方法考虑到价值观的多元性。相反，前三代评价都试图通过价值中立的评价过程，得出具有客观真理性的评价结论；三是过分强调科学实证范式，使评价活动过于依赖定量方法，而忽视了其他方法的使用。正因为此，在20世纪70年代之后，教育评价理论开始向“社会议题导向（倡议）的评价”发展。“社会议题导向”评价理论构成了在评价过程中开展对话的评价论基础。这里，仅以“社会议题导向”的评价理论中最有影响的第四代评价理论为例进行论述。

20世纪80年代，在斯塔克等人工作的基础上，库巴和林肯先后发表了《有效的评价》《自然主义探究的认识论和方法论基础》和《第四代评估》等文章和著作，系统地提出了第四代评价理论。

传统上，人们认为，在人之外存在着独立于人的纯粹的客观世界，认识则是保持价值中立的认识者对客观世界的镜式反映。作为认识的结果，知识是对客观世界的如实描摹。但库巴和林肯认为，所谓的客观世界并不是独立于人的，其本质只不过是人在与对象相互作用的过程中形成的社会建构物。认识也不是价值无涉的镜式反映过程，而是认识者在各种社会和价值因素影响下的心理建构过程，知识只是这一过程的产物。作为认识活动的一种，评价的过程当然也是心理建构的过程，评价的结果也不是对评价对象的如实描述，而是评价者关于评价对象的心理建构物。

① ［美］斯克里文．评价方法论［A］．瞿葆奎主编，陈玉琨，赵永年选编．教育学文集·教育评价［C］．北京：人民教育出版社，1989．180-232.

由于“社会本质上是价值多元化的”①,因此,持有不同价值观的人们在面对同一个评价对象时,就会产生不同的心理建构物,或者说就会出现多种评价结论。但是,前三代评价一方面忽视了社会价值的多元化,试图通过价值中立的评价过程得出具有普遍性的评价结论,一方面却只考虑到教育管理者的评价要求,以管理者的价值观点作为评价的准绳。结果是,评价结论由于没有体现家长、学生和其他群体的价值观点而可能会对这些群体的利益造成损害。要避免这一情况,评价结论就不能仅得到管理者的承认,而是应该得到与评价活动存在利害关系的各种群体——即利益相关者的公认。因此,有效的评价不仅是人的心理建构物,而且是各种利益相关者的共同建构。

在库巴和林肯看来,要想获得公认的评价结论,评价从一开始就不能仅仅响应管理者的需求,而是应该响应评价的各种利益相关者的评价要求。也就是说,响应是第四代评价的出发点。对于现实的评价活动而言,要对各方面的要求做出回应,就需要明确两个问题,其一,哪些人是评价活动的利益相关者,即评价要响应哪些人的要求;其二,响应他们的哪些要求。

在第一个方面,库巴和林肯区分了三类人群。第一类是评价活动的推动者,包括评价需要的要求者、评价结果的使用者和评价工作的实施者;第二类是评价的受益者,包括直接受益者(即目标群体,评价就是为这些人所设计)、间接受益者和因评价工作而受益的人;第三类是评价的受害者,包括在评价活动中被故意排斥的群体、受评价活动副作用影响的群体、受评价活动造成的政治影响伤害的群体、为评价活动承担了机会成本的群体。

在第二个方面,库巴和林肯也区分了三类。第一类是利益相关者的“主张”,即利益相关者提出的、被认为对评价对象有利的方案。例如,许

① [美]埃贡·G. 古贝,伊冯娜·S. 林肯. 第四代评估[M]. 秦霖,蒋燕玲,等译. 北京:中国人民学出版社,2008. 35.

多研究者声称，开展自主学习能提高学生的学习成绩。第二类是利益相关者的“焦虑”和“担心”，即利益相关者提出的、被认为对评价对象不利的方案。例如，有人认为，在教学中使用 PPT 会对学生批判思维能力的发展有负面影响。第三类是利益相关者之间的“争议”，即有理性的人不一定都赞成的事情。例如，有人认为职业院校应该将“与就业岗位零距离”或“与企业需求零距离”作为办学的核心理念，有的则明确表示反对。在反对意见中，人们有着不同的理由。有的认为职业院校做不到与企业零距离，有的则认为职业院校是教育机构，应着眼于学生的职业生涯发展。

在库巴和林肯看来，要想在不同利益相关者之间获得共同建构，就需要在各利益相关者之间展开协商（negotiation），通过协商协调不同利益相关者在评价标准上的分歧，缩短不同看法和观点之间的距离，最终达成共识，即形成共同建构。这一过程可以分为 12 个步骤。① 即：

（1）与委托人或是授权评估的赞助人订立协议；

（2）组织评估；

（3）明确利益相关者；

（4）通过解释学辩证循环过程完善利益相关者内部的联合（或协作、共享）建构，具体集中在利益相关者的主张、焦虑和争议上；

（5）通过引入新的或另外的信息，使组织成员发展更高层次的应付新信息的能力，以检验并扩大群体内部的建构；

（6）挑选出已解决的主张、焦虑和争议（CC&I），即那些一致同意的 CC&I；

（7）把未解决的主张、焦虑和争议（CC&I）按优先次序排列；

（8）收集有关未解决的 CC&I 的信息；

（9）为谈判准备议程；

① ［美］埃贡·G. 古贝，伊冯娜·S. 林肯. 第四代评估［M］. 秦霖，蒋燕玲，等译，北京：中国人民大学出版社，2008. 133.

(10)进行谈判;

(11)通过案例研究拟订报告——以连接性建构作为产品;

(12)再循环。

对于这12个步骤,库巴和林肯有三个基本的看法。(1)这12个步骤只是告诉人们,自然主义评价的基本步骤。在实际的评价活动中,后一步并非必须严格承接前一步,有时也可跳跃数步;(2)虽然这12个步骤是以线性的方式呈现的,但事实并非如此。在实际的评价活动中,往往在不同步骤之间来回往复;(3)12个步骤的完成并不意味着评价活动的结束,真实的评价活动是对这12个步骤的不断循环。

在这12个步骤中,解释学辩证循环过程事实上就是自然主义评价活动中的微观对话过程。库巴和林肯用图5-1呈现了这一过程。

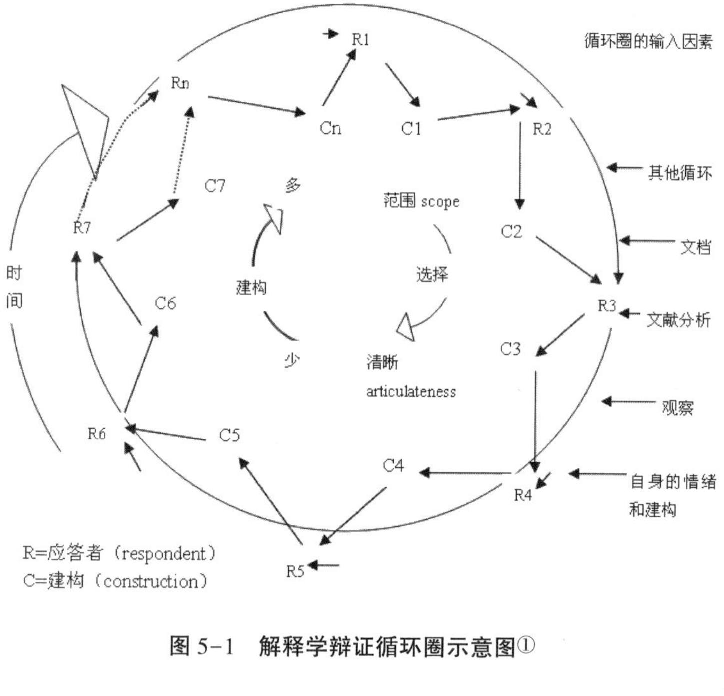

图5-1 解释学辩证循环圈示意图①

① [美]埃贡·G.古贝,伊冯娜·S.林肯.第四代评估[M].秦霖,蒋燕玲,等译,北京:中国人民大学出版社,2008.107.

这一循环过程可以用文字描述如下：

首先，基于便利的或显著的理由，评价者选择一位利害关系人 R1 作为初始应答者，并通过开放式的访谈，了解 R1 的主张、焦虑和争议，然后形成初始"建构"C1。

接着，R1 向评价者推荐另一个应答者 R2。但 R2 不是被随意推荐的。R1 在推荐 R2 的标准就是，R2 的建构尽可能地与 R1 不同。其目的是为"既存建构增加内容以扩大其范围"①。在进入面谈之后，R2 不仅可以自由地表达自己的主张、焦虑和争议，还被邀请对 R1 的建构，即 C1 进行评论。这样，评价者就不仅获得了关于 R2 的信息，而且收获了 R2 对 C1 的观点。评价者通过第二次分析，形成第二个建构 C2。

第三，评价者重复上述过程，不断地吸纳新的应答者参与进来，了解新的应答者的信息和他们关于前一轮建构的看法，直至"所获信息不再必要或者可分为两种以上且在某种程度上依旧冲突的建构"②。

第四，在一轮循环过程结束后，如果有必要，还可以进行再次循环。但再次的循环不是对第一轮循环过程的重复，而是以第一轮循环为基础的。这样，经过多轮循环，各利益相关者就逐渐走向共识，形成共同建构。

第五，在每一轮的循环过程中，评价者可以将通过其他手段获得的信息输入到循环过程中，例如，查阅的文件、文献、与既存建构有关的观察数据以及评价者自己的建构等。这样，最终的共同建构将建立在更为全面的信息基础上。

总而言之，第四代评价遵循这样的程序：组织评价——确定利益相关者——通过协商，形成共同建构，并确定仍然存在的分歧——通过进一步的协商，不断扩大共识，缩小分歧……总而言之，第四代评价过程是一个不断循环的协商过程。当一个协商循环结束时，在参与者之间会达成一

① [美]埃贡·G·古贝，伊冯娜·S·林肯. 第四代评估[M]. 秦霖，蒋燕玲，等译，北京：中国人民大学出版社，2008. 107.

② [美]埃贡·G. 古贝，伊冯娜·S. 林肯. 第四代评估[M]. 秦霖，蒋燕玲，等译，北京：中国人民大学出版社，2008. 107.

定的共识，形成一个共同建构。但这不是协商的终点，那些在协商过程中未能取得一致的问题构成了下一轮循环的主题。这样，经过多次循环，共识不断扩大，共同建构不断拓展。

库巴和林肯认为，进入协商过程要求利益相关者具备以下条件，即参与者应有真诚的态度，“不允许蓄意说谎、欺骗、误导、隐藏或提供错误建构”；参与者应具有提供自己的建构以及对别人的建构进行有意义的批判的能力；参与者应视其他参与者为平等的对话者；参与者应具有理性的姿态和开放的胸怀，当协商令人信服时，应能适当地调整自己的价值立场，改变自己的想法；参与者自愿承诺投入协商过程所需要的时间和精力。从这些条件的来看，协商并不是利益相关者之间相互妥协的过程，而是他们之间交流、对话的过程。综上所述，按照第四代评价理论，评价就是通过利益相关者之间不断地交流、对话，取得并扩大共识的过程。

事实上，不仅这一模式，自 20 世纪 60 年代开始，对话在许多评价模式中都处于一个基础性地位。

20 世纪 60 年代初，斯塔弗尔比姆提出了著名的 CIPP 模式，这种模式被认为可以“提供组织内部评估、个别服务提供者自我评估以及签约的外部评估时使用”①。也就是说，作为一种外部评价的第三方评价也可以采取 CIPP 模式。提及这一模式，人们通常印象深刻的是它将评价过程分为背景评价、输入评价、过程评价和产出评价。但这一模式的另一个特色就是强调对话，将对话作为贯穿评价全程的一项活动。斯塔弗尔比姆明确指出：“在本模式中使用一个关键概念，就是利害关系人……评估者应该找出所有相关的利害关系团体，并引导他们在参与解释和建立共识的过程中，可以协助界定评估问题，阐明价值和优点的准则，贡献所需的信息，以及协助解释评估的发现。如此丰富、持续而重要的参与过程，

---

① ［美］Daniel L. Stufflebeam. *CIPP* 评估模式［C］. 见 Daniel L. Stufflebeam, *George F. Madaus &Thomas Kellaghan*. 评估模型. 苏锦丽，等译. 北京：北京大学出版社，2007. 323.

可以使利害关系人了解并重视评估发现和结论，并且据此行动。”[①]显然，在这一模式中，对话处于一个基础地位，直接影响甚至决定这这一评价模式的运行。

1973年，另一位著名的评价学者斯塔克提出了应答评价，也叫响应式评价。他认为，“如果教育评价更直接地指向方案的活动而非方案的内容，如果它能满足评价听取人对信息的需求，或者在反映方案得失长短的评价报告中更能反映人们不同的价值观念，那么，这种评价即可称为‘应答评价’”[②]。在评价过程中，应答评价并不像传统的预定式评价那样事先确定目标或假设，并以目标或假设作为评价的先行组织者，而是与学生、家长、纳税人、方案发起人、方案执行人员等与评价有关的人员进行广泛的对话，发现现实的或潜在的问题（issues），以“问题”作为评价的先导。在明确问题的基础上，评价者通过与方案委托人、执行人、评价听取人的讨论制定评价计划。接着，评价者根据评价计划收集评价所需要的资料。在资料的收集过程中，应答评价采用的主要方法就是观察和反应。观察就是指评价者深入作为评价对象的方案活动过程中，进行系统、细致的观察和采访，并详细记录在方案活动中出现的问题，从中找出对评价听取人可能有价值的东西。反应就是指评价者设法使用一切可能的交流媒介，收集持有各种不同观点的人对评价对象优缺点的看法。最后，评价者要对资料进行汇总分析，得出评价结论。综上所述，在应答评价中，评价问题的确定、评价计划的制定和资料的收集都离不开评价者与所有与方案有关的人员之间的对话。因此，对话是应答评价的一个基本要素。

20世纪90年代，美国学者菲特曼（Fetterman D. M.）提出了赋权评价（Empowerment evaluation）的思想。所谓赋权评价，就是运用评价的概念

---

① ［美］Daniel L. Stufflebeam. *CIPP* 评估模式［C］. 见 Daniel L. Stufflebeam, *George F. Madaus &Thomas Kellaghan*. 评估模型. 苏锦丽，等译. 北京：北京大学出版社，2007. 461－476.

② ［美］斯塔克. 方案评价的特殊方法——应答评价［C］. 见载瞿葆奎主编，陈玉琨，赵永年选编. 教育学文集・教育评价. 北京：人民教育出版社，1989. 325－342.

和技术培育人们自我决定能力,进而改进工作的评价方法,或者说,赋权评价就是要在被评者自我评价的过程中培养他们自主决定未来方向的能力,以使被评价者能自主地寻找改进工作的方向。在菲特曼看来,赋权评价的意义在于,使评价成为人们日常工作的一个有机组成部分,使参与者在评价中学习。

在赋权评价的实施步骤上,菲特曼和其同事提出了三步骤、四步骤、五步骤和十步骤等多种看法。但这些提法并无实质性的差别。对于赋权评价来讲,重要的是这些步骤的循环。根据菲特曼在《赋权评估的步骤:从加州到凯普镇》一文的看法,赋权评价的第一步是对方案的现状进行评估,在这一阶段,方案的参与者不仅要按照等级评价的方式(共分10个等级)对方案的整体和具体部分加以评价,而且方案参与者之间还要开展交流,以明确方案的优点和缺点;第二步是设定目标,即方案参与者要确定未来想要对方案的评价达到何种高度,以及设定什么目标能确保这种高度得到实现。目标设定需要参与者之间开展商讨,以使设定的目标更加完善并合乎实际。第三步是发展策略(developing strategies),在这一阶段,方案的参与者要"使用脑力激荡、评论和达成共识的相同历程来建立一组策略"[①],以确保能够达到目标;第四步是记录迈向目的的进步证据(documenting progress toward goals),在这一阶段,方案的参与者要提出并收集那些能证明方案进步的资料。不仅如此,方案的参与者还要就这些资料与方案目的的关联性进行讨论。在整个赋权评价过程中,评价者仅仅以教练或促进者的身份参与评价。从对赋权评价过程的叙述来看,赋权评价的基本特质就是对话。正如菲特曼所言,对于赋权评价来讲,"人们必须有时间或花时间与他人聚会,以讨论目的、策略和文件

---

① Fetterman D. M. . 赋权评估的步骤:从加州到凯普镇[C]. 见 Daniel L. Stufflebeam, *George F. Madaus &Thomas Kellaghan*. 评估模型. 苏锦丽,等译. 北京:北京大学出版社,2007. 461-476.

数据”①。

审议的民主评估是另一个具有重要影响的评估模式。它由豪斯和豪（House E. H. & Howe K. R.）提出。这种评估模式有如下三个鲜明特点。（1）评估是包容的、民主的，即应将所有的利害关系群体纳入评估过程，以使评估体现所有利益相关者的观点；（2）评估是对话的，即对话贯穿于评估的全过程；（3）评估是审议的，即评估结论应经过所有利害关系群体反省性的、深思熟虑的审议而形成。在操作上，审议的民主评估首先要识别出主要的利害关系团体，并从各利害关系团体中遴选出代表；接着要通过与各利害关系团体的代表进行各种形式的对话，确定评估的准则；然后借助各种不同形式的对话，如问卷调查、访谈、与利害关系人所召开的小组会议等，收集评估所需要的资料，并与利害关系人分享；通过对资料的分析得出初步的评价结果，并召开会议，与利害关系人一起对评价结果进行充分的审议，引导利害关系人对方案的得失深思熟虑，得出评价的最终结论。

综上所述，20世纪下半叶以来，评价理论的一个基本发展趋势就是，强调应该将评价活动的利害关系群体纳入评价过程之中，通过对话，在不同利害关系群体之间达成共识。作为一种评价类型，职业教育质量第三方评价应该适应评价理论的发展趋势，将对话作为基本机制纳入评价过程之中。

第二节　引入对话的现实基础

引入对话作为职业教育质量第三方评价过程问题的解决方案，不仅

---

① Fetterman D. M.. 赋权评估的步骤：从加州到凯普镇[C]. 见 Daniel L. Stufflebeam, *George F. Madaus &Thomas Kellaghan*. 评估模型. 苏锦丽，等译. 北京：北京大学出版社，2007. 461-476.

在理论上有充分依据,在实践层面也有其现实基础。

一、必备前提:市场经济的确立和发展

对话得以发生的第一个条件是独立个人(具有自立能力、自主意识、自律行为和自由人格的个人)的形成。原因在于,对话总是两个或多个主体之间的对话。参与对话的主体可能表现为集体,也可能是个人。由于集体是由个人组成的,只有集体中的个人成为独立的个人,集体才可能成为主体。因此,对话的首要前提就是个人独立性的确认。然而,仅此一点,对话仍然可能不会发生。理由在于,如果不同的主体之间在没有相互交往的情况下,依然可以很好生存下去,那么,主体之间委实没有对话的必要。因此,对话还需要第二个条件,即独立的主体之间是相互依存的。从人类社会的发展历史来看,正是市场经济的确立和发展,才使得这两个条件得以具备。

社会的发展归根结底就是人的发展。因此,社会的发展与人的发展之间存在着密切的关系,一定的社会发展阶段总是与一定人的发展阶段相匹配。从经济形态的角度来看,人类社会的第一个发展阶段是自然经济阶段。在这个阶段,个人的力量十分薄弱。为了生存下去,人们只能在群体中,依靠群体的力量去挑战强大的自然。显然,在这一时期,人与人之间的关系主要表现为群体内部的相互依赖关系。简而言之,在自然经济时代,人的发展处于“人的依赖关系”阶段。此时,独立的个人尚未形成。

资本主义之前的社会都处于自然经济阶段,而人类社会进入资本主义社会之后,市场经济成为主要经济形态。市场经济与自然经济截然不同。自然经济是自给自足的经济,因此,在自然经济中,实践的主要形式是直接的物质生产活动。在自然经济时代,交换行为虽然也存在,但交换并未普遍化,只处于辅助地位。到了市场经济时代,普遍交换取代了物质生产而成为最为主要的实践形式。普遍交换就是交换的普遍化,也就是

指交换在经济活动中处于主导地位。在市场经济中,交换之所以普遍化,其原因在于,市场经济的确立和发展,使得社会分工不断地深化。自然经济阶段虽然存在社会分工。但这一时期的社会分工是相当初步的,远没有得到充分的发育。只是到了市场经济阶段,社会分工才得到了极大的发展。这使得社会生产被划分为许多不同的行业和部门,社会劳动被分解为彼此相互独立的私人劳动,由此导致从事社会生产的人们成为互相对立的利益主体。不仅如此,不同的利益主体在经济活动中对自身利益的追逐,唤醒了他们的自主意识,塑造了他们的自主人格,形成了他们的自律行为,培养了他们的自立能力。另一方面,社会分工的存在使得从事不同社会劳动的人们都只能通过满足他人的需要来满足自己的需要。这意味着,在社会分工的条件下,从事不同社会劳动的人们之间处于相互依存的关系之中。在市场经济条件下,社会分工的不断细化,则使得人们之间相互依赖的程度不断增加。总而言之,市场经济通过社会分工的深入发展,不仅促进了独立个人的形成,而且将独立的个人联合起来,将他们置于全面的相互依赖关系中。

从世界史的角度来看,人类早在 16 世纪就已经进入市场经济时代。历经五百余年的发展,市场经济已经相当成熟。从我国的历史来看,直到 1992 年党的十四大上,建立社会主义市场经济体制才成为经济体制改革的目标。但经过近三十年的努力,社会主义市场经济体制已经初步建立起来,我国也已经进入了市场经济时代。更重要的是,在当今这个时代,市场经济已经超越了国界的范围,从国家内的市场经济向全球范围内的市场经济发展。市场经济的这一发展情况表明,对话的基本条件已经具备。

二、技术条件:互联网络的日趋普及

受技术因素的制约,传统上,人们之间的对话要么表现为面谈,要么借助于固定电话等传统的通信工具或书信往来的形式实施。这些对话形式各有利弊。面谈的优势在于,对话的深入性能够得到保证,但一方面受到参与者之间空间距离的限制,另一方面要求参与者必须同时在场,因而受到时间的制约,造成对话的参与者数量有限。借助于通信工具的对话不受空间距离的影响,但在对话的深入性比不上面谈,且同样存在受对话参与者的时间限制和参与范围较窄等问题。通过写信的方式开展对话,不仅参与者有限,而且效率十分低下。此外,这些对话形式还会受到参与者社会背景因素的影响,可能会对对话的过程和结果产生负面的作用。

互联网的普及打破了对话的技术瓶颈,在理论上,使得人们之间持续、广泛、深入、平等的对话成为可能。近些年来,随着互联网的普及,社交媒体发展迅猛。社交媒体本质是一种新型的在线媒体或者平台。借助于社交媒体,人们可以分享、交流、讨论彼此在相关主题上的见解、观点和经验。现阶段有代表性的社交媒体有微博、微信、QQ、开心网等。社交媒体虽然可以分为许多不同类型,但一般来说,社交媒体具有六个共性特征。(1)参与性。即媒体与受众之间的界限是模糊的,受众具有在社交媒体上创造并分享内容的权利。(2)公开性。即社交媒体一般都允许人们免费参与其中。(3)互动性。在社交媒体中,相关内容在媒体与用户以及用户与用户之间多向传播,形成了媒体与用户、用户与用户之间的互动。(4)对话性。互动性意味着社交媒体具有多向对话的性质。(5)社区化。即通过社交媒体,人们可以很快以相关主题为纽带形成一个社区。(6)连通性。这是指社交媒体能够将多种媒体融合到一起。[①] 事实上,社交媒体还具有超时空性和平等性的特点。所谓超时空性就是指,社交媒体超越了时间和空间的限制,因为它不需要讨论者面谈,也不要他们同时在线。所谓平等性就是指,借助社交媒体的对话能够避免受到参与者社会背景,如经济和社会地位等因素的干扰和影响。因为社交媒体作为一个虚拟的空间,可以隐藏参与其中的人在现实中的社会背景。总而言之,

---

① 陈力丹,谭思宇,宋佳益. 社交媒体减弱政治参与——“沉默螺旋”假说的再研究[J]. 编辑之友,2015,(5):5-10.

网络技术突破了时空的限制，增加了人们之间开展持续、广泛、深入和平等对话的可能性。

但是，互联网的出现仅仅使得人们之间持续、广泛、深入和平等的对话具有理论上的可能。理论上的可能要想转换为现实可能，依赖于两个条件，第一，人们普遍具有一定的文化水平和技术能力，能够通过互联网发表自己的看法；第二，互联网有足够的普及程度，使得具有各种不同社会背景的人都有机会使用。在第一方面，我国教育事业发展迅速，显著提高了公民素质。2010 年，九年义务教育巩固率（即初中毕业班学生数占该年级入小学一年级时学生数的百分比）为 87.5%。这一数据在 2015 年和 2019 年分别达到 93% 和 94.8%，标志着九年义务教育在我国全面普及。在高中教育阶段，毛入学率连年增加。2015 年，高中阶段毛入学率为 87.0%，2019 年这一数据已经增加达到 89.5%。在高等教育阶段，2019 年，我国高等教育毛入学率达到 51.6%，历史上首次超过 50%，标志着我国高等教育从大众化阶段进入普及化阶段。教育事业的迅速发展意味着我国有越来越多的人具备了足够的文化水平和相关能力，能够通过互联网理性地参与各种公共问题的交流。在第二个方面，随着社会的进步，互联网日趋普及。根据中国互联网信息中心（CNNIC）的统计，截至 2020 年 3 月，中国网民规模达到 9.04 亿，互联网普及率为 64.5%。[①] 与 2011 年底相比，网民数量增加了 3.91 亿，互联网普及率提高了 26.2%。可以说，互联网正在日趋普及，这就为人们就各种议题展开广泛、持续的对话奠定了坚实的技术基础。

三、文化基础："和"文化的传统

从不同的角度凝视我国文化传统，就会发现其不同的特色。"和"就

① 中国互联网络信息中心. 第 45 次中国互联网络发展状况报告[R]. [2020-04-28]. http://www.cnnic.cn/hlwfzyj/hlwxzbg/hlwtjbg/202004/P020200428596599037028.pdf，检索日期，2020-06-16.

是我国文化传统的重要侧面。"和"的文化传统为对话奠定了文化基础。那么,"和"文化是一种什么样的文化,并且还成为一种传统?"和"文化为什么是对话得以实施的文化基础?

从历史的角度来看,"和"文化最为集中地体现在"天人合一"思想上。在我国,一些学者认为,"天人合一"反映了中国古代人对人与自然关系的认识。其实,这并不正确。原因在于,就主流来看,中国传统文化具有明显的世俗性,这使得人们关注的焦点始终是人类社会本身,而不是人与自然的关系。从这个意义上来讲,曾小武教授的观点无疑是有道理的。他通过对"天人合一"思想的梳理认为,这一思想从来都没有将自然物作为道德关怀的对象,其真实目的是"为了论证并建立一种社会的人际道德或属人的道德"①。由于社会道德是调整人与人之间关系的,其作用就是实现人与人之间的和谐相处。因此,"天人合一"思想的上述真实目的透露出其最终的意图,即实现人与人之间关系的和谐。在我国古代历史上,许多思想家和著作都使用不同表述表达了同样的意思,例如,孔子说"君子和而不同,小人同而不和""礼之用,和为贵",孟子的"天时不如地利,地利不如人和",《礼记·礼运》的"讲信修睦,尚辞让,去争夺"等都强调了人际关系和谐的价值和意义。事实上,这种强调人际和谐的思想一直延续至今。在近代史上,蔡元培先生在北大提出的"思想自由,兼容并包"主张,新中国建立后在文化战线上高举的"百花齐放,百家争鸣"的方针,直至21世纪提出的建设和谐社会的思想和科学发展观都是"和"文化的延续。也正是由于"和"文化绵延数千年而不绝,以至于这一文化成为一种传统。

"和"文化承认人与人之间在价值观、利益等方面的差异和多元特征,但不主张通过斗争的方式去解决这些差异,而是强调多元的共生和发展,主张通过一定的方式和平地去解决利益和价值观上的不同,乃至冲

① 曾小五.人与环境——如何重新解读中国哲学的"天人合一"理念[J].武汉大学学报(人文科学版),2007,(1):23-29.

突。这不仅与对话的基本精神相契合。更重要的是,正是由于这种文化传统的存在,才使得人们之间在面对差异和冲突的时候,具有坐下来对话的可能。在这个意义上来说,“和”文化的传统使得对话具有理论和现实的双重可能。

第三部分

职业教育质量第三方评价的制度论研究

第六章　什么是制度

概念是思维的工具。概念不清,思维肯定不清,行动就会紊乱。对一个概念有不同的理解,就会出现不同的思维,进而产生不同的行为。因此,澄清概念不仅对于理论研究具有重要意义,对于实践活动也有重要价值。在这个意义上,分析并澄清制度概念是进行制度研究和开展制度建设的前提。

第一节　制度的定义

一般地,人们认为定义是用来揭示事物本质的一种工具。同时,也只有下定义这一手段才能揭示事物本质。因此,定义在概念学习和研究中具有举足轻重的地位。从这个角度讲,在制度研究中,梳理已有的"制度"定义,并给制度下一个合理的定义是非常必要的。但是,著名哲学家维特根斯坦认为,事物并没有本质。因此,定义并不能反映事物的本质。在他看来,任何一个定义都可能被误解,都需要做进一步解释。从这个角度讲,人们不能依靠"定义"去规定事物。即使如此,按照维特根斯坦的观点,对制度定义进行讨论仍然有其价值。因为任何一个关于"制度"的定义,都使用了"制度"这一术语。根据意义即用法的观点,通过对已有的"制度"定义的分析,也有助于厘清制度的可能含义。

一、学者对制度概念的界定

第一种认识是将制度理解为规则。这种观点最为著名的代表是诺贝尔经济学奖获得者诺斯。他明确认为："制度就是一个社会的游戏规则，更规范地说，它们是为决定人们的社会关系而人为设定的一些制约。"① "制度是一系列被制定出来的规则、守法程序和行为的道德伦理规范。"② 另一位诺贝尔经济学奖获得者舒尔茨指出："我将一种制度定义为一种行为规则，这些规则涉及社会、政治及经济行为。"③奥斯特罗姆认为："'制度'(institution)可以界定为工作规则的组合，它通常用来决定谁有资格在某个领域制订决策，应该允许或限制何种行动，应该使用何种综合规则，遵循何种程序，必须提供或不提供何种信息，以及如何根据个人的行动给予回报。"④德国学者柯武刚和史漫飞在他们所著的《制度经济学》中主张，制度就是"由人制定的规则"⑤。他们颇有意思地认为："文献中'制度'一词有着众多和矛盾的定义。不同学派和时代的社会科学家们赋予这个词如此之多可供选择的含义，以致于除了将它笼统地与行为规则性联系在一起外，已不可能给出一个普适的定义来。"⑥也就是说，将制度界定为规则是对制度概念认识的最大公约数。如果不把制度界定为规

---

① [美]道格拉斯·C.诺斯.制度、制度变迁与经济绩效[M].刘守英，译.上海：上海三联书店，1994.3.

② [美]道格拉斯·C.诺斯.经济史中的结构与变迁[M].陈郁，罗华平，等译.上海：上海三联书店，上海人民出版社，1994.225-226.

③ [美]西奥多·W.舒尔茨.制度与人的经济价值的不断提高[A].[美]罗纳德·H·科斯，等.财产权利与制度变迁——产权学派与新制度经济学派译文集[C].刘守英，等译.上海：格致出版社，上海三联书店，上海人民出版社，2014.175.

④ [美]埃莉诺·奥斯特罗姆.公共事物的治理之道：集体行动制度的演进[M].余逊达，陈旭东，译.上海：上海译文出版社，2012.60.

⑤ [德]柯武刚，史漫飞.制度经济学——社会秩序和公共政策[M].韩朝华，译.北京：商务印书馆，2000.32.

⑥ [德]柯武刚，史漫飞.制度经济学——社会秩序和公共政策[M].韩朝华，译.北京：商务印书馆，2000.32-33.

则,那么在制度概念上就没有任何共识。将制度界定为规则的学者们一般都明确地认为,制度不同于组织。诺斯指出:“制度包括人类用来决定人们相互关系的任何形式的制约。”[①]而“组织是在现有约束所致的机会集合下有目的地创立的。这些约束包括制度制约和传统经济理论中的一些制约”[②]。柯武刚和史漫飞则认为:“组织是对资源的系统安排,其目的在于实现一个共同目标或目标集。因此,公司、银行、政府机构是有目的的组织,而基督教的‘十诫’和交通规则却是制度。”[③]

将制度视为规则的观点也得到了我国不同学科学者的认同。何自力认为,制度就是一套用以规范人的行为的规则。[④] 廖小平指出,制度“是一种由人们所制定或自发形成的,具有普适性的,以激励、支配和约束人们行为的社会规范和规则体系”[⑤]。俞可平也认为:“制度就是一系列影响人类行为的规则或规范。”[⑥]教育学领域著名的教育制度研究者康永久明确认为,将教育制度理解为教育组织和教育系统的观点都是失误,教育制度就是教育规则。[⑦]

尽管制度被广泛理解为规则,但在这一共识之下,学者们在制度的概念上仍然存在分歧。这种分歧主要表现在对下面这个问题的不同回答上。这个问题是,如说制度是规则,那么制度指的是正式规则,还是非正式规则,或者两者兼而有之?

---

① [美]道格拉斯·C·诺斯.制度、制度变迁与经济绩效[M].刘守英,译.上海:上海三联书店,1994.4.

② [美]道格拉斯·C·诺斯.制度、制度变迁与经济绩效[M].刘守英,译.上海:上海三联书店,1994.6.

③ [德]柯武刚,史漫飞.制度经济学——社会秩序和公共政策[M].韩朝华,译.北京:商务印书馆,2000.33.

④ 何自力.比较制度经济学[M].北京:高等教育出版社,2007.11.

⑤ 廖小平.面向道德之思——论制度与德性[M].长沙:湖南师范大学出版社,2007.5.

⑥ 俞可平.当代中国政治制度[M].北京:九州出版社,2006.1.

⑦ 康永久.教育制度的生成与变革:新制度教育学论纲[M].北京:教育科学出版社,2003.90-97.

诺斯明确指出,制度“由正规的成文规则和那些作为正规规则的基础与补充的典型非成文行为准则所组成”[①]。“制度是正规的还是非正规的? 二者兼而有之。”[②]马奇和奥尔森认为,制度是“相互关联的规则和惯例的集合体”,“其中最重要的是惯例”[③]。惯例属于习俗,也就是非正式规则。从这个角度讲,他们与诺斯一样,认为制度包含正式规则和非正式规则。在我国,张宇燕认为,制度就如一枚硬币,有两面。一面是习惯(惯例),一面是规则。显然,张宇燕也将正式规则和非正式规则都纳入到了制度概念之中。[④] 俞可平也对诺斯的观点表示了明确赞同。他指出:“构成制度的行为规则既包括成文的规范,也包括不成文的规范;既有得到权威机关认可并要求强制服从的法定制度,也包括未经任何权威机构发布但潜在地制约人们行为的非正式规则”[⑤]。彭志勇从哲学的视角探讨了制度的本质,认为制度“是被制定出来保障和约束人们行为力求价值最大化的准则、规则体系”。这一规则体系既包括正式的以文字形式表现的行为规范,也包括非正式的不成文的行为准则。[⑥]

与诺斯等人不同的是,韩东屏认为,制度指的是正式规则,非正式规则不是制度。其主要理由有三。(1)规则可以分为正式规则和非正式规则。两者之间的重大区别在于,正式规则是基于明确的目的而自觉制定出来的,而非正式规则是在没有明确目的的情况下自发形成的。“制度”中的“制”就是“制定”,“度”就是“标准”。“制度”就是“制定的标准”。这意味着,制度就是正式规则。(2)如果认为制度就是规则,那么用“规

---

① [美]道格拉斯·C. 诺斯. 制度、制度变迁与经济绩效[M]. 刘守英,译. 上海:上海三联书店,1994. 5.

② [美]道格拉斯·C. 诺斯. 制度、制度变迁与经济绩效[M]. 刘守英,译. 上海:上海三联书店,1994. 4.

③ [美]B. 盖伊·彼得斯. 政治科学中的制度理论:“新制度主义”(第二版)[M]. 王向民,段红伟,译. 上海:上海人民出版社,2011. 29.

④ 张宇燕. 经济发展与制度选择[M]. 北京:中国人民大学出版社,2017. 85-92.

⑤ 俞可平. 当代中国政治制度[M]. 北京:九州出版社,2006. 1.

⑥ 彭志勇. 人性发展与制度创新[D]. 北京:中共中央党校博士学位论文 2003. 66.

则”来界定“制度”等于循环定义，什么实际内容也没说。这一界定唯一的作用就是告诉人们，“制度”还有另外一个名称叫“规则”。(3)规则包含正式规则和非正式规则，这两种规则在本质、起源等方面存在实质性的差异。将正式规则和非正式规则都纳入制度概念之中，使得人们难以阐述清楚制度的本质、起源、变迁等问题。[①] 包蕾萍也持相同观点。她认为，习俗与制度一样，都是文化建构的一部分。“如果将文化建构比作一座漂浮的冰山的话”，那么“习俗是隐藏在水面下的八分之七”，“制度则是露出水面的八分之一。习俗是隐性的、潜意识的，制度是显性的、政策的”[②]。彼得·霍尔认为，制度是“建构政治与经济的不同单位之间关于人际关系的正式规则、执行程序和标准运行程序”[③]。从这个角度看制度就是正式规则及其实施程序。

与以上两种观点不同的是，制度经济学的创始人凡勃伦则将制度理解为非正式规则。他明确指出：“制度实质上就是个人或社会对有关的某些关系或某些作用的一般思想习惯；而生活方式所由构成的是，在某一时期或社会发展的某一阶段通行的制度的综合，因此从心理学的方面来说，可以概括地把它说成是一种流行的精神态度或一种流行的生活理论。”[④]又说：“今天的形势是要构成明天的制度的，方式是通过一个淘汰的、强制的过程，对人们对事物的习惯观念发挥作用，从而改变或加强他们对过去遗留下来的事物的观点或精神态度。人们是生活在制度——也就是说，思想习惯——的指导下的，而这些制度是早期遗留下来的。”[⑤]在

① 韩东屏.制度的威力[M].武汉：华中科技大学出版社，2018.38-45.

② 包蕾萍.独生子女神话——习俗、制度和集体心理[M].上海：上海人民出版社，2012.102.

③ [美]B.盖伊·彼得斯.政治科学中的制度理论：“新制度主义”(第二版)[M].王向民，段红伟，译.上海：上海人民出版社，2011.72.

④ [美]凡勃伦.有闲阶级论——关于制度的经济研究[M].蔡受百，译.北京：商务印书馆，2009.148-149.

⑤ [美]凡勃伦.有闲阶级论——关于制度的经济研究[M].蔡受百，译.北京：商务印书馆，2009.149.

这些论述中,凡勃伦从两个层面界定了制度。第一,总体的制度就是生活方式;第二,具体的制度就是“思想习惯”。在论述制度概念时,人们通常关注的是具体的制度。那么,应该如何理解“制度就是思想习惯”这一界定呢?在《有闲阶级论——关于制度的经济研究》中,凡勃伦通过对上层阶级——有闲阶级的产生及其消费特征的研究,讨论了思想习惯是如何塑造人类行为的。例如,按照凡勃伦的看法,从有闲阶级产生的过程来看,生产劳动意味着贫困。“生产劳动是不体面的”,“远离生产劳动”就成为一种有闲阶级的思想习惯。正是在这一思想习惯的影响下,在有闲阶级中才出现了“明显休闲”和“明显消费”等现象。显然,在凡勃伦那里,作为思想习惯的制度并非指的是正式的规则,而更偏向价值观、意识形态、习俗等非正式规则。特别需要指出的是,凡勃伦认为,制度即现有思想习惯是一种保守性因素。这进一步说明,在凡勃伦那里,制度是一种非正式规则。原因在于,非正式规则往往是自发形成的,偏向于维护现状。相对来说,正式规则是人自觉制定出来的。从经验来看,作为人主动制定的标准,正式规则可以是保守的,也可以是革新的。综上所述,在凡勃伦看来,制度就是非正式的规则。

第二种观点将制度视为组织或者组织和规则的复合体。尼尔森认为,制度就是“博弈的特定参与人,诸如行业协会、技术协会、大学、法庭、政府机构、司法等等”①。也就是说,制度就是组织。拉坦指出:“人们常常将制度与组织区分开来。一种制度通常被定义为一套行为规则,它们被用于支配特定的行为模式与相互关系。一种组织则一般被看作是一个决策单位——一个家庭,一个企业,一个局——由它来实施对资源的控制。就我们的目的而言,这是一种没有差别的区分。一个组织(例如一个家庭或一个企业)所接受的外界给定的行为规则是另一组织的决定或

① [日]青木昌彦. 比较制度分析[M]. 周黎安,译. 上海:上海远东出版社,2001. 5-6.

传统的产物,诸如有组织的劳工,一个国家的法院体制或一种宗教信仰。"[①]因此,制度概念应包含组织的含义。按照这种理解,制度就是组织,而组织包含规则。盖伊·彼得斯也赞同这一认识。他认为,制度"在某种程度上是一个社会和/或整体的结构性特征。这个结构或许是正式的(立法机关、公共官僚机构或者法律框架),或许是非正式的(组织的互动网络,或者一套共享规范)。如果是这样的话,制度就超越个人,指涉由个人组成的一个个群体"[②]。显然,立法机关等就是组织,共享的规范则是规则。也就是说,制度即组织及其规则。事实上,彼得斯认为,制度还有另外三个特征,"一段时间内的稳定性""影响个人的行为"和"制度成员共享某种价值和意义"[③]。从经验来看,组织和规则都具有一定的稳定性,都旨在影响人们的行为,组织内部成员的确共享某种价值观。总而言之,在彼得斯那里,制度就是组织,但包含规则。著名人类学家马林诺斯基也认为,制度就是组织。他指出:"为了达成任何目的,获取任何成果,人类都必须组织。我们将阐明,组织意味着很确定的配置或结构,其主要元素普遍地存在,适用于所有组织化群体,而组织化群体的典型形式又是普遍地存在于整个人类。我提议将这样的人类组织单位称为制度(institution)。"[④]简而言之,制度就是社会组织。但这只是反映了马林诺斯基对制度概念的一部分理解。马林诺斯基对制度的研究是包含在其文化理论之中。因此,理解其制度概念需要从其对文化的理解谈起。他认

① [美]弗农·W.拉坦. 诱致性制度变迁[A]. [美]罗纳德·H.科斯,等. 财产权利与制度变迁——产权学派与新制度经济学派译文集[C]. 刘守英,等译. 上海:格致出版社,上海三联书店,上海人民出版社,2014. 230.

② [美]B.盖伊·彼得斯. 政治科学中的制度理论:"新制度主义"(第二版)[M]. 王向民,段红伟,译. 上海:上海人民出版社,2011. 18.

③ [美]B.盖伊·彼得斯. 政治科学中的制度理论:"新制度主义"(第二版)[M]. 王向民,段红伟,译. 上海:上海人民出版社,2011. 18.

④ [英]B.马林诺斯基. 科学的文化理论[M]. 黄剑波,等译. 北京:中央民族大学出版社,1999. 55.

为，文化是人借以“应付其所面对的各种具体而实际的难题”①的工具或手段。在《文化论》中，他将文化分为四个方面，即物质设备（器物）、精神方面（习惯或风俗）、语言和社会组织。但这并不意味着，文化是由这个四要素构成。他明确认为：“语言……是一套发音的风俗及精神文化的一部分。”②这就意味着，语言与物质设施和精神方面并不在一个层面，语言是精神文化的一部分。关于社会组织，他指出：“社会集团的组织却是物质设备及人体习惯的混合复体，不能和它的物质或精神基础相分离。”③由于马林诺斯基将制度等同于社会组织，因此，不少人认为，马林诺斯基将文化分为物质文化、精神文化和制度文化三种类型。事实并非如此。在前述引文中，马林诺斯基明确提出的观点是，社会组织是物质设备和精神因素的复合体。换句话说，制度是物质设备和精神因素的复合体。事实上，马林诺斯基认为，器物和精神结合构成了制度，各种不同的制度构成了制度的总体，即完整的文化系统。也就是说，制度是文化的最小单位，是文化分析的基本单元。将制度理解为组织及其运行规则的观点在我国教育学界具有强大的影响力。教育学界对制度的界定主要表现在对教育制度这一概念的界定上。在这一概念上，主要有两种看法。第一，将教育制度理解为教育的机构体系。如《教育大辞典》认为，教育制度是指：“一个国家各种教育机构的体系。包括学校制度（即学制）和管理学校的教育行政机构体系。”④成有信先生在《现代教育论》中指出：“教育制度不但包括教育的各种施教机构系统，而且还包括教育的各种管理机构系统。”⑤第二，将教育制度理解为教育的机构体系及其运行规则。如十二院校联合编写的《教育学基础》认为：“教育制度是指一个国家各

---

① ［英］B. 马林诺斯基. 科学的文化理论［M］. 黄剑波，等译. 北京：中央民族大学出版社，1999. 53.

② ［英］B. 马凌诺斯基. 文化论［M］. 费孝通，译. 北京：华夏出版社，2001. 7.

③ ［英］B. 马凌诺斯基. 文化论［M］. 费孝通，译. 北京：华夏出版社，2001. 7.

④ 教育大辞典编纂委员会. 教育大辞典（第 1 卷）［Z］. 上海：上海教育出版社，1990. 68.

⑤ 黄济，王策三. 现代教育论（第三版）［M］. 北京：人民教育出版社，2012. 211.

级各类教育机构与组织的体系及其管理规则。它包括相互联系的两个基本方面:一是各级各类教育机构与组织的体系;二是教育机构与组织体系赖以存在和运行的一套规则,如各种各样的教育法律、法规和条例等。”①王道俊和郭文安的《教育学》认为,所谓教育制度就是指:“一个国家各级各类实施教育的机构体系及其组织运行的规则,它包括相互联系的两个基本方面:一是各级各类教育机构与组织;二是教育机构与组织赖以存在和运行的规则,如各种相关的教育法律、规则、条例等。”②从这些论述来看,教育学界明显将制度理解为组织及其规则。

第三种观点来自另外一位著名的制度经济学家康芒斯。他说:“我们可以把制度解释为‘集体行动控制个体行动’。”③从文献来看,学者们对这一论述存在分歧。张志勇认为,康芒斯是把制度归结为组织行为。④韩东屏也主张,康芒斯把制度理解为人的活动。⑤ 而张登巧则认为,康芒斯将制度界定为组织机构。⑥ 那么,应该如何理解康芒斯的观点呢?康芒斯认为,“交易”是经济研究的基本单位。交易可分为买卖的交易、管理的交易和限额的交易三种类型。“这三种类型的交易合在一起成为经济研究上的一个较大的单位,根据英美的惯例,这叫作‘运行中的机构’。这种运行中的机构,有业务规则使得它们运转不停;这种组织,从家庭、公司、工会、同业协会、直到国家本身,我们称为‘制度’。消极不活动的概念是一种‘团体’;积极的活动的概念是一个‘运行中的机构’。”⑦在这里,康芒斯明确认为,家庭、公司等组织机构,从静态的角度看,就是“团

---

① 全国十二所重点师范大学联合编写. 教育学基础(第3版)[M]. 北京:教育科学出版社,2014. 100.

② 王道俊,郭文安. 教育学[M]. 北京:人民教育出版社,2009. 110.

③ [美]康芒斯. 制度经济学(上册)[M]. 于树生,译. 北京:商务印书馆,2009. 87.

④ 张志勇. 人与制度的哲学研究[D]. 北京:中共中央党校博士学位论文,2010. 32-34.

⑤ 韩东屏. 制度的威力[M]. 武汉:华中科技大学出版社,2018. 37.

⑥ 张登巧. 社会制度论[D]. 武汉:华中科技大学博士学位论文,2014. 38-48.

⑦ [美]康芒斯. 制度经济学(上册)[M]. 于树生,译. 北京:商务印书馆,2009. 86.

体”，从动态的角度讲就是“运行中的机构”。这种“运行中的机构”就是一种制度。康芒斯认为，制度除了包含“运行中的机构”，还包括无组织的习俗。它们的共同点在于“或多或少是个体行动受集体行动的控制”①。从康芒斯将“交易”作为经济研究基本单位和关于“消极静态”和“积极活动”的刻意区分来看，他既不赞成“制度是规则”的认识，也不同意“制度是组织”或“制度是组织及其运行规则”的理解。因为不论是规则，还是组织，都是静态的存在。康芒斯所理解的制度明显是集体对个人实施的一种控制行动。

第四种观点认为，制度是一种历史存在物，是人的社会关系的固定化和规范化。持这一观点的基本都是哲学界的学者。辛鸣从哲学本体论的角度提出，“制度，就是这样一些具有规范意味的——实体的或非实体的——历史性存在物，它作为人与人、人与社会之间的中介，调整着相互之间的关系，以一种强制性的方式影响着人与社会的发展”②。简而言之，制度就是对人与人、人与社会之间关系的规范。赵峰基于对马克思制度观历史演变的梳理，认为在马克思那里，制度就是指“人的现实存在方式在社会中被固定下来的形式”③。具体来说，他认为，人的存在也好，活动也罢，从来都是在人与自然、与他人以及与自己等多重关系的彼此交织中实现的。这种交织在一起的多重关系就是“社会关系的总和”，即人的存在方式。人与自然、人与人以及人与自身多重关系以历史性的方式被固定下来，就是制度。也就是说，制度是固化的社会关系。张志勇明确提出：“制度是人的社会关系的固定化和规范化。”④他指出，一方面，人的社会关系是在人的实践活动中形成的，是人实践活动的产物。另一方面，在人认识世界、改造世界的活动中，任何人都不是作为孤立个体而是在一

---

① ［美］康芒斯. 制度经济学（上册）［M］. 于树生，译. 北京：商务印书馆，2009. 87.

② 辛鸣. 制度论——关于制度哲学的理论建构［M］. 北京：人民出版社，2005. 51.

③ 赵峰. 历史唯物主义视野中的自由与制度［D］. 北京：中共中央党校博士学位论文，2015. 76.

④ 张志勇. 人与制度的哲学研究［D］. 北京：中共中央党校博士学位论文，2010. 38.

定社会关系中进行而活动的。也就是说,人的任何社会活动都是受其所处的社会关系的制约。社会关系本质上具有规范性的作用,其固化的结果就是制度。

二、词典中的“制度”概念

中文的权威词典大多对“制度”概念进行了界定。《辞源》对“制度”的解释有两个,一是“法令习俗的总称”,二是“规定、用法”①。法令、习俗、规定、用法虽然存在很大的差别,但相同的是,它们都对人的相关行为具有规范性的作用。从这个角度看,制度是对人的行为起约束或引导作用的事物。《汉语大词典》对“制度”在我国古代的含义进行了梳理,认为“制度”有五种含义。第一种含义是“一定历史条件下形成的法令、习俗等规范”②,如“故天子有田以处其子孙,诸侯有国以处其子孙,大夫有采以处其子孙,是谓制度”③。第二种含义是“制定法规”④,如“非天子,不议礼,不制度,不考文”⑤。第三种含义是“规定”或“规定品级的服饰”,如“昔年在山野,曾作愚巾凡裘,异于制度”⑥。第四种含义是“制作”或“制作方法”,如“东坡在黄州,手作菜羹,号位东坡羹,自叙其制度”⑦。第

---

① 广东、广西、湖南、河南辞源修订组,商务印书馆编辑部. 辞源(第一册)[Z]. 北京:商务印书馆,1979. 353.

② 汉语大词典编辑委员会,汉语大词典编纂处. 汉语大词典(第二卷)[Z]. 上海:汉语大词典出版社 1988. 664.

③ 钱玄,徐克谦,张采民等注译. 礼记(上)[M]. 长沙:岳麓书社,2001. 303.

④ 汉语大词典编辑委员会,汉语大词典编纂处. 汉语大词典(第二卷)[Z]. 上海:汉语大词典出版社 1988. 664.

⑤ 钱玄,徐克谦,张采民等注译. 礼记(上)[M]. 长沙:岳麓书社,2001. 701.

⑥ 汉语大词典编辑委员会,汉语大词典编纂处. 汉语大词典(第二卷)[Z]. 上海:汉语大词典出版社 1988. 664.

⑦ 汉语大词典编辑委员会,汉语大词典编纂处. 汉语大词典(第二卷)[Z]. 上海:汉语大词典出版社 1988. 664.

五种含义是“规模、样式”①。如“古者深衣盖有制度,以应规矩绳权衡。短毋见肤,长毋被土”②。从这些解释来看,《汉语大词典》继承并拓展了《辞源》对“制度”概念的理解,即除了将制度理解为引导或约束人的行为的事物之外,还将制度理解为一种活动,这种活动旨在制定或制作对人的行为具有约束或引导作用的事物。《古汉语常用词源流词典》在解释“制”的概念时,认为其最初指的是“法令、制度”,后又延伸出“规定、制定”“控制、掌握”“规模”等含义。③ 在解释“度”的概念时,认为其本义是指“量长短的标准、尺码”,并逐步延伸出“限度”“法度、制度”“量长短”“估计、推测”“思考、考虑”等含义。④ 综上所述,就“制度”的最初含义而言,指的是规则、规范。

《现代汉语词典》对“制度”给出了两种解释:“要求大家共同遵守的办事规程或行动准则:工作制度/财政制度”⑤和“在一定历史条件下形成的政治、经济、文化等方面的体系:社会主义制度/封建宗法制度”⑥。《辞海》则在《现代汉语词典》的基础上,增加了一种解释:“规格;格局。”⑦根据《辞海》,“格局”有两种意思,分别是“规格”和“结构”⑧。这意味着,《辞海》新增的关于制度的解释就是“规格”和“结构”。那么,什么是“规格”呢?《辞海》认为,“规格”有三种含义,一是生产单位对产品及其原材

---

① 汉语大词典编辑委员会,汉语大词典编纂处. 汉语大词典(第二卷)[Z]. 上海:汉语大词典出版社 1988. 664.

② 钱玄,徐克谦,张采民等注译. 礼记(上)[M]. 长沙:岳麓书社,2001. 777.

③ 周绪全,王澄愚. 古汉语常用词源流词典[Z]. 重庆:重庆出版社,1991. 424.

④ 周绪全,王澄愚. 古汉语常用词源流词典[Z]. 重庆:重庆出版社,1991. 78.

⑤ 中国社会科学院语言研究所词典编辑室. 现代汉语词典(第 7 版)[Z]. 北京:商务印书馆,2016. 4689.

⑥ 中国社会科学院语言研究所词典编辑室. 现代汉语词典(第 7 版)[Z]. 北京:商务印书馆,2016. 4689.

⑦ 辞海编辑委员会. 辞海(第六版彩图本)[M]. 上海:上海辞书出版社,2009. 2949.

⑧ 辞海编辑委员会. 辞海(第六版彩图本)[M]. 上海:上海辞书出版社,2009. 699-700.

料等的规定要求，二是气概，三是规矩。[①] 在这三种含义中，第一种含义和第三种含义本质上是一致的：规格即规范。所谓“气概”应该不是规格在制度层面的意义。综上所述，从中文来看，在现代汉语中，制度有三种含义，分别是作为体系的制度、作为结构/组织的制度和作为规则的制度。

人们一般认为，“制度”对应的英语表达是“institution”。《柯林斯高阶英汉双解学习词典》对“institution”的解释有四种，分别是：

第一种解释是“An institution is a large important organization such as a university, church, or bank.”第二种解释是“An institution is a building where certain people are looked after, for example people who are mentally ill or children who have no parents.”第三种解释是“An institution is a custom or system that is considered an important or typical feature of a particular society or group, usually because it has existed for a long time.”第四种解释是“The institution of a new system is the act of starting it or bringing it in.”[②]

也就是说，“institution”四个方面的含义包括“大型的重要组织机构”“福利慈善机构”“风俗习惯或体系”“建立、设立、制定”。

《朗文高阶英汉双阶词典》对“institution”的解释也有四种：第一种解释是“a large establishment or organization that has a particular type of work or purpose, such as scientific, educational, or medical work.”第二种解释是“a large building where old people, orphans, prisoners, people who are mentally ill etc. live and are taken care of by an official organization.”第三种解释是“an established system or custom in society.”第四种解释是“the act of starting or introducing a system, rule etc.”[③]显然，这里的解释与柯林斯英语词典基本一致。事实上，《牛津高阶英汉双阶词典》(第八版)的解释与

---

① 辞海编辑委员会. 辞海(第六版彩图本)[M]. 上海：上海辞书出版社，2009. 785.

② 英国柯林斯出版公司. 柯林斯高阶英汉双解学习词典[Z]. 柯克尔，等译. 北京：外语教学与研究出版社，2011. 1375.

③ 英国培生教育出版集团. 朗文高阶英汉双阶词典[Z]. 何维银，等译. 北京：外语教学与研究出版社，2006. 1073.

上述两个词典如出一辙。

总而言之，如果认为 institution 是“制度”概念的英文表达，那么，制度就有三种基本含义，一是组织机构，二是指包含习俗、惯例等在内的规则，三是制定规则的行为。

三、日常语言中的“制度”概念

著名哲学家维特根斯坦认为，语言的意义在于使用。因此，在考察一个具体概念的含义时，可以考察人们在日常生活和工作中是如何使用这一概念的。

论及“制度”，一个经典的表达是，“制度好可以使坏人无法任意横行，制度不好可以使好人无法充分做好事，甚至会走向反面”。除此之外，常见的表达还有，“我们要严格遵守规章制度”“建立健全××制度”“编印《制度汇编》”“实施半个多世纪的劳教制度正式废止”“制度设计”“制度的选择”“制度的框架”等。从这些表达中，不难归纳总结出日常生活中人们对“制度”概念的一些基本认识。第一，制度是需要人去“遵守”的，好的制度能够约束坏人，坏的制度则会束缚好人。因此，制度是一种对人的行为具有约束力的存在物。第二，制度是“建立”起来的，“制度”建立后还可以“健全”，并且能够“废止”，因而制度是人为的事物，而不是自然的事物。第三，制度是一种以纸质材料或者其他介质为载体的事物，也就是说，制度是一种“有形”的事物。正因为此，制度才可以被“汇编”在一起。第四，制度有“好”与“不好”之分。第五，制度有框架，这说明制度有其内部结构。

总的来说，日常学习、工作和生活中虽然经常使用“制度”这个概念，但总的来说，日常语言只是揭示了制度的一些特征，而没能告诉人们制度究竟是什么。

四、制度、体制与机制

马林诺斯基在论及制度的概念时指出:“这是一个由来已久,但并不总是能被清楚界定和连贯使用的术语。”①从前文的阐述来看,的确如此。那么,究竟应该如何理解“制度”呢?

(一)制度

前文的梳理表明,制度大概有五种含义:作为体系的制度、作为组织及其规则的制度、作为规则的制度、作为控制行动的制度、作为固化的社会关系的制度。在这五种解释中,制度作为固化的社会关系是哲学层面对制度的理解。这一理解不仅准确地说明了制度是如何形成的,而且深刻地揭示了制度的本质。因此,这是一种正确的看法。但是作为哲学层面的解释,这一界定是高度抽象的,以至于在讨论某个具体领域的制度问题和制度建设问题时,缺乏足够的直接价值。将制度理解为一种控制行动,揭示了一个道理,即制度只有被执行,被落实,才能称之为“制度”。这一观点虽然颇有创意,但对于制度建设的意义比较有限。至于作为体系的制度、作为组织及其规则的制度、作为规则的制度这三种界定本质上是一种包含关系。其中,作为体系的制度除了包含组织和规则之外,还包括了功能。也就是说,这三种界定并无绝对的对错之分。人们需要做的其实是根据实际情况,选择其中的一种界定即可。在本研究中,制度指的是组织及其规则。之所以选择这一界定,主要原因在于,虽然将规则纳入制度概念是一个普遍的共识,但是如果脱离组织谈论规则,意义十分有限。规则总是某种组织中的规则。离开组织讨论规则,则对规则的讨论必将是抽象的。特别需要说明的是,在这一界定中,规则特指正式规则,非正式规则不被承认为制度的一部分。原因在于,非正式规则是“形成”

---

① [英]B. 马林诺斯基. 科学的文化理论[M]. 黄剑波,等译. 北京:中央民族大学出版社,1999. 55.

的，而非“制定”或“建构”的。对于一项具体制度建设而言，建设非正式规则价值有限。

（二）制度与机制

《辞海》对“机制”有三种解释，其一：“用机器制造的。如：机制纸。”在这个意义上，“机制”指的是“由机器而不是手工制造”。这个意义上的“机制”与“制度”概念的含义毫无关联，因此存而不论。其二：“指一个工作系统的组织或部分之间相互作用的过程和方式。如：竞争机制；市场机制。”在这个层面上，“机制”指的是一个系统不同部分之间是如何互动的。其三：“指有机体的构造、功能和相互关系。如：生理机制。”①在这里，相互关系本质上指的是有机体不同部分之间相互作用的原理。

《现代汉语词典》对机制有五种解释。除了包含《辞海》的三种解释之外，又增加了另外两种。其一指“机器的构造和工作原理，如计算机的机制”。其二指“指某些自然现象的物理、化学规律，如优选法中有优化对象的机制”②。《现代汉语词典》新增加的这两种解释与《辞海》对“机制”的第三种解释本质上是一致的，指的都是一个对象背后的原理。区别在于，《辞海》的第三种解释指的是“有机体”，而《现代汉语词典》新增加的两种解释则分别指“机器”“自然现象”。综合起来看，机制主要有两种含义：一是系统的构成及构成要素之间的相互关系，即要素之间互动的原理；二是系统要素之间是如何互动的。不论是哪种理解，“机制”与“制度”之间都存在非常明显的差异，即“机制”关注的是动态的过程，而“制度”则是静态的结构。

---

① 辞海编辑委员会. 辞海（第六版彩图本）[M]. 上海：上海辞书出版社，2009. 1000.

② 中国社会科学院语言研究所词典编辑室. 现代汉语词典（第7版）[Z]. 北京：商务印书馆，2016. 628.

(三)制度与体制

《辞海》对“体制”概念有两种解释。一是“诗文的体裁;格局”①。显然,这个意义上的“体制”与“制度”之间并无任何类似之处。因此这里存而不论。二是将体制界定为“国家机关、企业事业单位在机构设置、领导隶属关系和管理权限划分等方面的体系、制度、方法、形式等的总称。如政治体制、经济体制等”②。在这个意义上,“体制”与“制度”之间存在着复杂的关系。一方面,体制是基本制度的具体化,是基本制度的实现方式。也就是说,体制由基本制度决定并服务于基本制度。另一方面,体制本身又包含许多具体制度,是由诸多具体制度组成的小系统。比如,经济体制就包括产权制度、财政制度等。

第二节 制度的结构

认识一个事物时,人们常常关注其定义,特征、类型、功能,等等。的确,这些方面都能从一个角度帮助人们更为立体地理解认识的对象。但总的来说,这些方面有助于人们从整体的宏观角度寻求对对象的认识。从系统论的角度看,万事万物都有其内部结构。如果不挖掘事物的内部结构,从事物内部和微观层面去审视事物,那么,对事物的任何认识都是不全面的,事物对人们来说就仍然是黑箱。从这个角度讲,对制度的结构进行分析对于理解制度很有必要。

---

① 辞海编辑委员会. 辞海(第六版彩图本)[M]. 上海:上海辞书出版社,2009. 2238.

② 辞海编辑委员会. 辞海(第六版彩图本)[M]. 上海:上海辞书出版社,2009. 2238.

一、国内学者的观点

从文献来看,国内学者主要从两个角度划分了制度的结构。一是从制度整体的角度,探讨总体制度或者说制度体系的构成。二是从具体制度的角度,讨论任何一项具体制度由哪些要素构成。

在第一个方面,卢现祥在将制度界定为规则的基础上,认为制度由三个方面的要素构成:非正式规则、正式规则和实施机制。非正式规则是在人们的长期交往过程中自然形成的规则,主要包括"价值观念、伦理规范、道德观念、风俗习性、意识形态等因素"①。其中,意识形态处于核心地位。正式规则是指人们有意识地制定的政策、准则等。一般来说,正式规则只有在与非正式规则相容的情况下,才能发挥其应有的作用。非正式规则中的意识形态往往成为人们制定正式规则的指导思想。实施机制指的是为了确保非正式规则和正式规则能得以顺利执行而建立的系统。没有合适的实施机制,规则就是摆设。庄江山也将制度分为正式制度(规则)和非正式制度(规则)。除此之外,他还将制度分为基本制度和具体制度。前者是制度系统的基础和核心,后者则是前者的具体化。② 韩东屏则认为制度由一般制度、领域制度、部门制度、事项制度和单条制度构成。③

在第二个维度上,贺培育认为,制度在结构上包含四个方面。其一,目标系统。目标系统就是建立一项制度的目的。例如,社会主义制度的目的就是铲除剥削和压迫,消灭私有制,实现绝大多数人的自由和平等。目标系统是制度得以产生和存在的前提,决定了制度的性质,规定了制度运动和发展的方向,是制度系统的灵魂。其二,规则系统。规则系统是制度系统中对人们的行为起着指导作用的规则、规范和准则。其常见的表

① 卢现祥. 西方新制度经济学[M]. 北京:中国发展出版社,1996. 21.

② 庄江山. 制度的哲学思考[D]. 上海:复旦大学博士学位论文,2007. 19-23.

③ 韩东屏. 制度的威力[M]. 武汉:华中科技大学出版社,2018. 47.

现形式有习俗、惯例、法律等。在任何一项制度中,规则系统的内容可能非常丰富,但根本的一点是,规则系统是为目标系统服务的。规则系统从来都是为了实现制度的目标而建构和发展起来的。因此,规则系统与目标系统之间是手段与目的的关系。其三,组织系统。组织系统是指贯彻和执行规则系统,以实现目标系统的社会机构或组织。如果没有组织系统,目标系统和规则系统都只是摆设,毫无意义。其四,设备系统。设备系统是指制度发挥作用应具备的设施设备。一般来说,设备包括实体性设备和象征性设备。前者如机器、各种办公设备等,后者如商品的商标等。[①] 设备系统是组织系统执行、落实规则系统必备的条件和基础。董泽芳的观点与贺培育的基本一致。他认为,制度包含四个方面的要素,即概念系统、规则系统、组织系统和设备系统。其中,概念系统是指为制度进行论证和辩护的理论或学说,以及意在说明制度目标和价值的概念。规则系统就是对制度范围内的人际关系和指导人们行为的规范所做出的具体规定。组织系统就是指制度得以正常运行所需要的一套组织和执行机构。设备系统则是指制度正常运行而必需的物质手段。[②]

辛鸣主张制度在结构上由规则、对象、理念和载体四种要素构成。其中,第一,规则是制度的内容。但他认为,并不是所有的规则都是制度的内容。作为制度内容的规则应符合四项要求:普遍性、可操作性、一致性和规则结构的合理性。从普遍性的要求看,那些只适用一次以及只对特定范围内部分主体适用的规则不是制度的要素。根据可操作性,不公开、表述不清楚、规定不具体、不够稳定的规则不是制度的要素。所谓一致性就是指在一定范围内,规则之间没有相互冲突和抵触的现象。所谓规则结构的合理性指的是规则自身的要素应是完整的,不同层次规则之间逻辑严谨、一致。第二,对象就是制度的指向和所涉及的范围。或者说,就

---

① 贺培育.制度学:走向文明与理性的必然审视[M].长沙:湖南人民出版社,2004.17-22.

② 康永久.教育制度的生成与变革——新制度教育学论纲[D].华中师范大学博士学位论文,2001.50-51.

是规则意图影响或调整的对象或范围。对象是制度存在的条件,对象使得制度有了发挥作用的明确场所和范围。第三,制度理念是价值观和目标。制度理念一般不独立表现出来,而是体现在制度规则之中,是在制度规则中表现出来的价值判断和目标,是判断制度性质的主要标准。制度理念不仅是制度形成的前提,也是制度变革的直接原因。第四,载体即制度的表现形式,如条文、风俗习惯、道德礼仪和法律法规等。没有载体,制度内容将无法得到展现。①

杨伟敏指出,人在与自然、他人和自身的交往互动过程中存在着各种冲突、协调、认同等不同的行为。随着交往实践的开展,这些迥异的行为慢慢达到各自的边界。这种边界就是各种行为的均衡状态。这就是制度的本质。对行为均衡状态的表达则是制度的表象。因此,制度就是均衡与表达的统一。② 基于这一认识,他将制度的要素分为目标价值系统、规则表达系统、调整对象系统和实施保障系统。所谓目标价值系统就是制度所追求的理想价值目标,是制度的灵魂所在。所谓规则表达系统就是指将制度要求表达出来的方式,如有的制度以图表形式表达,有的制度以法律形式呈现。规则表达系统将制度的本质和要求外化,有利于制度作用的正确发挥。特别需要注意的是,这里所说的规则表达系统并不同于一般所说的规则系统。所谓调整对象系统就是指制度要求所指向的对象。杨伟敏认为,制度是行为的边界,但是行为从来都是特定主体的行为。行为主体就是制度的调整对象。实施保障系统包括制度的实施主体和实施的手段。实施主体就是指执行、贯彻制度的人或者组织。实施手段指的是执行落实制度要求所采用的物质或非物质的手段,物质手段如暴力,非物质手段如社会舆论。③

闫何清对制度结构的探讨则将上述两个角度加以结合,认为“广义

---

① 辛鸣.制度论——关于制度哲学的理论建构[M].北京:人民出版社,2005.84-93.

② 杨伟敏.制度本体论研究[D].北京:中央党校博士学位论文,2008.61-62.

③ 杨伟敏.制度本体论研究[D].北京:中央党校博士学位论文,2008.69.

的社会制度，在横向上包括主体系统、目标系统、规范系统、设施系统和对象系统等几个部分；在纵向上包括本源性制度、基本性制度和具体性制度等由高到低的几个制度层级”①。

从理论的角度看，不论是从哪个角度对制度结构进行分析都有其自身的意义。基于本研究的目的，选择从制度要素的角度分析制度结构更契合要求。在这个角度上，几位学者对制度结构的认识既有共识，也有差异。唯一的全面共识就是，目标都被认为是制度的构成要素之一。目标在贺培育那里被称为“目标系统”，在董泽芳那里被称为“概念系统”，在辛鸣那里被称为“理念”，在杨伟敏那里则被称为“目标价值系统”。尽管称呼不同，但本质是一致的，指的都是体现在规则之中的价值系统。但相对于共识而言，分歧是主要的。从前文的阐述看，下述问题还需要进一步讨论。第一，执行制度的组织系统是不是制度的要素？贺培育表示赞同，而辛鸣和杨伟敏则忽略了这一要素。第二，规则的内容是不是制度的要素？贺培育和辛鸣都明确指出规则是制度的一部分，而且他们所说的规则主要指的是规则的内容。杨伟敏虽然认为“规则表达系统”是制度的要素，但“规则表达系统”不包括规则的具体要求，仅指规则的表达方式。第三，载体系统是不是制度的要素？辛鸣所说的“载体系统”实际上就是杨伟敏所说的“规则表达系统”。他们认为这是制度的要素，而贺培育则对此只字未提。第四，对象是不是制度的要素？贺培育对此仍然只字未提，而辛鸣和杨伟敏都认为这是制度的当然部分。第五，设备和保障系统是不是制度的要素？辛鸣没有将其列为制度的要素，而贺培育和杨伟敏都将其纳入制度结构之中。

二、国外学者的观点

论及制度时，国外学者往往更为关注制度的定义、制度的变迁、制度

① 闫何清. 财产、制度与人——关于财产问题的哲学研究[D]. 中央党校博士学位论文，2011. 105.

的影响等主题。但也有学者从制度要素的角度讨论了制度的结构。其中最为典型的代表就是人类学家马林诺斯基。

马林诺斯基明确指出,“每个制度——即活动的组织化类型——都有确定的结构”①。那么制度的结构是怎样的呢?或者说,制度由哪些要素构成的呢?马林诺斯基认为,制度这一概念“意味着对一套传统价值的认同,人们为此而结成一体。它也意味着人们之间、以及人与自然或人工环境的特定物理部分之间,都有着确定的关系。在自身目的或传统要求的宪纲之下,遵守着其团体的特定规范,使用着受其控制的物质装备,人类共同行动以满足他们的某些欲望,同时也对其环境产生影响”②。从这一论述来看,在马林诺斯基那里,制度被明确地划分六个要素,即制度人员、制度宪纲、制度的组织结构、制度规则/规范、制度的物质环境和制度功能。

如前所说,制度被马林诺斯基界定为“人类组织单位”。从这个角度看,人是制度的当然要素。但是,作为制度要素的人不是纯粹的个人,而是“依据确定的权威原理、功能分工原理和权利与义务的分配原理组织起来的群体”③。马林诺斯基认为,人的活动的基本动机就是满足自身的需求。但人要满足自己的需求,就必须组织起来。从这个角度讲,不难发现两点,一是制度是人的存在方式,二是正是由于制度人员,制度才得以建立、变革。因此,制度人员是制度要素中的能动性的因素。人并非无缘无故地组织起来或者加入已有组织,而是为了满足自身的需求。也就是说,组织化的群体必然有自己的目的。马林诺斯基称之为“制度宪纲”,即上文所说的“自身目的或传统要求”。但不论是“目的”还是“要求”都是某种价值在现实中的体现。因此,制度宪纲本质上就是“人类组织起

① [英]B.马林诺斯基.科学的文化理论[M].黄剑波,等译.北京:中央民族大学出版社,1999.65.

② [英]B.马林诺斯基.科学的文化理论[M].黄剑波,等译.北京:中央民族大学出版社,1999.55.

③ [英]B.马林诺斯基.科学的文化理论[M].黄剑波,等译.北京:中央民族大学出版社,1999.64.

来或进入已经存在的组织所追求的价值体系”①。马林诺斯基反复强调宪纲是制度的要素。如他指出:“何此类活动系统的组织都意味着对某种基本价值和法则的接受。人们组织起来总是为了一个自己所接受、群体所认同的目的。”②显然,制度人员为何组织起来,组织起来之后如何开展活动等问题最终都可以追溯到制度宪纲。从这个角度讲,制度宪纲是制度的灵魂,统摄着各种制度要素。制度概念意味着对“团体规范”的遵守。因此,规则是制度的要素之一。规则就是“由其成员所接受或被强加的后天习得技能、习惯、法律规范和伦理指令”③。也就是说,作为制度要素的规则不仅包括法律规范等正式规则,也包括伦理指令等非正式规则;不仅包括法律和伦理方面的社会规则,还包括行动所涉及领域的技术性规则。组织化活动总是需要凭借一定的物质设备才能展开。正如马林诺斯基所言:“我们的整个分析一直在强调一个重要的事实:所有组织都始终基于物质环境场景并与之紧密相连。没有任何制度悬于空中或以模糊不定的方式在空中飘荡。它们都拥有一个物质底层(material substratum),即以财富、器具形式而存在的环境装置部分。”④正因为此,物质环境、设备也被认为是制度的一个要素。对此,马林诺斯基直截了当地指出:“在研究属于特定环境场景中的特定物体时,该物体如建筑物、设备和资金等,都被囊括在制度中。”⑤制度有其活动效果,就是制度功能。马林诺斯基指出:“我们也总是有可能从社会学意义上界定和判断这种组织化的人类群体活动究竟产生什么效果、满足什么需求、向自己和整个共

---

① [英]B. 马林诺斯基. 科学的文化理论[M]. 黄剑波,等译. 北京:中央民族大学出版社,1999. 64.

② [英]B. 马林诺斯基. 科学的文化理论[M]. 黄剑波,等译. 北京:中央民族大学出版社,1999. 61.

③ [英]B. 马林诺斯基. 科学的文化理论[M]. 黄剑波,等译. 北京:中央民族大学出版社,1999. 64.

④ [英]B. 马林诺斯基. 科学的文化理论[M]. 黄剑波,等译. 北京:中央民族大学出版社,1999. 64.

⑤ [英]B. 马林诺斯基. 科学的文化理论[M]. 黄剑波,等译. 北京:中央民族大学出版社,1999. 61.

同体提供什么服务。”[①]也就是说，制度功能也是制度的要素之一。功能与宪纲不同。宪纲是“群体所接受的目的”[②]，而功能是“活动的整体效果”[③]。前者反映的是预期，后者体现的是真实的结果。人与人、与自然和人工环境之间的确定关系就是制度的组织结构。正是这种组织结构的存在，才使得制度作为制度以整体的形式呈现出来，才使得制度的功能得以实现。因此，制度的组织结构也应纳入制度的结构之中。

三、制度的构成要素

所谓制度指的就是组织及其规则。基于这一界定，结合国内外学者对制度结构的讨论，制度在结构上可以分为下述要素。一是组织。所谓组织指的就是制度的执行主体，也就是制度由谁来实施。二是对象。即制度指向的对象和范围。对象使得制度有了自身的存在价值。三是规则。规则是制度的具体内容，也就是制度的要求。需要指出的是，规则是个整体，包含规则的内容，也包括规则的形式。四是目的。目的本质上是制度本身追求的价值。众所周知，人的实践行为是有目的的，人之所以建立相关的制度，也是希望通过这项制度的建立，实现特定的目的。目的就是指预期的结果。这与功能概念是一致的。或者说，目的本质上就是功能。对此，这里稍做扩展论证。在日常生活中，人们常常要购买并服用相关药品。药品都有说明书，药品说明书上都有一项内容，即该药品的“功能主治”。比如小儿豉翘清热颗粒的“功能主治”就是“疏风解表，清热导滞”。从这一表述来看，功能不仅指的是作用，而且特指积极作用。事实

① ［英］B. 马林诺斯基. 科学的文化理论［M］. 黄剑波，等译. 北京：中央民族大学出版社，1999. 57.

② ［英］B. 马林诺斯基. 科学的文化理论［M］. 黄剑波，等译. 北京：中央民族大学出版社，1999. 61.

③ ［英］B. 马林诺斯基. 科学的文化理论［M］. 黄剑波，等译. 北京：中央民族大学出版社，1999. 61.

上,也正是因为将功能理解为积极作用,说明书才不仅仅列出了“功能主治”,还列有“不良反应”,即消极作用。事实上,不独药品说明书,在日常生活中,人们一般也将功能理解为积极作用。如果说功能是一事物对他事物的积极作用。那么,这种作用是现实的还是蕴含的?按照上面的药品说明书,该药品具有“疏风解表,清热导滞”的作用。显然,这种作用只是一种蕴含的作用,而不是现实的作用。也就是说,该药品蕴含有“疏风解表,清热导滞”的作用,至于该药品在治疗实践中是否真的起到了这种作用,则是另外一回事。实际上,也正是因为功能是一事物对他事物蕴含的作用,才有一个功能的发挥问题。功能是事物蕴含的对他事物的积极作用。那么,事物蕴含的对他事物的积极作用都是事物的功能吗?答曰:不是。人们常说,要想富,先修路。这似乎意味着道路具有致富的功能。但美国哲学家杜威似乎不这么看。他在为“真理即效用”的观点进行辩护时认为:“道路的用处不以便利于山贼劫掠的程度来测定。它的用处决定于它是否实际尽了道路的功能,是否做了公众运输和交通的便利而有效的手段。”①也就是说,道路的功能只有一个,就是便利于公众运输和交通,至于因运输和交通的便利带来的结果,即使是好的结果(例如,使人们更富裕)也不是道路的作用,当然也不是道路的功能。这个道理也适用于药品。我们知道,学生生病会影响学习,职工生病会影响工作。如果生病中的学生和职工能够服用对症的药品,恢复健康,就能重新全身心投入学习和工作。但我们并不能因此就说药品具有促进学习和工作的功能。至少在日常生活中,人们并不这样认为。总而言之,事物所蕴含的对他事物的积极作用并不都是事物的功能。这里的“他事物”并不是指此事物之外的其他所有事物,而是有特指的,是此事物的直接对象。也就是说,功能就是指一事物蕴含的对特定他事物的积极作用。对功能的这一理解与目的是基本一致的。所谓目的一般就是指人们在某项活动之前,在头脑中预先以观念形式存在着的、该活动过程结束时所要取得的结果。

---

① [美]杜威.哲学的改造[M].许崇清,译.北京:商务印书馆,2002.85.

当然,目的与功能之间也有差别。一般来说,功能指的是一个事物的功能,而目的指的是一项活动的目的。但在制度结构中,制度目的与制度功能之间基本相同。五是理念。理念指的就是隐藏在制度规则之中并通过制度规则表现出来思想观念。制度有自身的目的。但是,为了实现制度目的,制度本身可以表现为很多不同的形态。比如,为了让学生都能准时出勤,好好学习,学校可以加大对不出勤、不学习的学生的惩罚,也可以相反,加强对好好学习者的奖励力度。目的相同,制度规则等方面却不相同,原因就在于任何一种具体的制度形态背后都有其一定的指导思想。这种指导思想就是制度理念。至于物质设备,则不能作为制度的要素。原因在于,制度的实施固然离不开一定的物质因素的支持,但这并不能成为将物质设备作为制度构成要素的充足理由。

基于以上对制度要素的认识,职业教育质量第三方评价制度在结构上应该包含下述要素:观念体系、目的/功能体系、组织体系、对象体系、操作体系、标准体系和法律体系。其中,操作体系、标准体系和法律体系本质上都是规则体系。

第七章　国外职业院校教育质量第三方评价制度研究

从评价对象的角度来划分，职业教育质量评价大致可以分为以职业院校为对象的评价、以专业为对象的评价和以课程为对象的评价。其中，院校层面和专业层面的评价比较常见。因此，本章和下一章将先后对面向院校和面向专业的职业教育质量第三方评价制度进行阐述。

第一节　美国职业院校第三方认证制度

认证是美国职业院校第三方评价的主要形式之一。但在美国，面向职业院校开展认证的第三方机构不在少数。为使论述更为具体集中，这里以美国中部州协会中学委员会（The Commissions on Elementary and Secondary Schools，MSA-CSS）生涯和技术学校认证为例展开论述。

一、什么是认证

在日常生活中，“认证”一词被用在各种不同的场合。比如“产品认证”“3C认证”“学历学位认证”等。那么，什么是认证呢？欧树军指出：“‘认证’……包含收集、确认、识别、分类、鉴定、评估、检测等，不仅是指真实性的证明，也涵盖重要性、能力、身份的证明，还包含对他人、对政治或文化共同体、对社会制度和政治体制的认同。”认证是指政府和社会组织“收集、确认、识别境内有关人、财、物、行、事的名称、位置、数量、流动方向和真假优劣等基本事实，进而建立相应分类、规则、标准和规范的整个过程”①。按照这种认识，所谓认证一方面是对真实性的证明，另一方面是对优劣的证明。前者是一种事实判断，后者是一种价值判断。王绍光教授认为：“‘认证’指在数据与人或物之间建立一一对应的关系。”②他举例说，姓氏的出现和发展，并和名字的结合，产生了姓名。每个人都有一个姓名，姓名与人之间一一对应关系的建立就是一种认证。显然，这里的“数据”并不是数学意义上的数据，而指的是“信息资料”。从这个角度讲，对认证概念的这一界定与前述界定并无根本差异。因为所谓“信息资料”不外乎两类：一类是事实性的，一类是价值性的。总之，所谓认证一是事实的确认，二是对优劣的判断。在实践中，“认证”概念有的时候是在第一个层面上被使用的，例如，在信息技术领域，实名认证就是指对网络环境中各类活动主体线上身份与线下身份的一致性进行审核，或者说就是对各类主体网络身份的真实性提供证明；有时则同时包含有两种含义，比如《中华人民共和国认证认可条例》明确提出。认证“是指由认证机构证明产品、服务、管理体系符合相关技术规范、相关技术规范的强制性要求或者标准的合格评定活动”③。在这里，认证既包含对产品、服务等认证对象相关资料真实性的确认，也有对这些资料是否符合相关标准的一种价值判断。

在美国教育领域，所谓认证既有事实确认的含义，也有价值评判的意思。美国高等教育认证委员会（Council for Higher Education Accreditation，CHEA）主席伊顿在论及高等教育认证时认为，认证是高等教育系统

---

① 欧树军. 基础的基础：认证与国家基本制度建设[J]. 开放时代，2011(11)：80-101.

② 王绍光. 国家治理与基础性国家能力[J]. 华中科技大学学报（社会科学版），2014(3)：8-10.

③ 国务院. 中华人民共和国认证认可条例[Z]. 现代测量与实验室管理，2003(6)：52-56.

为保障质量和提高质量而创建和使用的对学院、大学和专业实施的外部质量审查过程。[①] 这一理解代表着美国教育界对认证概念的一般性认识。从美国教育认证的过程来看，这种审查既包含对院校或专业相关事实的验证，也包括对其优劣的一种判断。其一般过程可以概括为：由相关主体（认证主体），遵循一定的标准（认证标准），按照特定的程序（认证程序），对院校或者专业（认证客体）的质量进行外部审核。

二、认证的主体与客体

美国中部州协会是一个自愿性的、非政府、非营利性的会员制组织。中部州协会下辖三个认证委员会，分别是初等学校委员会（The Commission on Elementary Schools，MSA-CES）、中等学校委员会（The Commission on Secondary Schools，MSA-CSS）和高等教育委员会（The Commission on Higher Education）。生涯和技术学校的认证工作由 MSA-CSS 承担。

作为认证工作的实际承担者，MSA-CSS 在认证活动中具有下述六项职责和权力：（1）通过认证、评价和咨询以及其他适当方式，促进教育特别是会员学校和候选会员学校的改进；（2）以书面或电子形式公布通过认证的学校或专业清单；（3）审查并修订认证标准；（4）以适当方式与其他地区、国家和跨国认证组织合作；（5）根据法律规定对现有、未来和以前获得认证的学校或候选认证学校的评审和认证记录予以保密；（6）除现场考察报告和委员会有关认证行动的会议记录，其他任何与认证有关的文件未经同意均不得向认证对象透露。[②]

---

① Judith S. Eaton. *An Overview of U. S. Accreditation.* [EB/OL]. [2018-11-12]. https://www. chea. org/sites/default/files/other - content/Overview% 20of% 20US% 20Accreditation%202015. pdf

② *COMMISSIONS ON ELEMENTARY AND SECONDARY SCHOOLS*[EB/OL]. [2020-11-28]. https://www. msa-cess. org/Customized/Uploads/ByDate/2020/November_2020/November _ 10th _ 2020/2. 1% 20Commissions% 20on% 20Elem% 20and% 20Sec% 20Schools64682. pdf

在结构上,中等学校委员会下设执行/提名委员会、财政委员会、政策和战略发展委员会、会员资格和认证委员会以及召集委员会等。中等学校委员会由 18 名在职的行政、专业和学术教育工作者以及 3 名公众代表组成。在 18 名行政、专业和学术教育工作者中,至少有两名是生涯和技术教育工作者(其中一名来自获得认证的中等后非学位的生涯和技术教育机构),至少有一名来自获得认证的机构且从事教学工作,至少有一人来自获得认证的机构且具有远程教育的教育或从业经历。对 3 名公众代表的资格要求是保持独立性,能够代表公共利益。为此,MSA 提出了四项具体的资格要求:(1)目前未在教育领域工作;(2)不是获得或者申请 MSA 认证的机构的所有者、董事会成员、工作人员、利益相关者或顾问;(3)不是与认证机构有业务联系的协会、会员组织、附属机构的成员;(4)不是上述人员的配偶、父母、子女或兄弟姐妹。①

认证活动由会员资格和认证委员会负责组织实施,但必须符合 MSA-CSS 的相关政策。在组织上,会员资格和认证委员会由六名委员组成。其中,必须有一名成员来自获得 MSA 认证的中等后提供生涯和技术教育的机构。

在生涯和技术教育领域,MSA-CSS 不仅开展面向高中层次生涯和技术学校的认证工作,中等后且不授予学位的生涯和技术教育机构的认证也由其负责。MSA-CSS 对生涯和技术学校的认证分为初始认证和再认证。其中,初始认证的对象主要是面向那些想加入 MSA 的生涯和技术教育机构。根据规定,只有具备下述条件的机构才会成为认证对象:(1)已成功运作至少一个学年;(2)满足认证候选学校(Candidate for Accreditation)的标准;(3)获得、接受并向 MSA-CSS 总裁确认了认证候选学校的身份;(4)愿意并为参与自我评估和认证过程做出了积极准备。再认证的

---

① *COMMISSIONS ON ELEMENTARY AND SECONDARY SCHOOLS*[EB/OL].[2020-11-28]. https://www.msa-cess.org/Customized/Uploads/ByDate/2020/November_2020/November_10th_2020/2.1%20Commissions%20on%20Elem%20and%20Sec%20Schools64682.pdf

对象则是 MSA 的会员机构。

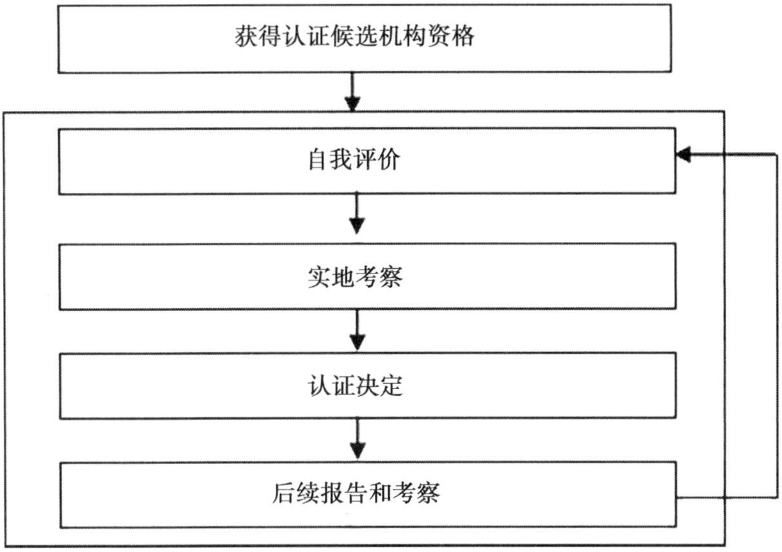

图 7-1　MSA-CSS 的生涯和技术教育机构认证程序

三、认证程序

MSA-CSS 对生涯和技术学校的认证分为初始认证和再认证。初始认证一般分为以下五个步骤。

一是认证候选机构资格的获得。对于从未获得 MSA-CSS 认证的生涯和技术学校而言,参与认证首先需要具备认证候选资格,成为认证候选机构。这需要经过一个过程。学校首先要提出正式的认证申请。MSA-CSS 在收到并审查认证申请之后,通常会组织为期一天的实地考察,并形成报告。实地考察主要是对申请机构是否已经或者在不远的将来能够满足认证候选学校的标准以及参加认证的意愿进行考察。MSA-CSS 在审查考察报告之后,由总裁决定是否向该机构提供正式的认证候选资格。学校在获得认证候选资格后,必须在三年内完成认证工作。否则将会被取消候选认证资格。[①]

二是自我评价(Self-Study)。这是认证过程的基础。获得认证候选资格之后,生涯和技术学校需要开展自我评价。自我评价的主要内容包括学校的基本信息,根据12项认证标准对学校各项工作的评价以及相应的改进计划。自我评价完成之后,需要及时向MSA-CSS提交自我评价的相关文件材料。自我评价过程通常需要9个月到2年。

三是实地考察(Team-Visit)。MSA-CSS在收到学校自我评价文件后,将会选派由已认证学校的同行组成的评审小组前往认证候选学校进行为期三天半的访问。在现场考察过程中,被考察学校要配合同行评审小组的工作。除受适用隐私法保护的学生和人员记录外,该机构的所有情况都应向同行评审小组提供。同行评审小组在完成现场考察后,要向MSA-CSS提交考察报告。报告的主要内容包括两个方面,一是被考察学校满足认证标准的程度,二是被考察学校满足自我评价和认证方案要求的情况。除了提交考察报告之外,同行评审小组还应该基于考察情况,向MSA-CSS提出认证建议。

在考察报告的形成过程中,被考察学校享有较为充分的权利。一是同行评审小组在向MSA-CSS提交考察报告之前,应将报告反馈给被考察学校,由其对报告中可能存在的事实性错误进行指正。二是MSA-CSS应该将最终的考察报告反馈给被考察学校。学校有权在收到报告后30天内,对同行评审小组的意见和建议做出回应。学校的答复应作为考察报告的永久性附件,与考察报告一起接受MSA-CSS的审查。

为了现场考察取得更好的效果,MSA-CSS在现场考察之前,为利益相关者提供了一个参与认证的机会。当现场考察的具体安排被确定下来之后,MSA-CSS和被考察学校都要公开张贴通知,告知学校的利益相关者和其他感兴趣的第三方,可以就学校是否满足认证标准向MSA-CSS

① CANDIDACY FOR ACCREDITATION [EB/OL]. [2020-11-28]. https://www.msa-cess.org/Customized/Uploads/ByDate/2015/December_2015/December_18th_2015/3.2%20Candidacy%20for%20Accreditation47616.pdf

提出意见。MSA-CSS 在收到这些意见之后，应将这些意见反馈给被考察学校的负责人。学校可以通过专门报告或者在自我评估报告中回应这些意见或提供证据对这些意见进行答复。MSA-CSS 应将利益相关者的意见和学校的答复均提供给同行评审小组的主席。同行评审小组的主席将在考虑利益相关者意见、学校的答复和现场考察情况的基础上，向 MSA-CSS 提出认证建议。[①]

四是认证决定(Commission's Decision)。MSA-CSS 将在对现场考察报告进行审核的基础上，由同行评审小组、MSA-CSS 工作人员、咨询委员会、会员和认证委员会提出认证建议，最后由 MSA-CSS 做出认证决定。对于再认证的学校，认证决定包括以下四种类型：认证、有条件认证(accreditation with stipulations)、暂缓认证(probationary accreditation)和取消认证(accreditation removed)。对于初始认证学校，认证决定包括：认证、有条件认证(accreditation with stipulations)、对其他认证机构认证的认可、推迟认证(accreditation decision postponed)和拒绝认证(accreditation denied)，共计五种。

MSA-CSS 的认证决定会以书面形式通知申请认证的学校。如果学校获得的是不利认证，则可以在收到书面通知后的三十天内，以书面形式向 MSA-CSS 执行委员会提出复议认证结论的申请，执行委员会将在收到申请的三十天内做出是否受理复议的决定。如果执行委员会同意复议的请求，不利的认证行动将提交委员会。经过听证等程序之后，MSA-CSS 将会做出最终的认证决定，并将决定及做出决定的依据以书面形式告知申请认证的机构。[②]

五是后续报告和考察。即使学校获得积极的认证决定，学校也需要

---

① SELF-STUDY AND ACCREDITATION PROCESS[EB/OL].[2020-11-28]. https://www.msa-cess.org/Customized/Uploads/ByDate/2015/December_2015/December_18th_2015/5.3%20Self-StudyAccreditation%20Process95484.pdf

② APPEALS FROM ADVERSE ACCREDITING ACTIONS[EB/OL].[2019-10-12]. https://www.msa-cess.org/Customized/Uploads/ByDate/2015/December_2015/December_18th_2015/1.4%20Appeals%20from%20Adverse%20Accrediting%20Actions32470.pdf

制定改进计划,并对改进情况进行年度审查。在获得认证后的第三年,学校还要向 MSA-CSS 提交中期报告,汇报改进情况。如果学校处于初始认证期,或中期报告显示存在明显问题,或者学校要求,那么 MSA-CSS 需要组织现场考察。

四、认证标准

MSA-CSS 生涯和技术学校的认证标准在结构上包括基础指标(foundational standards)和运作指标(operational standards)两大部分(具体请见表 7-1)。从表 7-1 来看,这一标准体系具体标准的数量多达 269 项,非常细致。限于篇幅,这里仅对具体标准做归纳性的说明。

表 7-1 MSA-CSS 生涯和技术学校认证标准的基本结构

一级指标	二级指标	具体标准(项)
基础指标	使命	4
	治理与领导	32
	学校规划	10
	财务	17
	设施、设备和材料	16
	校风、组织和员工	28
	健康和安全	22
	信息和技术资源	7
运作指标	教育计划	77
	学生学习的评估和证明	7
	学生服务	43
	学生生活和活动	6

注:1. 资料来源:Standards for Accreditation CT Institutions[EB/OL]. https://www.msa-cess.org/Customized/Uploads/ByDate/2018/June_2018/June_11th_2018/Standards%20for%20Accreditation%20CT%20Insitutions%20(2018)35334.pdf。

2. MSA-CSS 具体认证标准分为两大类:一类标准适用于所有的生涯和技术学校;另一类则适用于远程生涯和技术学校等特定类型的学校。表格中的"具体标准(项)"仅指前者。

（一）基础指标

第一，使命（mission）。在这项指标上，MSA-CSS 提出的要求是：学校有使命，而且学校使命清晰地表达了学校愿景以及学校教育项目的普遍和特别目的；学校使命与伦理规范、学校信念及所在社区的需求相一致；利益相关者的意见在学校使命制定过程中得到充分考虑；使命在学校的各项工作过程中得到了有效落实；学校周期性地对自身使命进行审查。

第二，治理与领导（governance and leadership）。这一指标包含 32 项标准，主要内容有：机构是合法的；学校所有权、控制权和义务没有法律等方面的分歧；理事会和领导层的行为合乎道德，始终如一；理事会和领导层为教学和学习创造了富有成效的环境，并及时和公开地与利益相关者进行了沟通等。

第三，学校规划（institutional planning）。学校以相关数据为基础制定了与其使命相一致的战略计划；教职工、学生、理事会和其他各种利益相关者广泛参加了学校规划的制定和实施过程；学校规划应全面，但应聚焦于持续改善学生表现，推动教职工专业发展和提升学校实现使命的能力。

第四，财务（finances）。在财务指标上，MSA-CSS 主要对财务活动的适当性和规范性以及财政资源充足性和稳定性进行考察。适当性是指学校应将其绝大部分财政资源都用于其教育计划、服务、活动等的实施上。规范性是指学校财务政策和财务活动符合道德及公认的预算和会计规则。充足性是指学校财政资源能够支撑学校教育计划。稳定性是指学校财政资源在过去三年和未来五年保持稳定。

第五，设施、设备和材料（facilities，equipment，and materials）。MSA-CSS 主要从充分性和安全性两个角度评价设施设备和材料。充分性是指学校的设施、设备和材料在数量和质量足以实现学校使命，并能够满足学校教育计划、服务、运营和活动的需求。安全性是指设施、设备和材料安全、干净、维护良好，并定期接受检查，以确保其有效运作且符合该机构所在辖区的健康和安全法规。

第六，校风、组织和员工（climate，organization，and staff）。学校的校

风、组织与员工应有助于学校使命的实现。具体来说,在校风上,校风要反映学校的核心价值观。这种校风的特点是期望学生表现出色,理事会、领导层、教职工、学生和利益相关者群体之间存在良好的合作关系。在组织维度上,组织设计为学校教育计划、服务和活动提供了结构框架,能够促进学生和组织绩效水平的提升。在员工维度上,要求学校具有完善的涉及员工指导、薪酬、评价、投诉处理等方面的政策,且这些政策得到很好的落实。

第七,健康和安全(health and safety)。一方面,学校应有一套正式的、与所在辖区的法律法规相一致且定期审查更新的健康和安全方面的政策、计划和程序。另一方面,学校开展了相关活动,为教学和学习提供了符合学校所在辖区标准的健康和安全环境。如确保员工和学生全天都能获得安全的饮用水等。

第八,信息和技术资源(information and technology resources)。主要内容包括:学校应提供信息技术资源以促进学习;学校提供的信息技术资源在类型、数量和质量上能满足教育计划的要求;师生员工都可以使用学校提供的信息技术资源;学校为师生员工提供了适当指导,以帮助师生员工正确和恰当使用信息技术资源。

(二)运作指标

第一,教育计划(educational program)。主要内容包括:教育计划包含与学校使命一致的生涯和技术教育计划;生涯和技术教育计划包含对学生表现的期望,这种期望反映了学生在进一步学习、进入职场或商业/行业标准所需的知识、技能和习惯;课程包括体现了最新研究成果和最佳教育实践的内容、教学方法和评估实践;学校能提供足够的资源支持教育计划的实施,并定期对教育计划进行评估;生涯和技术教育计划得到理事会批准,在必要时还应取得学校所在辖区的许可;课程指南是最新的、有效的、可获得的;教学材料、技术和设备适当、功能齐全、维护良好。

第二,学生学习的评估和证明(assessment and evidence of student learning)。主要要求包括:学校应有一个基于最佳评估实践的,用以评估学生学习和表现的计划；学校使用利益相关者认可的、有效的和可信的方法收集和分析与学生表现有关的量化和可观测的证据；学校使用了学生学习和表现的评估结果，以评价并改进其课程与教学、专业发展和服务；准确清晰地向利益相关者定期通报学生学习和表现的评估结果。

第三，学生服务（student services）。学生服务维度的认证标准包括总体标准和具体标准。总体标准是对学校向学生所提供的各种服务的总体要求。其主要内容包含两方面，一是强调学生服务是学校所有人员的共同责任，二是要求学校向学生提供的各项服务应有助于促进学生在知识、技能、能力、人格等方面的发展。具体标准则对学校提供的各项具体服务——如学生投诉处理、交通服务、饮食服务、学分转移等进行了规定，如要求学校为学生提供交通和食品服务，保障学生的出行安全和饮食卫生等。

第四，学生生活与活动（student life and student activities）。学校应向全体学生提供与其年龄和发展需求相一致的、不带偏见的活动；学校所提供的学生活动应与学校使命和教育计划一致；学校所提供的学术活动和非学术活动应保持平衡；学校为学生活动提供了充足的资金支持；学校应对学生活动进行定期检查和适当管理。

五、认证功能

MSA-CSS生涯和技术学校认证具有下述两个方面的功能。

（一）质量改进

如前所述，认证是指为了保证和提高学校或专业的教育质量而开展的外部质量审查或评估活动。从这个意义上讲，认证是学校和专业质量保障体系的一部分，其最终目标是促进学校和专业教育质量的持续提升。MSA-CSS生涯和技术学校认证也不例外。这一认证试图通过一个包容、协作的认证过程以及持续监控和专业支持，帮助生涯和技术教育机构不断改进，确保所有学生都能获得公平高质量的教育。

为了确保质量改进功能的实现,MSA-CSS 对认证程序进行了精心设计。如前文所述,在认证过程中,申请认证的学校的自我评价是认证的一个很重要的环节。这一环节的设计为学校提供了一个良好的自我反思的机会。通过这种自我反思,学校对自身的优长、不足等都有了较为清晰的认识,从而为后续改进工作奠定了良好基础。为了促进学校的自我改进,MSA-CSS 特别规定,学校自我评估报告在内容上应包括自我改进的计划。另一个重要的认证环节是后续报告,即在认证活动结束之后,学校要根据认证报告所提出来的意见进行改进,并向 MSA-CSS 提交报告,对改进工作进行汇报。正是借助于这种程序设计,MSA-CSS 生涯和技术学校认证在客观上实现了促进学校改进工作、提高质量的初衷。

(二)质量鉴定

在质量改进功能之外,MSA-CSS 生涯和技术教育学校认证的另一项功能是质量鉴定,即借助认证,确认或者证明哪些生涯和技术教育机构的教育质量是值得信任的。这首先体现在认证结论上。在认证活动中,申请认证的学校如果符合认证标准,则会被 MSA-CSS 授予相应期限的认证。反之,则不能获得认证身份。这说明,MSA-CSS 希望通过是否给予相关学校以认证身份而对学校的教育质量进行鉴定。在论及学校为什么要接受认证时,MSA-CSS 明确指出,学校如果获得认证身份,毕业生可能会更容易进入某些高等院校,因为毕业生会由于学校的认证身份而被认定为进入高校做了更有质量的准备工作。从认证结论的使用来看,MSA-CSS 允许并支持那些获得认证的学校通过各种的不同的方式宣传自己获得认证的身份,如举行认证证书的颁发仪式,在学校的显眼位置展示认证证书,在学校网站、信笺等材料上展示 MSA-CSS 的 logo 和标语等。这说明,MSA-CSS 和学校都自觉地将获得认证身份视为对学校教育质量的一种证明。

第二节　日本高职院校第三方评价制度研究

在日本,多所第三方机构都具有面向高职院校开展评价的资质。其中,既有一般社团法人、一般财团法人这样的纯粹民间机构,也包括具有浓郁政府背景的独立行政法人机构。这里仅以高等教育评价机构(Japan Institution for Higher Education Evaluation, JIHEE)短期大学评价认证为主,以其他机构对高职院校的评价认证为辅,阐述日本高职院校第三方评价制度。

一、评价主体

JIHEE 成立于 2004 年,是一个由高等教育机构在自愿基础上组成的会员组织。截至 2019 年 10 月,JIHEE 共有 359 个会员机构。其中,大学 355 所,短期大学 24 所。在性质上,JIHEE 是一个公益财团法人。2005 年,JIHEE 获得了日本文部省的许可,成为可以对大学进行评价的第三方机构。2009 年,JIHEE 再次获得文部省许可,从而具备了对短期大学进行评价认证的资格。

在组织结构上,JIHEE 设有董事会(Board or Trustees)、理事会(Board or Directors)和秘书处(Secretariat)。其中,理事会下设六个委员会,分别是战略规划和执行委员会、公共关系委员会、自我审查和评价委员会、大学评价委员会、短期大学评价委员会和时装/商业专业研究生院评价委员会。其中,短期大学的评价认证工作由短期大学评价委员会负责。

评价委员会由 10 名左右的成员构成。这些成员由 JIHEE 理事会根据国立、市立和私立高等教育机构以及学术团体和经济组织的建议选出的。其中,7 名成员从国立、市立和私立高等教育机构中选拔,3 名成员从学术团体和经济组织中选拔。但是,下列人员不得参加相应院校的评价工作：(1)被评价院校的毕业生；(2)被评价院校现在或计划以全职或兼职形式雇佣的人员，或在过去五年中曾受雇于被评价院校的人员；(3)过去5年内曾任或现任或拟任被评价院校高管的人员；(4)正在、将要或者在过去五年中曾参加过一个组织，对被评价院校的教育、研究或管理活动等重要事项进行审查的人员；(5)当地或邻近与被评价院校存在竞争关系的机构的人员；(6)JIHEE认为不合适的任何其他个人。

为确保评价结果公正科学，JIHEE在短期大学评价委员会下设申诉委员会，处理被评价院校在评价过程中就现场考察报告和初步评价结论提出的申诉意见。

事实上，日本的其他第三方机构与JIHEE颇为类似。如，在日本，短期大学基准协会(Japan Association for College Accreditation, JACA)也具有对短期大学进行评价认证的资质。JACA成立于1994年。与JIHEE不同的是，JACA是一般财团法人。但是，与JIHEE一样，JACA也是一个会员组织，由491个短期大学基于自愿而建立。在组织结构上，JACA与JIHEE一样，也设有董事会、秘书处以及第三方评价委员会、自我审查和评价委员会、公共关系委员会等机构。

二、评价程序

JIHEE短期大学评价可以分为三个阶段。具体流程见下图7-2。

第一阶段是申请阶段。在这一阶段，短期大学要向JIHEE提出评价认证的申请。JIHEE受理申请后，要举行会议，向短期大学联络官介绍评价认证系统、评价认证方法以及院校应该如何进行自我检查和评价并撰写报告。随后，短期大学要根据JIHEE的《评价和认证手册(短期大学)》开展自我检查和评价，撰写报告并提交给JIHEE。此外，被评价院校需要在其官网主页上发布自我检查和评价报告。

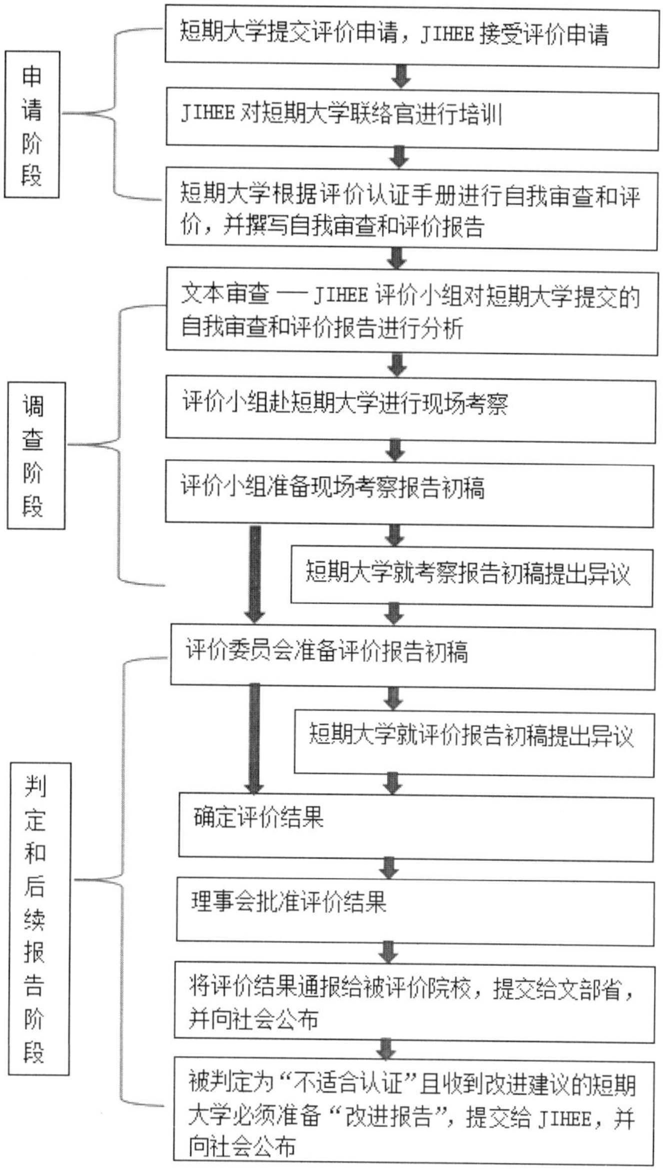

图 7-2　JIHEE 短期大学评价流程①

第二阶段是调查阶段。在这一阶段,JIHEE 评价委员会要组建评价小组。评价小组要在对被评价院校提交的自我检查和评价报告进行文本

① http://www.jihee.or.jp/en/evaluation/junior_guidelines2018.html#sec04

审查和分析后,赴被评价院校进行现场考察。然后,评价小组要根据文本审查和现场考察的结果,准备考察报告初稿,并提交给 JIHEE。JIHEE 应将考察报告初稿反馈给被评价院校,被评价院校可以就报告初稿提出申诉。

第三阶段是判定和后续报告阶段。在这一阶段,评价委员会综合考虑考察报告内容和被评价院校的申诉意见。如有必要,评价委员会还会召开听证会,以确定事实。在此基础上,评价委员会形成评价结果,并将评价结果反馈给被评价院校。被评价院校可以就评价结果提出申诉。评价委员会将对被评价院校申诉意见进行审查。如果被评价院校被判定为"延期认证"或"不适合认证",而被评价院校对此提出申诉,那么,评价委员会要专门组建申诉委员会进行进一步审查。随后,评价委员会将确定最终的评价结果,撰写评价报告并提交给理事会批准。评价报告获理事会批准后,JIHEE 应将最终的评价报告通报给被评价院校,将评价报告副本提交给文部省大臣。同时,评价报告还应通过 JIHEE 官网向社会公开。如果被评价院校被判定为"不适合认证"且收到改进建议,那么,被评价院校则需要准备"改进报告",提交给 JIHEE,并向社会公布。

与 JIHEE 短期大学评价程序类似,JACA 短期大学评价程序大致分为三个阶段。第一步是评价准备阶段。在这一阶段,短期大学要向 JACA 提出认证申请。JACA 要向短期大学提供相关信息并对短期大学相关人员进行培训。短期大学要根据 JACA 的评价标准开展自我评价,并向 JACA 提交自我评价报告。

第二步是评价实施阶段。在这一阶段,JACA 要组建同行评价小组。同行评价小组成员主要来自 JACA 会员单位且获得注册的评价人员。他们都是短期大学教育方面的专家。评价小组要完成以下工作:对短期大学的自我评价报告进行审查;赴短期大学进行现场考察;撰写认证报告,并将报告提交给第三方评价委员会。第三方评价委员会在收到认证报告后,要审查评价小组的报告,形成初步的评价认证结论,并将初步结论通报申请认证的短期大学。短期大学可以向第三方评价的验证和审查委员会对初步认证结果提出异议。

第三步是评价结论形成和公布阶段。在这一阶段,第三方评价委员会要做出最终的评价认证结论,将评价认证结果反馈给短期大学,并向社会公布。

三、评价标准

JIHEE 短期大学的评价标准分为三大类别,一是适用于所有短期大学的共性标准,二是短期大学个体自行确定的个性标准,三是附属标准,即每个短期大学特别希望强调或呈现的具有特色的教育和研究活动或产业。这里仅就共性标准进行阐述。共性标准由 6 个维度、23 个评价点和 56 个观测点组成。其基本结构见下表 7-2。

表 7-2 JIHEE 短期大学评价的共性标准①

一级指标	二级指标
1. 使命、目的和教育目标	1-1 使命、目的和教育目标的确定
	1-2 使命、目的和教育目标的融合
2. 学生	2-1 录取学生
	2-2 对学习和课堂教学的支持
	2-3 生涯指导
	2-4 学生服务
	2-5 开发和改善学习环境
	2-6 对学生意见和要求的回应
3. 课程	3-1 授予学分、毕业和结业证明
	3-2 课程和教学方法
	3-3 检查和评估学习成果

① http://www.jihee.or.jp/en/evaluation/junior_standards2018.html#sec00

续表

一级指标	二级指标
4. 教职工	4-1 教育和学习管理的功能
	4-2 教师的分配和专业发展
	4-3 员工培训
	4-4 对研究的支持
5. 管理、行政和财务	5-1 管理纪律与诚信
	5-2 理事会的职能
	5-3 管理和交叉检查的便利化
	5-4 财政基础和财政平衡
	5-5 会计
6. 内部质量保障	6-1 内部质量保障的组织体系
	6-2 内部质量保障的自我检查和评估
	6-3 自我检查和评估的功能化

(一)使命、目的和教育目标

在这个维度上,JIHEE 主要从两个方面对短期大学进行评价。一是使命、目的和教育目标本身,如内容的清晰性、表达的简洁性、对短期大学个性特点和变化的反映等;二是使命、目的和教育目标的被认可情况及在学校组织机构设计、政策制定和中长期规划中的落实情况。

(二)学生

总的来说,在这个维度上,JIHEE 主要从三个角度实施评价。一是招生,主要考察短期大学的招生政策与教育目标的一致性、招生政策的落实情况和招生结果。二是对学生在校学习期间提供的支持和服务,包括学习和课堂教学的支持、生涯指导、学生服务和学习环境建设;三是对学生意见和诉求的回应情况。

(三)课程

在实现使命、目的和教育目标过程中,课程起着关键性的作用。JI-

HEE 同样从三个方面对课程进行评价。一是在政策上,对短期大学与课程有关的文凭政策、课程政策和相关标准,如毕业和结业标准等的清晰性、公开性及其与教育目标的一致性等分析;二是对文凭政策、课程政策和相关标准的执行和落实情况进行考察;三是根据入学政策、文凭政策和课程政策,发展和选择学习成果检查和评价方法情况以及利用检查结果完善教学内容,改进教学方法和学习指导的情况。

(四)教职工

在这个维度,评价围绕着下述内容展开。一是教育和学习管理系统。主要考察这一系统能否使校长、专任教师、普通员工等各类人员各司其职,分工合作。二是教师发展,主要考察通过教师发展提高教师专业素养及其对完善教育内容和方法的作用。三是员工发展,主要考察通过员工发展提高员工素质和能力的情况。四是对研究的支持,即研究环境的建设、研究伦理的建设和执行以及与研究有关的资源分配。

(五)管理、行政和财务

在这个维度,主要包括三个方面的内容。一是在管理和行政方面,包括理事会为实现学校的使命和目标而发挥的作用,管理纪律及其维护情况等。二是财务基础、财务运行和财务平衡情况。三是会计程序的适当性、审计制度的完善性和落实情况。

(六)内部质量保障

在这个维度,评价内容主要包括:内部质量保障的组织体系和责任体系建设情况、自我检查和评价的实施情况以及 PDCA 循环的建设和实施情况。

JACA 短期大学评价认证标准包括两类,一是适用于所有短期大学的共性标准,二是可选标准。可选标准由被评价的短期大学根据学校特点自行选择,类似于 JIHEE 短期大学评价标准中个性标准。JACA 短期大学评价共性标准分为四个维度,分别是使命与教育的有效性(Mission and Educational effectiveness)、课程与学生的支持服务(Curriculum and

Student support services)、教育资源与财政资源(Educational resources and Financial resources)、领导与治理(Leadership and Governance)。这与 JIHEE 不同。但是,在内容上,JACA 与 JIHEE 评价标准基本一致。另外,JACA 的可选标准与 JIHEE 的个性标准存在比较大的差别。JACA 给出了具体的可选标准,包括博雅教育(Liberal education)、生涯教育(Career education)、学校对当地社区的贡献(Institution Contribution to local communities)三个方面。而 JIHEE 并没有给出个性标准的范围,而是完全由被评价的短期大学自行确定。

表 7-3　JACA 短期大学评价的共性标准①

一级指标	二级指标
使命与教育的有效性	使命 教育的有效性 自我检查和评价
课程与学生的支持服务	课程 学生的支持服务
教育资源与财政资源	人力资源 物质资源 包括技术资源在内的其他教育资源 财政资源
领导与治理	董事会主席的领导力 校长的领导力 治理

四、评价功能

日本高等职业院校第三方评价主要有两项功能。

① http://www.jaca.or.jp/en/accreditation/standards.html

（一）质量维持和提升

JACA 开门见山地指出："JACA 认证的目的是维持短期大学教育的整体质量，并通过持续不断的自我检查评价来协助和支持会员院校努力提高和维持其教育和研究活动的质量。"[①]JIHEE 也指出："JIHEE 进行评价的目的是通过支持自主提高质量和全面增强短期大学的教育和研究活动来为日本高等教育的发展做出贡献。"[②]

日本高职院校第三方评价的这一功能深刻地体现在评价活动中。从评价标准来看，第三方评价的标准都是定性的标准。一般来说，评价标准可以是定性的也可以是定量的。定量的标准精确，但不利于改进工作。因为根据定量标准，作为被评价者的短期大学等机构只能获得一个分数，却并不清楚为什么得了这个分数，因此无法采取有针对性的措施去改进工作，提高质量。相对来说，定性标准不够精确，但更有利于改进工作。如在 JACA 和 JIHEE 短期大学评价标准中都包含有自我检查和评价这一标准。在定性标准下，评价者可以直接指出被评价院校在自我检查和评价方面存在哪些问题，从而助力被评价院校改进自我检查和评价工作，帮助被评价院校提高质量。从评价过程来看，日本的第三方评价特别重视被评价院校与评价机构之间的交流沟通，重视向被评价院校反馈评价意见。这一设计有助于被评价院校准确确定自身存在的问题。在客观上具有帮助被评价院校提高质量的作用。

（二）质量检测

在日本，高职院校第三方评价结果要向社会公布。JACA 认为，公布评价结果的目的不是要对会员院校进行评级或排名。但它同时指出，在第三方评价中合格的短期大学就是合格的高等教育机构。JIHEE 从是否满足评价标准的角度，给予被评价院校"适合认证""延期认证"或"不适合认证"等不同的评价结果。每一种评价结果都是被评价院校质量工作

---

① http://www.jaca.or.jp/en/about/history.html

② http://www.jihee.or.jp/en/evaluation/junior_guidelines.html#sec01

的一种表征。从这个角度讲,日本高职院校的第三方评价显然具有质量检测的作用。

第三节　德国职业学校教育质量第三方评价制度

德国是个联邦制国家,州政府具有很大的权力。在职业教育领域,企业职业培训由联邦政府根据《联邦职业教育法》进行管理,职业学校教育则由州政府负责管理。但是,在评价领域,州政府并不直接开展以职业院校为对象的评价活动,而是将评价工作委托给专业性的第三方机构。德国各州职业院校教育质量第三方评价的方法不尽相同,主要分为外部评价(Externe Evaluation)、质量分析(Qualitätsanalyse)和学校审查(Schulinspektion)三种。[①] 尽管称呼不同,但本质上都是评价。

一、评价主体

在德国,各州先后成立了多所第三方评价机构,如柏林和勃兰登堡州的学校质量研究所(Institut für Schulqualität der Länder Berlin und Brandenburg,ISQ)、巴伐利亚州的学校质量与教育研究所(Stätsinstitut für Schulqualität and Bildungsforschung,ISB)等。面向包括职业学校在内的各级各类学校开展质量评价活动是这些机构的主要任务之一。各研究所的经费虽然由所在州政府提供,但各研究所并不是政府部门,而是独立的非政府且不以营利为目的机构。

第三方评价机构一般要组建同行评价小组实施评价。在柏林,ISQ组建的评价小组一般由四个方面的代表构成:学校管理人员、政府的学校

---

① 王英利. 德国职业学校外部质量评价研究[D]. 天津:天津大学硕士学位论文,2014. 18.

督导人员、教师和学校系统之外的志愿者。其中，在职业院校评价中，应确保至少有一名小组成员来自职业院校，并且与被评价学校之间没有公务或私人的联系。评价小组成员在参加评价活动之前须参加培训并获得资格认证。在巴伐利亚，ISB 组建的评价小组由三名来自学校领域的评价者和一名来自非学校领域的评价者共计四人构成。其中，来自学校领域的评价者必须来源于职业学校。来自学校领域的评价者可以是学生家长、质量官员或企业培训的经理等，这些人必须基于自愿参与评价。[①] 按照规定，评价小组成员应具备下述知识和能力：了解学校和教育政策，掌握评价知识，熟悉质量标准，了解良好教学的特点和教学形式，具有较强的沟通、合作和问题解决能力。为确保评价小组成员达到要求，ISQ 要对评价小组成员进行培训。在巴登-符腾堡州，学校发展研究所（Landesinstitut für Schulentwicklung，LFS）承担职业学校教育质量第三方评价任务。在评价过程中，学校发展研究所要选派两到三名专家组成评价小组成员。除此之外，被评价学校还要聘任一位专家成为评价小组成员，作为“诤友”，起到监督作用。[②]

二、评价程序

柏林采取的是学校检查，一般需要经历六个步骤。见图 7-3。

第一步，检查准备。在正式检查前的 10 到 12 周，检查组要确定被检查学校的具体特征，查看学校最近一次的检查报告，针对学校的个性化检查范围选择质量特征，并联系学校管理层，向学校书面确认检查日期。

第二步，在线调查。ISQ 在正式检查之前约 10 到 6 周，要与学校合

---

① Wer evaluiert? [EB/OL]. http://www.isb.bayern.de/schulartuebergreifendes/qualitaetssicherung-schulentwicklung/evaluation/externe_evaluation/wer_evaluiert/

② 李文静. 德国职业学校教育质量保障体系研究[D]. 天津：天津大学博士学位论文，2014. 63.

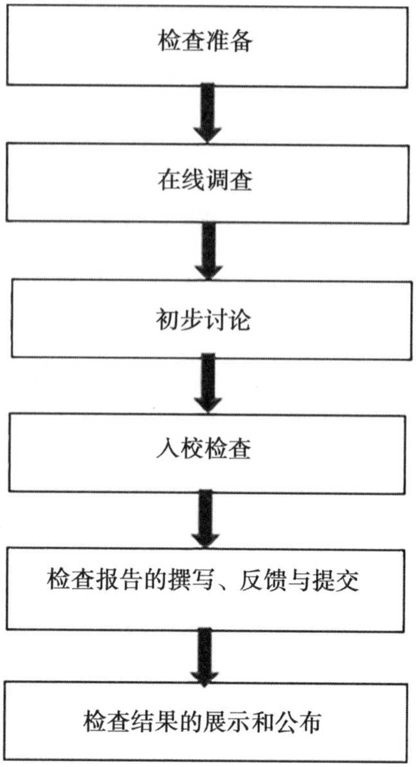

图 7-3 柏林职业学校检查的基本步骤①

作,组织实施面向所有教师、其他教学人员(人数不少于 5 人)、学生及其监护人的在线问卷调查。调查内容来源于学校质量行动框架的质量领域,主要包括课程、学校文化、学校管理等。在线问卷调查旨在帮助检查小组进一步确定正式检查的范围,建立检查框架,为检查工作提供指导。

第三步,初步讨论。在正式检查之前至少 4 周,要在学校举行由学校管理层、学生和家长代表、学校评估顾问、质量官员、教师代表等参加的初步讨论,其主要任务包括:介绍检查的程序、日期、框架等具体安排,并回答学校提出的问题;确定在正式检查过程中参加小组访谈的人员名单;移交学校的相关文件。

① Ablauf einer Inspektion [EB/OL]. https://www. berlin. de/sen/bildung/unterstuetzung/schulinspektion/ablauf-670049. php

第四步，入校检查。检查组进入学校，开展正式检查。正式检查一般为期两天。对于大规模的学校，检查时间会有所延长。

正式检查一般采取观察和访谈两种方式进行。观察的重点是课堂教学。课堂观察将贯穿检查组在学校访问期间的开始阶段、中间阶段和结束阶段。一次课堂观察通常持续20分钟。在观察过程中，检查组成员需要填写观察表。课堂观察的目的并不是评价教师个体的教学，而是为了考察学校整体的教学质量。为此，课堂观察要涵盖学校至少70%的教师。此外，观察的范围还包括学校其他方面。为此，检查组和学校管理人员要一起进行一次全校的巡视活动，了解学生的学习环境、教职员工的工作条件，校园和建筑状态、学校对空间的利用，等等。访谈分为个人访谈和小组访谈。个人访谈的对象包括校长、副校长和教育协调员等。小组访谈的对象包括学生及其监护人、教师、中等管理人员（如部门负责人、质量官员）等。

第五步，检查报告的撰写、反馈与提交。正式检查结束后，检查小组要汇总检查结果，并将检查结果总结在检查报告中。检查报告的主要内容包括：学校的一般情况、学校的优势和发展需求、学校的质量概况及其说明。其中，学校的质量概况及其说明是报告的核心部分。检查报告要以等级形式呈现检查结论。检查结论分为非常明显（A）、相当明显（B）、比较弱（C）和弱（D）四个等级。如果学校满足所有或几乎所有质量特征标准，则可获得“非常明显”等级。如果学校符合最重要的质量特征子标准，但在有些标准上需要进一步提高质量，则为“相当明显”等级。如果学校具有自身优势，但没有满足重要的子标准，则为“比较弱”等级。若学校的质量特征在大多数标准上都需要做出重大改进，则为“弱”等级。此外，在线调查结果和学校检查的评估表应作为检查报告的附件加以呈现。检查报告初稿应在检查结束后两周内发送给学校管理层，以更正错误数据。最终版本的检查报告将提交给学校管理部门、学校监督部门和学校董事会。

第六步，检查结果的展示和公布。检查结束后6周，学校可以在公开的学校活动中向感兴趣的人介绍检查结果和报告。最迟在检查结束后 4 个月，学校检查的结果将以简短报告的形式在 ISQ 网站上公布。学校也可以在自己的官网主页上发布完整的检查报告。在此期间，学校应对检查结果进行审视，明确发展需求，并制定行动措施。如果检查发现学校存在学校管理存在严重缺陷、没有采取适当措施解决学校的特殊问题等情况，则表明学校有重大发展需求。此时，经过适当程序，下次检查的时间将从五到六年缩短到大约两年。

柏林学校检查的这一程序具有很强的代表性，反映了德国各州职业学校教育质量第三方评价的一般特征。例如，巴伐利亚州职业学校教育质量第三方评价的程序与此基本一致。与柏林采取学校检查的方法不同，巴伐利亚州采用的是外部评价方法。外部评价的第一个阶段是筹备阶段。在这一阶段，学校督导要组织召开筹备会议。筹备会议的参加者包括评价小组、学校领导和教职员工以及学生、家长和培训企业三方的代表。筹备会议的主要任务是介绍评价小组和职业学校双方的基本信息以及评价活动本身的基本情况，如评价理念、工具、标准等。此外，筹备会议还要敲定评价的时间节点。第二个阶段是访问学校前的数据收集。一方面对教师、学生、家长和培训企业进行问卷调查，另一方面向学校征集学校的基本数据、学生成绩数据、教育目标与学校使命、校企合作计划等资料。第三个阶段是访问学校。评价小组对被评价职业学校进行为期 3 天的访问。访问的主要方式是观察和访谈。观察包括两个方面：一是对环境进行考察，二是对课堂教学进行观察。第四个阶段是评价报告撰写与反馈。现场访问结束后，评价小组要在 1 周内撰写初步评价报告，并反馈给学校领导和教职员工以及学生、家长和培训企业的代表，经过协商，在吸纳合理意见的基础上，评价小组要修改报告并形成最终的评价报告。第五个阶段是进一步发展的启动阶段。学校督导和学校领导经过协商，共同确定学校下一步的发展目标，制定具体的、有约束力和时间表的行动方案。①

三、评价标准

评价标准,也叫质量特征。柏林学校检查的标准包括正式标准和补充标准两个部分。正式标准由 6 个一级指标、16 个二级指标、59 个三级指标和数百个观测点构成。一级指标和二级指标见下表。补充标准包含学校特色等 8 个指标。

表 7-4　柏林学校检查标准②

一级指标	二级指标
质量发展	学校计划 内部评价 外部评价
教育、教学和学习过程	校内课程/教学发展 教学与学习过程 系统支持和建议
学校文化	参与度 学校作为生活空间 合作
学校管理	学校治理和学校社区 学校管理与质量管理 行政和资源管理教学组织

① http://www. isb. bayern. de/schulartuebergreifendes/qualitaetssicherung - schulentwicklung/evaluation/externe_evaluation/wie_laeuft_eine_externe_evaluation_ab/

② Senatsverwaltung fur Bildung, Jugend und Falilie. Bewertungsbogen[Z]. https://www. berlin. de/sen/bildung/unterstuetzung/schulinspektion/bewertung-669838. php

续表

一级指标	二级指标
专业化与人事管理	人力资源开发
	工作和沟通文化
学校成果	学校成绩和学校生涯数据
	学校满意度与学校形象

第一,质量发展。在这一指标上,主要对学校计划以及评价与学校计划之间的关系进行考察。在学校计划上,主要对学校计划自身的特性进行分析,如学校使命的包容性、学校计划的更新情况、学校计划对学校重点工作的安排情况、发展项目的设计和评估等。在评价与学校计划的关系上,主要考察的内容包括下述几个方面:以改进为目的的内部评价贯穿学校计划的制定、实施和结束全过程情况;外部评价结果在校内的传达情况;对外部评价结果的反思以及利用外部评价结果制定学习计划,并为计划的实施提供支持等。

第二,教育、教学和学习过程。这是最为核心的一项检查内容。在这一指标上,主要要求有:课程应该是基于学科且以能力为导向的;与其他学校、企业及企业间培训中心之间的教学内容协调一致;在学校实施了商定的教学发展措施;实施了项目导向的教学;教学目标明确且被学生所了解;教学时间得到了充分有效的利用,不存在教学延迟开始、提前结束和学生在教学中无所事事等浪费时间现象;学习物理环境符合学生年龄特点和卫生要求,教师提供了数量足够的学习材料;教师向学生告知了教学目标,教学过程结构清晰、流程连贯明确且有效实现了教学目标;教师之间行动一致;学生不存在扰乱课堂的行为且能彼此友好相处;教师创设了尊重、公平、全纳、参与、反馈的良好教学和学习氛围;教师向学生提出的学习要求明确且具有挑战性,并通过各种方式鼓励学生;学生有评价自己和他人表现的机会,且能将评价结果用于改进自己的学习过程;教师的教学方法具有启发性、激励性、针对性和多样性等特点;教师语言的使用恰当,并通过听、说、看、写、小组交流等方式培养学生的语言能力;教师为学生提供了进行个性化学习的机会、手段和辅助工具,学生对此可以自由选择;教师提供了面向团队的任务,学生在完成团队任务的过程中,形成了互相帮助的意识,锻炼了团队合作的能力;问题导向的教学得到了有效实施;学校通过与监护人、内外部专家之间的交流与合作的手段,借助学习诊断、认可学生等方法,为包括学习困难学生、有特殊教育需求学生在内的全体学生提供了有针对性的学习支持;学校为学生及其监护人提供了职业指导服务和其他咨询服务。

第三,学校文化。这一维度的要求大致可以分为三个方面:一是学校鼓励并通过各种方式支持学生、学生的法定监护人、培训机构、实践机构等参与学校活动,且这些群体积极参与了学校发展和学校生活;二是学校多措并举,建设了民主、平等、健康、多样、具有全球视野且促进可持续发展的学校文化;三是学校积极开展与商业、体育、文化、生态领域的机构以及其他学校的合作,并与联邦其他州或国家机构建立了伙伴关系。

第四,学校管理。在这方面,ISQ 的期望包括:校长能切实履行对学生、教职工和学校等各方的义务,并因其领导能力而获得认可;校长创设了建设性的工作氛围,鼓励教职员工融入学校,与他人合作;校长通过听取他人建议等方式促进了学校质量的持续发展;学校董事会和管理层能以合作的方式,承担学校发展责任,将学生及其监护人、培训机构等各方纳入学校发展过程;学校能够恰当地开发、分配、使用资源,促进学校发展;学校业务流程组织得当且有效,业务工作记录明确;教学管理符合法律要求,有明显效果。

第五,专业化与人事管理。在这方面,一所好的职业院校应达到下述要求:校长基于学校的优先事项确定人力资源开发的设想;学校有具体的措施培训新老员工;校长、学校管理人员和其他相关人员通过走进课堂等方式,系统了解教学和教育质量;学校制定了适合需求、重点突出的校本培训计划;校长、中层管理和系部之间能够进行有效的沟通。

第六,学校成果。在这方面的要求主要有:学校每年都要分析学校课程等方面的数据并制定目标和改进措施;学生及其监护人对学校的教育工作和学校提供的支持感到满意;学校每六个月向培训机构/实践机构通报学校的教育工作,两者进行了有效沟通,培训机构/实践机构对学校教育工作给予积极评价;员工对学校的工作条件、任务分配等感到满意,喜欢在学校工作;学校拥有最新且内容丰富的官网主页,愿意向感兴趣的人介绍学校的工作;学校提供了高质量的学习、工作和居住环境,对游客友好。

与柏林相比,德国其他各州职业院校教育质量第三方评价标准体系固然有所不同,但主要内容颇为接近。例如,在巴伐利亚州,职业院校教育质量第三方评价标准体系按照投入——过程——产出模型,被分为四个方面内容,分别是学校的一般条件或框架条件、学校工作的成果、学校组织过程质量和学校教学过程质量。其中,框架条件主要包括学校所在地、学生结构、人力资源结构、硬件设施和组织特征,学校工作成果包括学生的学习成果、对学校工作的满意度等。教学组织过程质量和学校教学过程质量作为过程质量被分为教与学、加强个性、学校管理和专业行动四个维度。

“教与学”的主要要求包括:学校应建立确保教学不受干扰、教学时间得以有效利用、教学氛围积极的课堂教学管理;制定并实施了以目标为导向、结构化强的教学计划;教学方法与教学目标和任务相匹配,且具有激励性;教学以学生为导向,即激励学生积极参与教学,采纳学生合理意见,实施以应用为导向的教学,教学密切联系学生生活,使学生在教学过程中体验成功;教学应基于对学生学习情况的考虑,运用反馈和支持,为学生提供个性化的学习机会;教学内容要具有挑战性、结构化。教学应向学生传授学习策略知识;教学应包含练习环节。“加强个性”维度的质量特征包含下述内容:学校应遵循参与、责任、相互尊重等民主精神,让学生在民主实践活动中形成民主的素养;应通过促进学生接触不同生活领域,培养具有开放性和创造力的人;应与家长合作,养成学生健康的生活方式和环保意识,培养学生负责任地参与数字社会并建设性地处理冲突的能力。“学校管理”的要求涵盖了以下内容:学校管理层充分发挥管理职能,规范管理流程和知识管理;学校管理层以合作——参与的方式支持和指导教职员工的工作,促进教职员工的专业发展,激发教职员工的积极性,有效管控冲突;学校管理层切实承担起质量管理的主要责任,定期修订学校发展计划,将学校社区成员普遍纳入学校发展过程,对学校发展过程进行监控,并基于监控结果,促进学校质量发展。“专业行动”维度的质量期望包括:学校教师应主动、广泛、定期地参与教育和培训,并在教学中落实培训内容,以持续提高个人能力;教师应在教学目标、教材、教学实施、教学反思中建立合作文化,通过彼此的密切合作,促进学校教学发展;学校应与学生家长、其他教育机构、社区和合作伙伴之间建立起紧密的合作关系。①

除了上述标准之外,巴伐利亚州质量标准还考虑了与教育政策有关的两个主体:异质性和数字化,并在这两个主题上提出了相应的质量要求。

显然,巴伐利亚州与柏林的质量评价标准在结构上并不相同。但在具体内容上具有较高的一致性。

四、评价功能

柏林学校检查的主要功能是保障并改进被检查学校的教育质量。在阐述自身使命时,ISQ 明确指出,学校检查的目的是根据学校质量行动框架,“以数据为基础确定每所学校的优势和发展需求,促进学校质量的进一步发展”②。从评价程序的角度看,检查组不仅要在检查报告中明确指

① Bayerisches Landesamt für Schule. Das bayerische Qualitätstableau Bayern macht gute Schule[Z]. http://www.isb.bayern.de/schulartuebergreifendes/qualitaetssicherung-schulentwicklung/evaluation/externe_evaluation/was_wird_evaluiert/

② https://www.berlin.de/sen/bildung/unterstuetzung/schulinspektion/ueber-uns-670058.php

出被检查学校的优势，还要具体指出学校存在的不足，并针对这些不足提出建议，以帮助学校改进工作。被检查学校要在对检查结果进行审慎反思的基础上，采取改进措施，促进学校发展。总之，提高学校教育质量是柏林第三方学校检查的主要目的。与柏林的学校检查一样，巴伐利亚州职业学校教育质量第三方评价的首要功能同样是改进质量。ISB 指出，外部评价的目的在于帮助被评价学校了解自己的优势，确定自己的不足，以判断如何采取下一步的改进行动。对于学校监督而言，可以以评价报告的信息为基础进行决策，以决定应该为学校提供什么样的支持以及如何提供支持。

第八章　国外职业教育专业质量第三方评价制度研究

专业是职业院校人才培养工作最基本的组织单位。因此,专业评价是职业教育评价的重要组成部分。与职业院校评价一样,在专业评价领域,第三方评价机构是一支重要力量。从发展现状来看,在职业教育领域,与面向院校的第三方评价相比,面向专业的第三方评价由于已经开启了国际化征程[①]而更为引人注目。本章将对美国和荷兰两个国家的职业教育专业质量第三方评价制度加以讨论。

第一节　美国职业教育专业质量第三方认证制度

与职业院校层面的认证一样,美国同样有多家第三方机构开展专业认证。这里仅以美国专业认证和工程技术教育领域最有影响力且认证专业数量最多的认证机构——美国工程与技术认证委员会(Accreditation Board for Engineer and Technology,ABET)开展的工程技术教育副学士学位层次专业认证为例,探讨美国职业教育专业认证制度。

之所以作此选择,主要原因如下:第一,尽管《现代职业教育体系建

① 2001年,美国、澳大利亚、南非等8个国家以及我国的香港和台湾地区签署了《悉尼协议》,开始对高职工程技术专业进行第三方国际认证。

设规划(2014—2020年)》明确表示要："鼓励举办应用技术类型高校，将其建设成为直接服务区域经济社会发展，以举办本科职业教育为重点，融职业教育、高等教育和继续教育于一体的新型大学。"①但在可预见的一段时间里，专科层次的高等职业教育仍将是我国高职的主体，至少是我国高职的重要组成部分。第二，ABET副学士学位层次工程技术教育专业与我国专科层次高职专业从形式和内容上都比较接近。从形式上讲，ABET工程技术副学士学位专业是学制两年，对应学位为低于学士学位的副学士。这与我国专科层次高职较为一致。从内容上看，两者也颇为相近。ABET专业认证由四个认证委员会执行。这四个认证委员会分别为应用与自然科学认证委员会(Applied and Natural Science Accreditation Commission，ANSAC)、计算科学认证委员会(Computing Accreditation Commission，CAC)、工程认证委员会(Engineering Accreditation Commission，EAC)和工程技术认证委员会(Engineering Technology Accreditation Commission，ETAC)。其中，工程认证委员会负责对工程类专业进行认证，工程技术认证委员会则承担工程技术类专业的认证工作。ABET认为，工程专业和工程技术专业虽然有着密切关系，但两者存在如下重要差异。一是课程不同。工程专业的课程侧重于理论和概念设计，而工程技术专业则侧重于应用和实施。例如，工程一般需要额外的、更高水平的数学，包括多学期的微积分课程以及以微积分为基础的理论科学课程。工程技术专业则更关注代数、三角学、应用微积分和比理论性科学课程更实用的科学课程。二是职业道路不同。工程专业的毕业生被称为工程师，他们通常从事的是概念设计或研究与发展的入门级工作。四年制工程技术专业的毕业生被称为技术专家，两年制工程技术专业的毕业生被称为技术员。这些人员最有可能进入建筑、制造、产品设计、测试或技术服务

① 现代职业教育体系建设规划(2014-2020年)[EB/OL].[2018-02-12]. http://jnjd.mca.gov.cn/article/zyjd/zcwj/201406/20140600660060.shtml

和销售等领域。[①] 这些论述表明，工程技术专业与我国高等职业教育专业的定位高度一致。其中，四年制工程技术专业与应用技术本科四年制专业类似，两年制工程技术专业与我国专科层次的高职专业较为一致。第三，近年来，为了推动本科层次职业教育的发展，学者们已经对 ABET 四年制工程技术类专业认证标准进行了研究，并取得了一定成果。

一、认证主体

ABET 的前身是由美国土木工程师学会（ASCE）、美国机械工程师学会（ASME）等七个工程学会在 1932 年成立的工程师专业发展委员会（the Engineers' Council for Professional Development，ECPD）。1936 年，ECPD 正式开启了工程专业认证工作。十年后，ECPD 开始对工程技术专业进行认证。1980 年，ECPD 更名为工程和技术认证委员会。从性质上看，ABET 是一个获得 ISO 9001:2015 认证的非政府且不以营利为目的的会员组织。目前，ABET 由 36 个会员协会（学会）组成。

在组织结构上，ABET 设有董事会（Board of Directors）、代表委员会（Board of Delegates）、领域代表团（Area Delegations）和认证委员会（Accreditation Commissions）。董事会是 ABET 的管理机构，负责战略规划、财务监督、对外关系以及认证申诉的最终审查。代表委员会的职责是批准认证的政策、程序、认证标准中的通用标准和认证委员会的组织。领域代表团负责批准认证标准中的专业标准，选择认证委员会成员。认证委员会承担具体的专业认证工作。其中工程技术专业认证委员会负责两年制（副学士学位）和四年制（学士学位）工程技术专业的认证工作，并做出认证决定。

---

① ENGINEERING VS. ENGINEERING TECHNOLOGY[EB/OL].[2018-2-12]. http://www.abet.org/accreditation/new-to-accreditation/engineering-vs-engineering-technology/

在认证的实施上,ABET 对各专业的认证都需要组建同行认证小组,对相关专业开展认证。同行认证小组至少包括 3 人,由 2 名评价员和 1 名小组主席组成。按照规定,评价员应满足下述资格要求:(1)具有 A-BET 会员协会的会员资格;(2)至少拥有特定专业领域的学士学位;(3)满足 ABET 对评价员的知识、技能和态度要求,即符合评价员能力模型的要求;(4)有足够的时间参与与认证有关的活动。① 一般来说,一名满足资格要求的专业人士需要向所属协会提出申请,并获得所属协会提名后才能成为评价员的候选人。评价员候选人需参加 12~20 小时的在线培训,完成相应测试,并接受为期一天半的面对面培训,才能正式成为评价员。为了确保培训效果,每位评价员候选人都会从其所属协会中分配一名导师,在评价员候选人培训过程中提供支持和帮助。此外,评价员每五年必须完成 2~3 小时的在线重新认证培训。评价员在进入同行认证小组前往学校进行实地访问之前,还需要以在线形式接受访问前培训。目前,ABET 拥有 2200 多名评价员,这些评价员都是来自行业、学术界或政府部门的专业人员。

二、认证程序

ABET 两年制工程技术专业的认证周期为六年。在一个周期内,认证的典型过程可以分为五个步骤。第一步是准备工作审查(readiness review)。如果一个专业拟接受的是初始认证(initial accreditation),而且该专业所在高等学校没有已经被 ABET 工程技术认证委员会认证的两年制工程技术专业,那么,该专业在提交正式的评价申请(request for evaluation)之前,应对本专业的认证准备工作进行审查,在线填写一份准备工作审查申请,并在正式提交评价申请的前一年 10 月 1 日之前提交准备工

① How to Become a PEV[EB/OL]. https://www.abet.org/program-evaluators/become-a-program-evaluator/how-to-become-a-pev/

作审查报告。与准备工作审查报告同时提交的还有最近一次毕业生正式成绩单的扫描件。ABET 将根据高等学校提交的材料,或建议该专业在即将到来的认证审核周期中提交评价申请,或建议推迟提交评价申请,或建议不要在即将到来的认证周期中提交评价申请。但 ABET 提供的只是"建议",而非"决定"。从功能上来说,准备工作审查类似于初审活动,其目的是确保拟接受认证的专业在为实地考察投入时间和资源之前为认证工作做好准备。

准备工作审查之所以必要是因为工程技术认证委员会对认证对象有资格要求。通常情况下,工程技术认证委员会所认证的专业必须满足以下条件:(1)专业名称含有"工程"和"技术"字样,且"技术"直接置于"工程"之后。(2)专业名称与专业内容是一致的。(3)在毕业生成绩单、专业所在高等学校的电子和印刷体出版物以及正式提交的评价申请中,该专业的名称是相同的。(4)对于拟接受初始认证的专业来说,在实地考察的前一年,该专业至少应该有一名毕业生。(5)工程技术认证委员会只对可授予学位的专业进行认证。

第二步:提交正式的认证申请(request evaluation)。如果通过了准备工作审查,那么拟接受认证专业所在高等学校需要在 1 月 31 日之前提交一份由学校负责人(如校长等)签署的正式申请以及拟接受认证专业最近一年毕业生的官方成绩单。在工程技术认证委员会七月召开会议之前,高等学校可以修改或撤回认证申请。认证委员会将确定实地考察时间,并组成审核小组。

第三步:提交自我调查(self study)报告。自我调查报告是接受认证的专业用来证明该专业符合所有适用的 ABET 标准和政策的主要文件。根据规定,在正式认证申请提交后,接受认证的专业务必在 7 月 1 日之前向 ABET 总部提交一份完整的自我调查报告,向其认证审核小组的每个成员提供报告副本。认证审核小组将对自我调查报告进行审查,以判断该专业是否符合认证标准。

第四步:实地访问(on-site visit)。实地访问是指工程技术认证委员会委派认证审核小组前往高等学校对接受认证的专业进行现场访问。实地访问时间由接受认证专业所在高等学校的代表与审核小组主席商定。通常情况下,实地访问在 9 月至 12 月之间进行。考察一般会持续三天(通常是周日到周二)。在实地访问过程中,被考察专业应提供各种材料,如技术课程中每门课程的教科书、课程大纲、学生的作业和评估材料等。认证审核小组将核实自我调查报告中提供的信息,对自我调查报告在审查过程中发现的问题进行调查,面对面访谈学生、教师、管理员和工作人员,查看高等学校提供的教科书等各种材料,参观教室、实验室和其他重要设施,确定是否与 ABET 标准和政策相符合,帮助每个被审查专业明确其强项和弱点,分享改进建议或交流最佳实践,召开会议传达认证审核小组的发现。

第五步:法定程序(due process)和认证决定(accreditation decision)。法定程序是实地访问结束之后、工程技术认证委员会授予最终认证决定之前的一种程序安排。在实地访问完成后,工程技术认证委员会需要准备并向被考察专业所在高等学校发送一份声明草案(draft statement),其主要内容包括:关于被考察专业的一般信息、专业的强项和详细弱点以及与认证决定没有直接关联但是能帮助改进和提高专业的建议和评论。收到声明草案后的 30 天为法定程序响应期。在此期间,被考察专业所在高等学校可以与 ABET 联系,阐述被考察专业围绕声明草案中所发现的缺陷所采取的改进和修正措施。

在接收到高等学校的回应之后,认证审核小组主席将准备一份最终声明。工程技术认证委员会将由相关人员对最终声明进行编辑,并以此为基础做出认证决定。总的来说,认证决定包括三种类型:一是通过认证。通过认证的决定,其有效期为 2~6 年。如果认证标准都得到了满足,则该专业能获得长达 6 年的认证有效期。如果存在缺陷(deficiency)或弱点(weakness),则认证有效期通常为 2 年。在 2 年有效期内,该专业需要采取有力措施持续改进缺陷或弱点。在有效期满之后,需要再次提交中期报告或者接受实地考察。认证委员会会根据中期报告和实地考察结果，做出进一步决定。二是不予认证。如果一个专业存在的缺陷(deficiency)一直未能得到改进，以至于该专业不符合认证标准要求，则认证委员会会做出不予认证的决定。对于不予认证的专业，其所在的高等学校可以在接到 ABET 官方不予认证的决定后的 30 个工作日内，请求 ABET 立即进行二次访问(immediate revisit)或者重新考虑不予认证的结论。三是终止认证(terminate)。这项决定通常是应高等学校的要求而做出的。高等学校之所以会请求终止认证，是因为高等学校有时会要求将认证扩大到一个正在逐步淘汰的专业，旨在为该专业在校生提供认证服务。

三、认证标准

工程技术专业认证标准包括通用标准(general criteria)和专业标准(program criteria)。通用标准适用于工程技术认证委员会认证的所有两年制的工程技术专业。由工程技术认证委员会认证的每个两年制工程技术专业必须满足该委员会通用标准中的每个标准。通用标准包含学生、专业培养目标(program educational objectives)、毕业标准(student outcomes)、持续改进(continuous improvement)、课程(curriculum)、教师(teacher)、设施(facilities)和学校支持(institutional support)八个方面标准。专业标准是针对特定专业群的认证标准。在副学士学位层次上，ABET 对航空工程技术等 24 个专业群进行认证。在这 24 个专业群中，仅有 1 个专业只提供了通用标准，没有专门的专业标准，其余 23 个专业群都在通用标准之外提供了专业标准。专业标准通常包括专业标准适用的专业范围(applicability)、培养目标(objectives)和毕业标准(outcomes)三个部分。也有部分专业群在专业标准中增加了关于课程和教师的规定。

(一)通用标准

1. 学生。所谓“学生”是指接受认证的专业在学生方面应具有的政策和应尽的义务。根据标准要求，专业应尽的义务有：应对学生的表现进行评价；必须监控学生的学习进程，以促进学生获得成功，从而使毕业生达到专业培养目标要求；必须向学生提供与课程和职业事务有关的建议或咨询；必须具有并强化旨在确保学生达到所有毕业标准的保障程序和记录。专业应制定并执行的相关政策包括：接受新生和转校生的政策；对在其他学校所修课程学分和在本校以工代学所获学分的认可政策等。

2. 专业培养目标。所谓专业培养目标不是指学生毕业时应达到的要求，而是对学生毕业若干年后能获得的成就的一般描述。作为通用标准的一部分，ABET 对专业培养目标的规定并不具体，只是要求接受认证的专业的培养目标应与学校使命和专业利益相关者的需要一致。为确保这种一致性，接受认证的专业应具有一套有文件记录且得到系统化应用的有效程序以对专业培养目标进行定期审核。

3. 毕业标准。毕业标准描述了学生毕业时的应知应会。在副学士学位专业上，学生的毕业标准应包括但不限于以下学习能力：(1)将该学科的知识、技术、技能和现代工具应用于狭义工程技术活动(指涉及有限资源、以新方法对常规工艺和材料的使用以及需要基本操作过程知识的工程技术活动)的能力；(2)将数学、科学、工程和技术方面的知识应用于需要有限原理应用和广泛实践知识工程技术问题的能力；(3)开展标准测试和测量以及开展、分析和解释实验的能力；(4)作为技术团队成员有效履行职责的能力；(5)识别、分析和解决狭义工程技术问题的能力；(6)在技术和非技术环境中应用书面、口头和图形交流的能力以及识别和使用适当技术文献的能力；(7)能够认识到自主持续专业发展的意义并具有参与其中的能力；(8)理解并恪守专业和伦理责任，包括对多样性的尊重；(9)恪守对质量、时效性和持续改进的承诺。

4. 持续改进。接受认证的专业必须定期使用适当的、有记录的程序就学生对毕业标准的达成程度进行评价和评估，并将评价结果及其他信息系统地运用于专业的持续改进之中。

5. 课程。为支持学生有效达成毕业标准，实现专业培养目标，工程技术专业应有效开发下述学科领域。(1)数学。接受认证的专业应发展学生应用数学去解决技术问题的能力。副学士学位专业的数学课程至少应包括与毕业标准和专业培养目标相符的代数学和三角学。(2)技术课程。技术课程应聚焦于科学和工程的应用,且符合以下要求:第一,技术课程的学时占专业总学时的比例不能低于1/3且不能高于2/3。第二,必须包括一门技术核心课程,为学生在后续课程中学习日益复杂的专门技术领域做好准备。第三,培养学生使用本学科常用设备和工具的能力。(3)物理和自然科学。工程技术专业必须包括与本专业领域相符且与实验相结合的物理学和自然科学课程。(4)合作教育。在接受认证的专业中,若通过合作教育或实习等类似经历获得学分,则学分的获得必须建立在本专业教师对相应理论部分内容进行评价的基础上。(5)咨询委员会。由毕业生所在组织代表组成的咨询委员会必须定期审查专业的课程,并就专业培养目标的确立、审核和修订提出建议。咨询委员会必须就接受认证专业技术领域的当前和未来方面提出建议。

6. 教师。每一位专业教师必须具备与专业对教师的期望相一致的专业知识和教育背景,必须具有足够的广度和深度(从教育、专业证书和文凭、专业经验、持续的专业发展、对专业领域的贡献、教学效能和沟通技能等方面进行考察)以胜任专业领域内所有课程的教学工作。接受认证的专业必须有足够数量的教师以保持连续性、稳定性、监督、师生互动和提出建议。教师必须有足够的责任和权利;通过修订专业培养目标和毕业标准,实施对专业的调查促进毕业标准的达成,提高专业水平。

7. 设施。接受认证的专业必须拥有足够的教室、办公室、实验室和相关设备,为学生达到毕业标准提供支持,为学生提供一个有益的学习氛围。接受认证的专业应提供可使用的现代化的工具、设备、计算资源和实验室,并对其进行系统维护和更新,以确保其满足专业需求。必须为学生提供有关工具、设备、计算资源和实验室等使用方面的指导。图书馆服务以及计算和信息基础设施必须足以支持学生和教师的学术和专业活动。

8. 学校支持。学校应向接受认证的专业提供充分的领导力和学校服务、财政支持、教职员工等方面的支持,以确保专业教育质量和持续发展。

一方面,学校应向接受认证的专业提供足够的资源以吸引和留住教师,并支持该专业合格教师的持续发展。另一方面,学校应提供充足的资源用以购买、维护和运行专业所需的设施设备,并为学生顺利达到毕业标准提供适宜环境。

(二)专业标准

在 ABET 副学位层次专业认证中,有 23 个专业群提供了专业标准。专业标准是部分通用标准在特定专业群领域的具体化。这里仅以建筑工程技术专业群(Construction Engineering Technology and Similarly Named Programs)和环境工程技术专业群(Environmental Engineering Technology and Similarly Named Programs)的专业标准为例,来说明工程技术专业副学士学位的专业标准。

表 8-1　建筑工程技术专业群的专业标准

项目	副学士学位	学士学位
目标	具有建造、测试、操作和维护建筑物和基础设施的技能以及利用基本建设文件参与建造活动的能力	具备对工程项目方法和材料进行详细说明、开展成本估算和分析和管理建筑活动的能力
毕业标准	(1)使用适当的方法管理和评价建筑合同、文件和规则 (2)估算建筑项目成本、数量和评价建筑项目材料的能力 (3)利用适合于施工现场、实验室和办公室工作的测量方法和软硬件的能力 (4)在建筑工程的分支学科中应用基础计算方法和基本分析技术	(1)副学士学位毕业生的毕业标准 (2)编制并使用设计、施工和运营文件 (3)进行与建筑工程相关系统的设计、建造和维护相关的经济分析和成本估算 (4)选择适当的建筑材料和做法 (5)使用建筑管理、法律和道德的适当原则 (6)在建筑工程至少一个分支学科中进行标准分析和设计

资料来源:ABET　Engineering Technology Accreditation Commission. CRITERIA FOR ACCREDITING ENGINEERING TECHNOLOGY PROGRAMS[EB/OL].[2018-2-12]. http://www.abet.org/wp-content/uploads/2017/12/T001-18-19-ETAC-Criteria-12-21-17-Final.pdf. 12-13.

从内容来看,在副学士学位层次上,建筑工程技术专业群对毕业生的要求主要是强调技能和建造活动的参与能力。也就是说,该专业群对毕业生的要求是具有较强的建筑现场的工作能力。相比而言,学士学位层次的要求更高。建筑工程技术专业群学士学位层次毕业生除了要达到副学士学位层次的标准之外,还另有五个方面的标准。新增的五个标准具有鲜明的特色:一是在建筑设计、施工和运营等方面的文件上,不再仅仅满足于管理和评价,而是要求能够设计;二是在成本估算方面,对象不再是建筑项目,而是建筑系统;三是学士学位层次毕业生应能在职业活动中应用相关的管理、法律和道德规范。也就是说,学士学位毕业生则在建筑活动的理论基础和管理方面有更高的要求。

表 8-2　环境工程技术专业群的专业标准

项目	副学士学位	学士学位学位
目标	毕业生应了解与环境法规有关的公共和私营组织的作用和责任,应能开展专业实践并协助项目管理。副学士学位毕业生一般应有应用技能	毕业生应了解与环境法规有关的公共和私营组织的作用和责任,应能开展专业实践并协助项目管理。学士学位毕业生应对工程原理在问题解决和工程系统设计方面的应用和数学、物理、化学和生物学的现场应用有更深的理解和能力
毕业标准	(1)进行环境介质取样	(1)达到副学士学位的毕业标准
	(2)进行环境参数的现场和实验室测量,包括使用与环境技术相适应的常用工具和设备	(2)应用概率和统计开展数据测量和风险分析
	(3)在取样和测量中应用质量控制方法,并利用基本统计技术分析结果;准备报告以充分描述环境取样和测量的结果	(3)制定流程和物料平衡
	(4)解释一系列用于环境控制的单元过程的操作原则	(4)将生物学、化学和物理学的原理应用于与项目目标相关的情境

续表

项目	副学士学位	学士学位学位
毕业标准	(5)执行 CAD 和 GIS 操作，并将其应用于解决工程问题	(5)设计污染防治和废物处理的基本单元过程

资料来源：ABET Engineering Technology Accreditation Commission. CRITERIA FOR ACCREDITING ENGINEERING TECHNOLOGY PROGRAMS[EB/OL].[2018-2-12]. http://www.abet.org/wp-content/uploads/2017/12/T001-18-19-ETAC-Criteria-12-21-17-Final.pdf. 31-32.

从表 8-2 不难看出，环境工程技术专业群副学士学位层次毕业生主要素质要求是有应用技能，学士学位则要求毕业生达到副学士学位的要求之外，还应具有较强的应用科学知识和工程原理于工程技术活动的能力。

四、认证功能

(一)质量证明

ABET 在谈到自己的专业认证时认为 ABET 的专业认证对于学生、学校和专业都是“有价值的凭据”。换句话说，ABET 的专业认证能够给学生、学校和专业提供一种“证明”。具体而言，对于学生来说，一个专业通过 ABET 认证表明：(1)毕业生的教育经历达到了所学专业的全球标准；(2)毕业生达到进入相应行业所必需的教育要求；(3)增加了毕业生的就业机会，因为跨国公司更愿意雇佣毕业于获得认证的专业的毕业生，许多技术型行业要求应聘者毕业于获得 ABET 认证的专业；(4)为学生在全球范围内就业铺平了道路，因为 ABET 认证通过国际协议等方式获得了国际性的承认。对于学校和专业而言，通过 ABET 专业认证说明该专业的质量获得了国际认可，表明该专业促进了教育领域的“最佳实践”[①]。一句话，ABET 专业认证证明所认证专业是质量可靠的专业，证明了该专业的毕业生是素质过硬的毕业生。

（二）质量改进

ABET 专业认证的确具有证明的功能，但其核心目的是为学校和专业的质量决策提供信息，从而帮助接受认证的专业持续改进实践，以实现专业质量的持续提高。事实上，在论及认证的价值时，ABET 明确指出，ABET 专业认证让教职员工直接参与到自我评估和质量的持续改进过程之中，为行业提供了指导教育过程的机会，以反映当前和未来需求。[②] 这些都说明，认证具有帮助专业改进质量的功能。虽然 ABET 并没有明示帮助专业持续改进是专业认证的灵魂，但其制度设计却充分说明了这一点。

这首先体现在认证程序之中。从前文论及的认证程序来看，认证虽然分为多个步骤，但从认证的最开始一直到最后，接受认证的专业及其所在教育机构都全程深度参与了认证过程，并且这种参与并不是被动的“配合调查”，而是与认证机构之间开展广泛交流和互动。在认证过程中，ABET 会就认证结果与专业所在学校之间反复沟通，反复对考察结果中的缺陷、不足或强项进行沟通。沟通的目的并不是简单地“告知”考察结果，而是通过交流与沟通，确认这些结论的真实性和准确性，从而引导高等学校和专业改进。除此之外，对于那些认证有效期只有 2 年的专业而言，在 2 年有效期满后，如果想继续获得认证，还需要提交中期报告或申请中期考察，以使 ABET 对专业的改进情况有所了解。即使认证委员会做出的结论是“不予认证”，高等学校和专业也可以在实质性地采取了改进措施的基础上，要求二次考察或重新考虑认证结论。这种复杂的制度设计说明，在 ABET 两年制工程技术专业认证制度的背后，认证被看作

---

① Accreditation Adds Value. [EB/OL] https://www.abet.org/accreditation/what-is-accreditation/why-abet-accreditation-matters/

② Accreditation Adds Value. [EB/OL] https://www.abet.org/accreditation/what-is-accreditation/why-abet-accreditation-matters/

向高等学校和专业提供信息以帮助改进专业实践的活动。事实上,这也体现在认证标准中。在认证标准的通用标准中,“持续改进”就是八大标准之一。

第二节 荷兰高职教育专业质量第三方评价制度

1993 年,荷兰颁布《高等教育和研究法》(Higher Education and Research Act)。根据《高等教育和研究法》的规定,荷兰应用技术大学旨在为特定职业提供理论教学和实践技能。在专业设置上,应用技术大学不仅设置学士学位专业,而且开办副学士学位专业。1990 年,荷兰正式开始对应用技术大学的专业进行评价。2002 年,在引进认证理念之后,荷兰开始对应用技术大学的专业开始认证。这里将对由 NVAO 实施的面向应用技术大学专业的认证进行阐述。

一、认证主体

荷兰高等教育领域的专业评价以认证形式展开。2002 年,荷兰正式引进了专业认证,具体的认证工作由荷兰认证组织(Netherlands Accreditation Organization,NAO)实施。2003 年,荷兰与比利时弗兰德地区政府签署了一项关于荷兰和弗兰德高等教育专业认证的协议,荷兰认证组织被改组为荷兰与弗兰德地区认证组织(Accreditation Organisation of the Netherlands and Flanders,NVAO)。因此,NVAO 是一个以国际条约为基础的机构。2005 年,根据荷兰公共法,NVAO 获得了独立法人地位。因此,就其自身性质而言,NVAO 是一个非政府的独立机构。作为一个专业和独立的质量保证机构,NVAO 主要任务是以认证作为基本手段,保证荷兰和弗兰德地区高等教育质量,在荷兰和弗兰德地区高等教育机构内推广质量文化。

NVAO 设有董事会。董事会由高等教育领域、高等教育专业实践、科学或学术研究、质量保障等领域的专家组成,最多由 15 名成员组成。董事会成员的任期为 4 年,由部长委员会(荷兰和弗兰德地区负责高等教育的部长)任命。董事会除了要处理自身的战略政策、预算和年度账目等工作之外,还要确定荷兰和弗兰德地区质量保障体系的发展、评价框架、院校和专业的评价报告、被评价院校或专业对评价结果的申诉等。NVAO 的日常管理由执行委员会和管理团队负责。

NVAO 对高等职业教育领域的评价主要分为两种:一是对应用技术大学进行的机构审计(institutional audit),二是对副学士学位专业进行认证。其专业认证既包括对新专业的初始认证,也包括对现有专业(existing programme)的认证。按照规定,所有专业每 6 年必须接受一次认证。

NVAO 专业认证的具体实施由一个专家组承担。专家组成员名单由被评价院校或专业在实地考察之前的三个月向 NVAO 提出申请。提交申请时,不仅要附上专家组成员的最新简历,还要附上论证表、独立性表。NVAO 在收到申请后一个月内根据欧洲高等教育区质量保证标准和准则对专家组成员进行审查,并批准专家组组成方案。一般来说,专家组成员应是相关学科、教育、专业领域、质量保障和学生事务等方面的专家。

为了确保评价的公正性,专家组成员还应具备下述条件:至少五年来,与被评价机构没有直接或间接的联系;不受被评价机构的雇佣,与被评价机构没有商业利益关联;至少五年来,没有为被评价机构和专业的利益开展咨询工作。此外,作为一个整体,专家组还应具备学生评价和国际化方面的专业知识和经历。专家组设有一名秘书和一位主席。不论是秘书还是主席都需要接受专门的培训。

二、认证程序

NVAO 专业认证的基本程序见图 8-1。

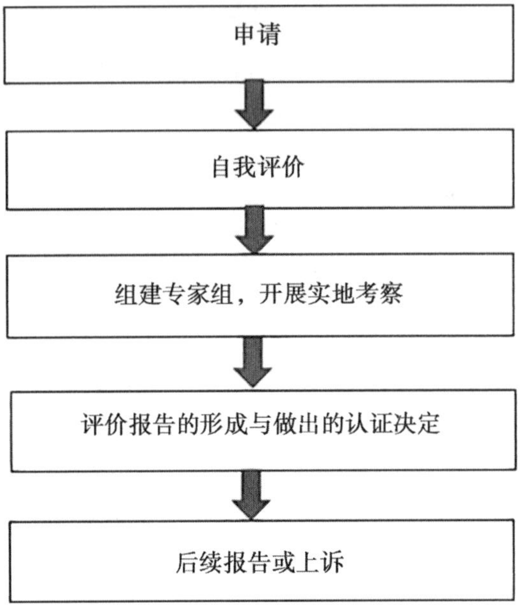

图 8-1　NVAO 现有专业认证程序①

第一步,申请。获得初始认证并希望作为现有专业获得认证的专业需要在规定日期向 NVAO 提交认证申请。NVAO 将认证系统涵盖的所有专业进行分组,并根据被评价专业所在院校的建议将新申请进行认证的专业划分到相应组别。

第二步,自我评价。申请认证的专业需要进行自我评价,起草并提交一份自我评价报告,阐述专业的优势和弱项。在自我评价报告后面,该专业可以以附录形式提供与课程设置/内容、教职工队伍组成、教学和考试

① NVAO. ASSESSMENT FRAMEWORK FOR THE HIGHER EDUCATION ACCREDITATION SYSTEM OF THE NETHERLANDS[Z]. 2018. 40-44.

规则等方面的资料。对于已经获得现有专业认证的专业来说,需要直接在规定日期前向 NVAO 提交自我评价报告。逾期不交的专业则会被取消认证资格。

第三步,组建专家组,开展实地考察。NVAO 与被评价院校合作,按照相关的标准,组建包括一名学生在内的四人专家组,并配备一名秘书。专家组成员与秘书都要签署独立宣言,以确保评价工作的独立性和公正性。

筹组完毕后,专家组成员要在评价方法上达成一致,并对被评价专业的相关资料进行审查。随后召开专家组内部会议,就被评价专业的相关信息和基本文件进行讨论。秘书解释评价框架、程序和专家组成员在实地考察期间应该具备的态度。此外,专家组要确定实地考察期间将向访谈对象提出的问题。

然后,专家组要对被评价院校进行实地考察。实地考察一般为期一天。在实地考察期间,专家组要对学生和教职工进行访谈,但对两者的访谈要分开进行。此外,专家组要与专业进行发展性对话,即从发展的角度对专业可能做出的改进进行讨论。

对于不在访谈计划之列的学生、教职工和专业的其他利益相关者,专家组会在实地考察之前或期间为他们提供一个机会,使他们能够提请专家组注意他们认为对评价重要的事项。

第四步,评价报告的形成与做出认证决定。专家组要根据自我评价报告和实地考察结果,撰写评价报告。评价报告应包括简短的摘要、被评价专业在每一项评价标准和整体方面的优势和需要改进的要点、被评价专业在每一项标准上的得分和一个经过加权形成的总分。

评价报告初稿形成后,经专家组成员同意,专家组主席将批准报告初稿,并将报告初稿反馈给被评价院校。该院校有两个星期的时间对报告初稿进行反馈,以澄清任何事实上的错漏。在吸收被评价院校的意见并经专家组全体成员同意后,主席批准并向 NVAO 提交最终报告。NVAO 根据评价报告做出认证决定。认证决定包括三种:肯定、有条件肯定和否定。

第五步,后续报告或上诉。如果被评价专业获得“有条件肯定”的认证结论,则其所在院校必须制定改进计划,并连同专家组的改进建议一起在规定日期之前提交给 NVAO。NVAO 将对“有条件肯定”的“条件”和专业必须满足这些条件的期限进行设定。一般来说,最长期限为两年。在期限届满之前,被评价院校需要重新接受评价。若重新评价结果为“肯定”,则保留其现有专业的认证。反之,则撤回对其现有专业认证。

被评价院校若对评价结论不满意,可以在六个星期内向 NVAO 提出上诉。NVAO 将在收到上诉后的十二星期内做出决定,并以书面形式传达给被评价院校。如果被评价院校就 NVAO 对上诉的处理决定不满意,还可以向国务委员会行政司法部门(the Administrative Judicial Division of the Council of State)提出上诉。

三、认证标准

NVAO 现有专业认证的标准共计 11 项,其具体名称和基本含义见表 8-3。

表 8-3　NVAO 现有专业的认证标准①

序号	标准	含义
1	预期的学习成果	预期的学习成果与该专业的水平和方向相关,符合专业领域、学科和国际要求的期望
2	课程方向	课程使学生掌握适当的专业研究和专业技能
3	课程内容	课程内容使学生能够达到预期的学习成果
4	课程的学习环境	课程结构鼓励学习,并有助于学生达到预期的学习成果

① NVAO. ASSESSMENT FRAMEWORK FOR THE HIGHER EDUCATION ACCREDITATION SYSTEM OF THE NETHERLANDS[Z]. 2018. 36-38.

续表

序号	标准	含义
5	录取	入学学生的资格要求与课程、专业预期学习成果相匹配
6	教职员工	教职工团队规模足够,且在所教专业的知识储备和教育专业方面都具备课程实施的资格
7	设施	食宿和物质设施(基础设施)足以实现课程
8	辅导	向学生提供适当辅导和充分信息有利于学生学习进步,符合学生的需要
9	质量保证	该专业具有明确且得到广泛支持的质量保证体系,弘扬质量文化,并有发展的重点
10	学生评估	该专业具有适当的学生评估系统
11	取得的学习成果	学生实现了预期学习成果

标准1:预期的学习成果。预期学习成果与荷兰资格框架中专业教育方向副学位层次水平要求相一致,与专业领域、区域、国家或国际要求相一致,与相关法律法规要求相一致,专业设置的出发点与教育理念和院校概况相吻合。预期的学习成果被定期评估。

标准2:课程方向。课程与专业教育的定位相一致,与副学士学位层次要求相一致,与专业领域国际发展、要求和期望相一致。

标准3:课程内容。预期学习成果已经被充分转化为课程(各组成部分)的教育目标。课程内容与课程目标相一致。

标准4:课程的学习环境。课程设计有助于实现预期学习成果。教学环境鼓励学生在设计自己的学习过程中扮演积极角色。学习环境的设计符合学校教育理念。如果该专业用荷兰语以外的语言授课或者带有外语名称,则该专业必须证明其选择是正确的。

标准5:录取。从预期学习成果的角度看,现行的入学要求是切合实际的。

标准6:教职员工。在数量上,有足够的教职员工教授课程和辅导学生。在素质上,教师在所教内容、教学能力、语言能力的方面足以满足课程实施的要求。

标准7:设施。课程和设施的安排与预期的学习成果和教学环境相符。

标准8:辅导。学生接受适当的辅导,该专业提供的信息是足够的。

标准9:质量保证。该专业会开展适当的测量和评价活动,定期组织有效的反馈,以促进发展和改进。专业委员会、考试委员会、教职工、学生、校友和相关专业领域积极参与专业的内部质量保证。专业的设计过程、认可和质量保证均符合欧洲标准和准则。该专业会发布有关其质量的准确、可靠的信息

标准10:学生评估。该专业的学生评估是有效、可靠和足够独立的。考试的质量达到法定标准,并得到充分保障。测试支持了学生的学习过程。考试委员会行使了其法定权利。

标准11:取得的学习成果。测试结果、毕业生在实践领域的表现证明等表明,预期的学习成果实现了。

四、评价功能

(一)质量保证和质量改进

NVAO在阐述其使命时,明确指出NVAO是一个质量保证组织。其目的是对院校和专业的质量进行监控,在院校内部推广质量文化,对院校和专业的质量保证进行评价,以帮助院校和专业改进工作,保证和提高质量。从评价程序的角度看,在认证过程中,被评价的专业不仅需要开展自我评价,而且在实地考察期间要与专家组就专业可能做出哪些改进进行讨论。对于获得“有条件肯定”结论的专业,还需要制定改进计划,并连同专家组提出的改进意见一起提交给NVAO。从评价标准来看,第一项标准是预期的学习成果,这本质上就是专业人才培养目标。最后一项标

准是“取得的学习成果”,就是对人才培养目标的实现情况进行考察。其余9项标准都是围绕着专业人才培养目标的实现过程来设计的。也就是说,如果被评价专业在这9项标准上表现良好,则说明该专业质量就有了最充分的保证。

(二)质量证明

NVAO的专业认证还具有质量证明的功能。从评价标准上看,专业认证工作是要对专业人才培养目标的实现情况进行考察,这本质上就是对专业人才培养质量进行鉴定。从认证结果的使用看,如果专业获得了“肯定”这一评价结论,说明专业质量满足要求,被评价院校则可以将这一结论通知荷兰教育部,在高等教育专业中央注册处(Central Register of Higher Education Programmes)进行注册,从而能够合法开设这一专业。

结束语:我国职业教育质量第三方评价制度的建设研究

建立健全第三方评价制度,积极发展第三方评价已经成为我国政府部门、职业教育学术研究人员和实践工作者的共识。但是,完善职业教育质量第三方评价制度需要先行澄清两个问题,一是我们应该发展一个什么样的第三方评价制度?或者说,什么样的第三方评价制度才是好的或者理想的制度?这一问题得不到清晰的回答,则职业教育质量第三方评价制度的建设目标就不清晰。没有清晰的建设目标,建设实践就会出现混乱。二是我们应该如何建设第三方评价制度?这一问题得不到较为系统地回答,意味着人们对职业教育质量第三方评价制度建设的内容和方式缺乏系统思考。相应地,职业教育质量第三方评价制度的建设实践就会无序。

一、职业教育质量第三方评价制度的初步构想

(一)建立功能多样的第三方评价制度

制度的结构决定其功能。但制度建构的逻辑却是先确定制度功能,并依据功能构建制度的结构。职业教育质量第三方评价制度的建构也不例外。从教育评价改革发展的历史实践和未来趋势来看,功能多样化是教育评价特别是外部评价改革发展应该坚持并发展的一个基本原则。

一般地,自“教育评价”概念诞生以来,教育评价理论被划分为三个

阶段,即描述时代、判断时代和建构时代。事实上,这一划分也可以视为对教育评价实践发展阶段的划分。原因在于,每个时代的教育评价理论都是来源于新的教育评价实践与原有的教育评价理论之间的矛盾冲突。尽管教育评价理论和实践可以划分为上述三个阶段,且这三个阶段之间确实存在一些重要差别,但是,这三个阶段的共同点在于,评价功能都是多样化的,而不是单一的。泰勒于20世纪40年代提出了“教育评价”这一概念,并建构了历史上第一个教育评价模式——目标模式。学术界一般认为,在泰勒那里,评价就是描述教育结果与教育目标的一致性程度。因此,泰勒模式占据主导地位的时期被称为“描述时代”。人们认为,按照目标模式,教育评价的主要功能就是进行鉴定,也就是鉴定实际的教育结果是否已经在多大程度上实现了预期的教育目标。但事实上,这只是对泰勒思想的一种并不完全准确的认识。泰勒的确是要比较教育结果与教育目标的一致性程度,但这并不是终点。泰勒的初衷是将评价结果作为修订课程计划或课程目标的依据。换句话说,教育评价概念诞生之初,教育评价的功能就既包括总结,也包括改进。到了20世纪60年代,以克隆巴赫、斯塔弗尔比姆为代表的新一代评价学者们就在扬弃泰勒思想的基础上,重新界定了评价的概念,认为评价就是为决策提供信息的过程。教育评价的发展进入了判断时代。相对于描述时代的教育评价而言,这一时期的教育评价的改进功能得到了进一步的弘扬。但必须指出的是,在判断时代,教育评价的鉴定功能并未消失,反而在理论上得到了明确的确认。1967年,著名评价学家斯克里文明确将评价分为总结性评价和形成性评价。斯塔弗尔比姆构建的CIPP模式就将形成性评价和总结性评价融为一体,从而使得一项评价既具有总结性功能,也有形成性的作用。在判断时代之后,教育评价进入了建构时代。这一时代与描述时代和判断时代的区别在于两者的哲学观不同。在评价功能上,两者并无根本差别。总而言之,从教育评价概念诞生以来,一项具体的评价活动的功能始终是多样化的。

从我国职业教育评价的发展实践来看,功能多样化也成了一个基本特点。如，在2003年评估试点工作基础上，教育部修订了《高职高专院校人才培养工作水平评估方案（试行）》，并于2004年正式启动了高职高专院校人才培养工作水平评价。按照文件规定，评估的基本任务是，根据人才培养目标和质量标准，通过准确把握学校实际情况，对高职高专院校人才培养工作的质量做出科学判断，形成教育行政部门批准的评估结论。评估结论分为优秀、良好、合格和不合格四种。显然，虽然评估坚持"以评促建、以评促改、以评促管、评建结合、重在建设"二十字方针，但此次评估的主要功能是鉴定。但到了2008年，高职高专院校人才培养工作水平评估就发生了巨大改变。首先，自2008年开始，人才培养工作水平评估保留但是淡化了鉴定性职能。在这轮评估中，评估结论分为"通过"和"暂缓通过"两种。其次，评估的"形成性"色彩非常浓厚。《高等职业院校人才培养工作评估方案》明确要求："在实施过程中应强调评与被评双方平等交流，共同发现问题、分析问题，共同探讨问题的解决办法，注重实际成效，引导学校把工作重心放到内涵建设上来。"①从我国教育评价的发展趋势看，教育评价应该实现功能多样化。2020年，中共中央、国务院印发了《深化新时代教育评价改革总体方案》，明确提出要："严格控制教育评价活动数量和频次，减少多头评价、重复评价，切实减轻基层和学校负担。"②按照这样的要求，教育评价特别是外部教育评价应该具有多种功能。唯有如此，才能有效地减少评价数量和次数。在政府部门逐步将教育评价的实施交给第三方机构的背景下，这就意味着，第三方评价的功能应该多样化。从国际职业教育质量第三方评价的经验来看，无论是职业院校层面，还是在专业层面，第三方评价的功能都是多样化的。综上所述，不论是从教育评价自身的发展历程，还是从我国教育评价实践的历史和趋势，抑或是从国际经验来看，我们都应该建立一个功能多样化的职业

① 教育部关于印发《高等职业院校人才培养工作评估方案》的通知[EB/OL]. http://old.moe.gov.cn//publicfiles/business/htmlfiles/moe/s3878/201010/xxgk_110098.html

② 深化新时代教育评价改革总体方案[EB/OL]. http://www.gov.cn/zhengce/2020-10/13/content_5551032.htm

教育质量第三方评价制度。

那么,职业教育质量第三方评价制度应该具有哪些功能呢?从评价的基本理论和国际经验两方面来看,职业教育质量第三方评价制度至少应该发挥三种功能:质量改进、质量证明和沟通交流。

(二)构建由第三方主导、利益相关者广泛参与的评价制度

“第三方评价”就应该由“第三方”主导。否则就不能称之为第三方评价。从现实来看,我国的职业教育评价长期以来都被认为是政府评价。之所以如此,就在于政府一直在职业教育评价活动中起着主导作用。从我国职业教育评价实践来看,在评价活动之前,教育行政部门要聘请专家学者制定评价方案和评价指标体系。评价活动启动之后,教育行政部门同样要聘请相关专家学者实际执行评价任务。评价的基本流程是,学校开展自我评价并提交评价报告,教育行政部门委托所聘请的专家组进驻学校进行实地访问,最后由专家组根据学校自评和实地访问的结果形成评价意见。显然,从评价方案的制定,到评价活动的实施,教育行政部门都是依靠专家而不是自己直接完成的。在评价结论的形成中,教育行政部门通常也会尊重专家学者们意见。但是,这种评价活动并没有因此被认为是第三方评价,而被仍然被认为是政府评价。其主要原因就在于,教育行政部门在评价方案的取舍、评价程序的设计和评价结论的形成上有最终的决定权。从比较视角来看,世界各国职业教育质量第三方评价制度的基本特色就是第三方机构在评价活动中起着主导作用。在一些第三方评价活动中,政府部门也扮演着重要角色。如美国宾夕法尼亚州公立高等职业教育的认证和俄罗斯教育机构工作质量的评估都是如此。美国宾夕法尼亚州公立高等职业教育的认证事实上由作为政府部门的宾夕法尼亚州教育局和作为第三方机构的州职业教育委员会合作完成。在认证中,虽然认证的具体过程有州教育局负责实施,但是认证活动最核心的两点都控制在作为第三方的州职业教育委员会手中。一是认证标准的审批和决定权由州职业教育委员会和联邦教育部掌握,二是给予高等职业院校或专业何种认证结论的权限归属州职业教育委员会。俄罗斯职业教育

机构工作质量的评价由独立且专业的第三方评价机构、社区理事会、地方管理机关和联邦层面中具有教育管理职能的权力执行机关共同完成。但在制度设计中,政府部门对第三方评价活动只有有限介入的权利,他们主要负责的是一些非核心的工作,至于评价的方法、程序、结论的形成和反馈等关键环节,都由第三方评价机构掌控。[①] 总而言之,第三方评价活动可能有政府部门等的参与,但评价的主导权始终掌握在第三方机构的手中。总而言之,在职业教育质量第三方评价制度下,第三方机构在评价活动中应该起着主导作用。或者说,一项评价活动之所以能够被称为是第三方评价,就在于第三方机构主导着评价活动。

但在现实中,人们往往将第三方评价理解为由第三方机构"包办一切"的评价活动。最为典型的例子就是我国高职院校的排名。在这种排名实践中,排名所涉及的一切都由第三方机构掌控。应该说,这的确是一种第三方评价制度。但是,这种制度安排存在如下问题:第一,人们对第三方机构以及由其开展的评价活动缺乏有效监督。评价结果的合理性因此值得怀疑。第二,由于缺乏利益相关者广泛且深度参与,评价结果仅仅反映了某个特定第三方机构的观点。但第三方机构自身的理性是有限的,因此,评价结果的合理性就无法得到有效保障。总之,由第三方机构"包办一切",将对第三方评价结果的合理性造成威胁。

从理论、政策和国际经验来看,利益相关者能广泛参与评价过程的第三方评价制度应该是我们的建设目标。从理论的角度看,如果利益相关者能参与评价过程,一方面能对第三方机构形成监督,另一方面能够在一定程度上缓解第三方机构的有限理性,从而增强评价结果的合理性。从我国政策的角度看,2011 年,《教育部关于推进中等和高等职业教育协调发展的指导意见》明确指出要:"吸收企业等参加教育质量评估,探索建立职业教育第三方质量评价制度。"[②]同年,《教育部 财政部关于支持高

① 刘金花. 俄罗斯职业教育质量的政府评估与社会评估:源起、模式及关系[J]. 外国教育研究,2017(8):51-62.

② 教育部关于推进中等和高等职业教育协调发展的指导意见.

等职业学校提升专业服务产业发展能力的通知》指出,要:“建立就业(用人)单位、行业协会、学生及其家长、研究机构等利益相关方共同参与的第三方人才培养质量评价制度。”①一句话,利益相关者参与评价过程是我国政府部门在建设职业教育质量第三方评价制度过程中提出的明确要求。从国际经验来看,利益相关者通过各种不同的途径参与评价过程是世界各国职业教育质量第三方评价制度的共同特点。以美国为例,在MSA-CSS生涯和技术学校认证过程中,申请认证的学校及其师生员工、同行评审小组、校外利益相关者和其他各方都以适当形式参与了评价过程,为评价结果的形成贡献了自己的力量。

综上所述,我们应该建立的是一种由第三方主导而不是包办一切评价活动的评价制度。在这一制度中,各种利益相关者在第三方的主导下以各种不同的形式参与到评价活动之中。

(三)建立以内部评价为基础的第三方评价制度

职业教育质量第三方评价往往被认为是一种外部评价,一种与内部评价相对的评价形式。从认识论的角度讲,这一观点非常正确。职业教育质量第三方评价是由第三方机构做出的价值判断,而内部评价则是由职业院校对自身的教育质量做出的价值判断。两者之间并无交集。但是,职业教育质量第三方评价制度与内部评价的关系则是另外一回事。我国应该建立以内部评价为基础的职业教育质量第三方评价制度。具体而言,就是要建立这样一种第三方评价制度,在这种制度设计中,内部评价是第三方评价制度的一个构成要素,是完整的第三方评价工作的一个环节。从国际经验的角度看,这是其他国家的普遍做法。以美国职业院校认证为例,美国职业院校认证是由非政府、非营利的第三方机构对职业院校实施的一种周期性的评价活动,一般包括下述程序:认证机构同意认

① 教育部 财政部关于支持高等职业学校提升专业服务产业发展能力的通知[EB/OL].[2019-6-12].http://www.moe.gov.cn/publicfiles/ business/htmlfiles/moe/s6342/201110/xxgk_125719.html

证申请、职业院校自我评估、认证机构考察小组的实地考察、认证决定和后续程序。按照规定,职业院校要根据认证标准,对本校的各项工作进行内部评价,并向认证机构提交自我评价报告。通常情况下,自我评估报告不仅要详细阐述本校的基本情况,还要明确阐述学校的优势和问题,并且要有事实依据。认证机构在收到学校自我评估报告后,会派出小组前往学校进行实地考察。考察小组在实地考察结束后既要向学校反馈改进建议,还要向认证机构提交考察报告。认证机构将根据学校的自我评价报告和考察小组的考察报告做出给予何种认证的决定。在认证机构做出认证决定之前,不仅会将拟做出的认证决定告知学校,听取其反馈意见,还会请学校提交材料,说明其在自我评估和实地考察环节之后,对学校不足之处做出的改进。这些都会成为认证机构做出认证决定时要考虑的因素。在认证决定做出之后,学校在下一个认证周期开始之前,要在适当时候接受认证机构派出的小组的后续考察或者要向认证机构提交各种不同的报告。后续考察和报告的目的都是检查学校是否对认证过程中发现的问题做出了有效改进。显然,在这种制度设计中,职业院校在评价的不同时间段开展的一系列内部评价是第三方评价制度的重要部分。从第三方评价机制的角度看,职业院校其实也是职业教育及其评价活动的利益相关者,以内部评价的形式参与第三方评价工作,有助于缓解第三方机构的有限理性,从而提高第三方评价的质量。从发挥评价作用的角度看,将内部评价融入职业教育质量第三方评价制度之中,有助于增强职业院校对第三方评价结果的认可度,从而增强其根据第三方机构的评价意见进行改进的意愿和动力,更好地发挥第三方评价的改进作用。此外,将内部评价作为第三方评价工作的一个环节,也有助于督促职业院校开展内部评价工作,切实承担起教育质量第一主体的责任。

二、构建职业教育质量第三方评价制度的若干建议

(一)加快职业教育第三方评价的法制化步伐

第三方评价的法制化既是落实习近平新时代中国特色社会主义思想的必要要求,也是国际第三方评价制度建设的基本经验。2014 年,中共十八届四中全会通过《中共中央关于全面推进依法治国若干重大问题的决定》,其明确指出:“依法治国,是坚持和发展中国特色社会主义的本质要求和重要保障,是实现国家治理体系和治理能力现代化的必然要求。”[①]但依法治国的前提是“完善以宪法为核心的中国特色社会主义法律体系”。为此,需要“加强重点领域立法”。“加强社会组织立法”被认为是一个重要方面。[②] 第三方评价就是由社会组织主导开展的评价活动。从这个角度讲,对第三方评价进行立法是贯彻习近平依法治国思想的重要举措。

从国际经验来看,将第三方评价法制化是世界各国的共同经验。所谓第三方评价法制化有两层含义,一是建立第三方评价制度本身是法律提出的要求。如在日本,2004 年之前的高职院校评价主要是设置认可和内部评价。设置认可由文部省实施,内部评价则是由高职院校自行开展。2004 年,文部省对《学校教育法》进行了修订,规定高等职业教育要引入第三方评价。在此之后,第三方评价在日本的迅速发展。美国的情形略有不同。美国很早就已经开展了职业教育第三方评价,如早在 20 世纪 70 年代,美国新英格兰学校和学院协会就成立了专门机构,对职业技术教育机构进行认证评价。但当时的第三方认证评价并不是一项法律要求。1992 年,《高等教育法案修正案》第一次就教育部对认证机构进行认可的程序和标准等内容写进了法律。2008 年的《高等教育机会法》明确

---

① 中共中央关于全面推进依法治国若干重大问题的决定.

② 中共中央关于全面推进依法治国若干重大问题的决定.

要求所有高等教育机构都必须获得由国家认可的认证机构或者协会的认证状态或预认证状态授权,从而为第三方评价奠定了坚实的法律基础。[①]二是第三方评价机构具有法定地位。在美国和日本,第三方认证机构需要按照法律规定,接受相应机构的认可,才能开展认证活动。美国的认证机构需要获得高等教育认证委员会或联邦教育部的认可,在日本需要获得文部省的认可。在荷兰,荷兰政府与比利时弗兰德地区联合建立了荷兰与弗兰德认证机构(NVAO)。2005 年,NVAO 根据荷兰公法获得了法律地位,其在荷兰和弗兰德地区的任务和程序等也都由法律确定下来。总之,别国的一个普遍经验是,职业教育第三方评价制度是一种法定制度。

在我国,从 1993 年至今,职业教育第三方评价制度建设已经走过了二十余年的历史,但步履维艰。一个重要原因就在于,我国没有给予职业教育第三方评价制度以应有的法律地位。如前所述,二十余年来我国诸多的政府文件都主张建立职业教育第三方评价制度。这些文件中的一部分虽然可以被认为是我国教育法律体系的重要组成部分,但是这些文件关于第三方评价制度的表述太"软",太笼统,大多使用"积极支持第三方评价""鼓励第三方机构实施职业教育评价"这样的表述,既缺乏强制性的要求,也没有对第三方评价制度的明晰规定。

贯彻中央要求,借鉴他国经验,结合我国实际情况,我们需要加快职业教育第三方评价制度的法制化步伐。具体而言,可以采取如下两种方式。一是由国务院或者教育部出台职业教育第三方评价方面的行政法规或者教育规章,也可以在有关职业教育政策文件中辟出专章,对职业教育第三方评价做出带有强制性且明确细致的规定。二是要求国家职业教育改革试验区以地方性教育法规或教育规章的形式,将职业教育第三方评价制度法制化,待积累一定经验后,在全国推广。当然,也可以对《中华

① 朱永东.美国高等教育认证认可与许可系统的演化机制研究[D].华南理工大学博士学位论文,2012.50.

人民共和国高等教育法》或者《中华人民共和国职业教育法》进行修订,增加第三方评价方面的专门条款。

(二)建立职业教育第三方评价机构的定期认可制度

从国际经验看,第三方评价制度之所以得以确立并正常运行,重要原因在于第三方评价机构定期认可制度的建立。所谓第三方评价机构的定期认可指的是由相关权威部门根据法律规定,依据相关标准,对第三方机构的评价资质进行定期认定。对第三方机构进行认可本质上是对第三方机构实施评价活动的条件以及所开展评价活动的质量进行评价。认可制度的建立无疑有助于保证第三方评价的专业性、科学性和有效性,定期认可则有助于促使第三方评价机构加强自身建设,苦练内功,从整体上维持第三方评价的高质量,从而不断增强第三方评价的权威性与合法性。

从我国实际情况来看,建议国家在相关的教育行政法规或教育规章中对职业教育第三方评价机构的认可机构、认可标准、认可程序、认可周期等内容提出原则性规定,从而将第三方评价机构定期认可制度法制化。在操作层面上,国家可以将中国职业技术教育学会、教育部职业教育中心研究所等权威组织和机构列为职业教育第三方评价机构的认可机构,要求认可机构制定具体认可办法,确定认可程序,研制认可标准,明确认可周期,并据此在全国范围内开展职业教育第三方评价机构的认可工作,推动建立一批第三方评价机构。

在这里,认可标准处于核心地位。基于前文对职业教育第三方评价制度的构想,认可标准应该包含以下两个方面的内容:一是要求第三方机构将职业院校的自我评估作为第三方评价活动的法定环节确定下来。二是要求第三方机构建立一个有助于职业教育利益相关者广泛参与第三方评价活动的机制,以防止第三方机构将第三方评价活动封闭化,使得第三方评价活动成为第三方机构的独角戏。

(三)"双轮驱动",大力发展职业教育第三方评价机构

具有独立并且专业的第三方评价机构是第三方评价制度的组织基

础。如前所述在美国,职业教育第三方评价的主要形式之一是对职业院校和专业的认证。MSA 就是其中一个认证机构。MSA 是一个非政府、非营利性的会员制组织。其会员是中部各州获得 MSA 认证的教育机构。MSA 的运营既独立于政府,也独立于其具体的会员机构。① 在日本,技术者教育认证机构(Japan Accreditation Board for Engineering Education, JABEE)是一所可以对高职院校工学领域专业课程进行认证,由众多国家级学会——如日本工程教育学会、日本建筑学会和相关产业单位联合而形成的非政府的第三方认证评价机构。综上所述,从国外情况来看,不论评价对象是职业院校还是专业课程,第三方评价制度都是建立在具有独立、专业且成员多样的职业教育第三方评价机构的基础上。

改革开放以来,伴随着经济体制的改革和政府职能的转变,我国社会组织数量快速增长。据统计, 2005 年,我国社会组织数量为 32 万个②,到了 2017 年底,社会组织数量则发展到 76. 2 万个③,数量增长超过一倍。尽管社会组织作为一类组织发展迅速,但在社会组织内部,不同类型、功能的社会组织发展很不均衡。作为一种社会组织,第三方评价机构数量不足仍然是一个不争的现实,严重制约了职业教育第三方评价制度的建设。在这样的情况下,建立数量充足的第三方评价机构就成为当务之急。为此,我们可以采取下述举措。一方面,政府部门可以借鉴经济领域的“孵化器模式”,采取相关扶持政策,将具有一定条件的机构或组织逐步发展为符合相应资质要求的评价机构。另一方面,可以依托现有的职业教育研究机构、专业性学会和行业组织,扩展其职能,建立一批职业教育第三方评价机构。

---

① Commissions on Elementary and Secondary Schools[EB/OL]. [2019-6-12]. https://www.msa-cess.org/Customized/Uploads/ByDate/2015/December_2015/December_18th_2015/2.1%20Commissions%20on%20Elem%20and%20Sec%20Schools05421.pdf

② 民政部. 2005 年民政事业发展统计公报[EB/OL]. [2019-6-12]. http://www.mca.gov.cn/article/sj/tjgb/200801/200801150093809.shtml

③ 民政部. 2017 年社会服务发展统计公报[EB/OL]. [2019-6-12]. http://www.mca.gov.cn/article/sj/tjgb/2017/201708021607.pdf

(四)营造需求环境,促进职业教育第三方评价制度建设

良好的需求环境是职业教育第三方评价制度得以存在并发展的必要条件。日本职业教育第三方评价的需求环境是由法律创造的。正是由于《学校教育法》的强制性规定,职业教育机构才有了参加第三方评价的动力。美国虽然已经将第三方认证评价法制化,但美国职业教育第三方认证制度建立和发展所需要的需求环境不是法律创造的。在美国,获得第三方认证身份对于中等和中等后职业教育机构而言,具有重要价值,比如,学生可以获得联邦的资助,学校会被公众或其他教育机构认为有更高的教育质量等。正因为此,美国的职业教育机构十分愿意参与第三方认证评价。在俄罗斯,职业院校为了在激烈的竞争中生存和发展下去,主动寻求专业的第三方评价机构的支持。① 总而言之,有了需求,职业教育第三方评价制度才有了生命力。

基于上述分析,我国在职业教育第三方评价制度建设上,迫切需要营造良好的需求环境。具体而言,可以采取下述策略:一是职业教育第三方评价制度的法制化,二是教育行政部门应该切实落实国家相关文件要求,在项目评审、机构评估等活动中,采取委托或招标的方式,将评价交由第三方机构完成。三是扩大第三方评价的影响力。例如,对于通过第三方评价的职业院校,制作相应的证书,并在评价活动告一段落之后公开举行证书颁发仪式,允许通过评价的职业院校在学校醒目位置和宣传手册中公开展示证书。通过这些方式,有助于扩大第三方评价的影响力,促使更多的职业院校主动参与第三方评价。

---

① 刘金花. 俄罗斯职业教育质量的政府评估与社会评估:源起、模式及关系[J]. 外国教育研究,2017(8):51-62.

参考文献

[1]《马克思恩格斯全集》(第19卷)[C].北京:人民出版社,1963.

[2][美]B.盖伊·彼得斯.政治科学中的制度理论:"新制度主义"(第二版)[M].王向民,段红伟,译.上海:上海人民出版社,2011.

[3][英]B.马林诺斯基.科学的文化理论[M].黄剑波,等译.北京:中央民族大学出版社,1999.

[4][英]B.马凌诺斯基.文化论[M].费孝通,译.北京:华夏出版社,2001.

[5]包蕾萍.独生子女神话——习俗、制度和集体心理[M].上海:上海人民出版社,2012.

[6][美]埃贡·G.古贝,伊冯娜·S.林肯.第四代评估[M].秦霖,蒋燕玲,等译.北京:中国人民大学出版社,2008.

[7][美]埃莉诺·奥斯特罗姆.公共事物的治理之道:集体行动制度的演进[M].余逊达,陈旭东,译.上海:上海译文出版社,2012.

[8]陈家刚.协商民主[C].上海:上海三联书店,2004.

[9]陈嘉明.现代西方哲学方法论讲演录[M].桂林:广西师范大学出版社,2009.

[10]陈谟开.高等教育评价概论[M].长春:吉林教育出版社,1988.

[11]陈新汉.评价论导论——认识论的一个新领域[M].上海:上海社会科学院出版社,1995.

[12]陈玉琨.教育评价学[M].北京:人民教育出版社,1999.

[13] Daniel L. Stufflebeam, George F. Madaus &Thomas Kellaghan. 评估模型[C]. 苏锦丽,等译. 北京:北京大学出版社,2007.

[14][美]道格拉斯·C. 诺斯. 制度、制度变迁与经济绩效[M]. 刘守英,译. 上海:上海三联书店,1994.

[15][美]道格拉斯·C. 诺斯. 经济史中的结构与变迁[M]. 陈郁,罗华平,等译. 上海:上海三联书店,上海人民出版社,1994.

[16][英]戴维·伯姆. 论对话[M]. 王松涛,译. 北京:教育科学出版社,2004.

[17]董小英. 再登巴比伦塔——巴赫金与对话理论[M]. 北京:生活·读书·新知三联书店,1994.

[18][美]杜威. 评价理论[M]. 冯平,余婉娜,等译. 上海:上海译文出版社,2007.

[19][美]E. 格威狄·博格,金伯利·宾汉·霍尔. 高等教育中的质量与问责[M]. 毛亚庆,刘冷馨,译. 北京:北京师范大学出版社,2008.

[20][美]凡勃伦. 有闲阶级论——关于制度的经济研究[M]. 蔡受百,译. 北京:商务印书馆,2009.

[21]冯俊,等. 后现代主义哲学讲演录[M]. 北京:商务印书馆,2003.

[22]冯平. 评价论[M]. 北京:东方出版社,1995.

[23]冯平. 现代西方价值哲学经典:经验主义路向(上下册)[C]. 北京:北京师范大学出版社,2009.

[24][捷]弗·布罗日克. 价值与评价[M]. 李志林,盛宗范,译. 上海:知识出版社,1988.

[25]耿长娟. 从志愿失灵到新治理——萨拉蒙的非营利组织理论[M]. 北京:中国社会科学出版社,2019.

[26][德]哈贝马斯. 交往与社会进化[M]. 张博树,译. 重庆:重庆出版社,1989.

[27][德]哈贝马斯. 认识与兴趣[M]. 郭官义,李黎,译. 上海:学林

出版社,1999.

[28]韩东屏. 制度的威力[M]. 武汉:华中科技大学出版社,2018.

[29][德]汉斯-格奥尔格·加达默尔. 真理与方法[M]. 洪汉鼎,译. 上海:上海译文出版社,1999.

[30]何增科. 公民社会与第三部门[C]. 北京:社会科学文献出版社,2000.

[31]何自力. 比较制度经济学[M]. 北京:高等教育出版社,2007.

[32]贺培育. 制度学:走向文明与理性的必然审视[M]. 长沙:湖南人民出版社,2004.

[33][德]黑格尔. 小逻辑[M]. 贺麟,译. 北京:商务印书馆,1980.

[34]胡中锋. 教育测量与评价(第二版)[M]. 广州:广东高等教育出版社,2006.

[35]黄济,王策三. 现代教育论(第三版)[M]. 北京:人民教育出版社,2012.

[36]洪汉鼎. 理解与解释——诠释学经典文选[C]. 北京:东方出版社,2001.

[37]洪汉鼎. 诠释学——它的历史与当代发展[M]. 北京:人民出版社,2001.

[38]江传月. 评价的认识本质和真理性——刘易斯价值理论研究[M]. 广州:中山大学出版社,2005.

[39]君冢大学,吴鲁平,金哲秀. 东亚社会价值的趋同与冲突——中日韩青年的社会意识比较[M]. 北京:社会科学文献出版社,2001.

[40][美]康芒斯. 制度经济学(上册)[M]. 于树生,译. 北京:商务印书馆,2009.

[41]康晓光. 依附式发展的第三部门[M]. 北京:社会科学文献出版社,2011.

[42]康永久. 教育制度的生成与变革:新制度教育学论纲[M]. 北京:教育科学出版社,2003.

［43］［美］克拉克·克尔.大学之用(第五版)［M］.高铦,高戈,汐汐,译.北京:北京大学出版社,2008.

［44］［英］柯林伍德.历史的观念［M］.何兆武,张文杰译.北京:商务印书馆,1997.

［45］［德］柯武刚,史漫飞.制度经济学——社会秩序和公共政策［M］.韩朝华,译.北京:商务印书馆,2000.

［46］［美］莱斯特·M.萨拉蒙.全球公民社会——非营利部门视界［M］.贾西津,译.北京:社会科学文献出版社,2002.

［47］［美］莱斯特·M.萨拉蒙.公共服务中伙伴——现代国家与非营利组织伙伴关系［M］.田凯,译.北京:商务印书馆,2008.

［48］［西］雷蒙·潘尼卡.宗教内对话［M］.王志成,思竹,译.北京:宗教文化出版社,2001.

［49］美］理查德·莱斯特,迈克尔·皮奥雷.破译创新的前端——构建创新的解释性维度［M］.寿涌毅,郑刚,译.北京:知识产权出版社,2006.

［50］李德顺.价值论(第2版)［M］.北京:中国人民大学出版社,2007.

［51］李德顺.新价值论［M］.昆明:云南人民出版社,2004.

［52］李江凌.价值与兴趣——培里价值本质论研究［M］.北京:中国社会科学出版社,2004.

［53］李志军.第三方评估的理论与方法［M］.北京:中国发展出版社,2016.

［54］刘文富.网络政治［M］.北京:商务印书馆.2002.

［55］刘永富.价值哲学的新视野［M］.北京:中国社会科学出版社,2002.

［56］廖小平.面向道德之思——论制度与德性［M］.长沙:湖南师范大学出版社,2007.

［57］卢现祥.西方新制度经济学［M］.北京:中国发展出版社,1996.

[58][美]罗纳德·H. 科斯，等. 财产权利与制度变迁——产权学派与新制度经济学派译文集[C]. 刘守英，等译. 上海：格致出版社，上海三联书店，上海人民出版社，2014.

[59]马俊峰. 评价活动论[M]. 北京：中国人民大学出版社，1994.

[60][南非]毛里西奥·帕瑟林·登特里维斯. 作为公共协商的民主：新的视角[C]. 王英津，袁林，林云娟，等译. 北京：中央编译出版社，2006.

[61]毛泽东选集(第四卷)[C]. 北京：人民出版社，1991.

[62]美国中部州高等教育委员会. 美国高等教育质量认证与评估[M]. 北京：北京大学出版社，2013.

[63]潘维，廉思. 中国社会价值观变迁 30 年(1978—2008)[C]. 北京：中国社会科学出版社，2008.

[64]潘永庆，孙文彬，路吉民. 多元评价创新教育的有效机制[M]. 济南：山东教育出版社，2005.

[65][英]皮尔素. 新牛津英语词典[Z]. 上海：上海外语教育出版社，2001.

[66]钱中文主编. 巴赫金全集[C](第二卷). 李辉凡，张捷，等译. 石家庄：河北教育出版社，1998.

[67]钱中文主编. 巴赫金全集[C](第五卷). 白春仁，顾亚铃，等译. 石家庄：河北教育出版社，1998.

[68][日]青木昌彦. 比较制度分析[M]. 周黎安，译. 上海：上海远东出版社，2001.

[69]全国十二所重点师范大学联合编写. 教育学基础(第 3 版)[M]. 北京：教育科学出版社，2014.

[70]瞿葆奎主编，陈玉琨，赵永年选编. 教育学文集·教育评价[C]. 北京：人民教育出版社，1989.

[71][美]R. B. 培里，等. 价值和评价——现代英美价值论集萃[C]. 刘继，编选. 北京：中国人民大学出版社，1989.

[72][英]R. G. 柯林伍德. 历史的观念[M]. 何兆武,张文杰,译. 北京:商务印书馆,1997.

[73]上海市教育科学研究院,麦可思研究院. 2013 中国高等职业教育人才培养质量年度年报[M]. 北京:外语教学与研究出版社,2013.

[74]沈玉顺. 现代教育评价[M]. 上海:华东师范大学出版社,2002.

[75]石中英. 知识转型与教育改革[M]. 北京:教育科学出版社,2001.

[76]宋其玉. 2008 版 ISO9001 标准理解与应用指南[M]. 北京:机械工业出版社,2009:41.

[77]苏启敏. 价值反思与学生评价[M]. 北京:北京师范大学出版社,2010.

[78]孙伟平. 价值哲学方法论[M]. 北京:中国社会科学出版社,2008.

[79]孙正聿. 哲学通论(修订版)[M]. 上海:复旦大学出版社,2005.

[80]滕守尧. 对话理论[M]. 台北:扬智文化事业股份有限公司,1997.

[81]涂艳国. 教育评价[M]. 北京:高等教育出版社,2007.

[82]王道俊,郭文安. 教育学[M]. 北京:人民教育出版社,2009.

[83]王路. 弗雷格思想研究[M]. 北京:社会科学文献出版社,1996.

[84]王景英. 教育评价理论与实践[M]. 长春:东北师范大学出版社,2002.

[85]王向红. 我国高等教育评估质量保证研究——元评价的视角[M]. 北京:中央编译出版社,2017.

[86]王孝玲. 教育评价的理论与实践[M]. 上海:上海教育出版社,1999. 1.

[87]王玉樑. 价值哲学新探[M]. 西安:陕西人民出版社,1993.

[88]王云龙主编. 俄罗斯教育法律选译[Z]. 公蕾,译. 北京:社会科学出版社,2018.

[89][英]W. C. 丹皮尔. 科学史及其与哲学和宗教的关系[M]. 李珩,译. 桂林:广西师范大学出版社,2001.

[90][英]W. D. 拉蒙特. 价值判断[M]. 马俊峰,王建国,王晓升,译. 北京:中国人民大学出版社,1992.

[91]汪玉凯. 公共管理与非政府公共组织[M]. 北京:中共中央党校出版社,2003.

[92]汪子嵩,范明生,陈存富,等. 希腊哲学史(第一卷)[M]. 北京:人民出版社,1988.

[93]夏金星,石伟平. 职业教育学实用专题[M]. 北京:北京师范大学出版社,2013.

[94]肖化移. 审视高等职业教育的质量与标准[M]. 上海:华东师范大学出版社,2006.

[95]肖远军. 教育评价原理及应用[M]. 杭州:浙江大学出版社,2004.

[96]辛鸣. 制度论——关于制度哲学的理论建构[M]. 北京:人民出版社,2005.

[97][英]休谟. 人性论(上下册)[M]. 关文运,译. 北京:商务印书馆,1980.

[98]叶秀山. 永恒的活火——古希腊哲学新论[M]. 广州:广东人民出版社,2007.

[99][德]尤尔根·哈贝马斯. 交往行为理论(第一卷)[M]. 曹卫东,译. 上海:上海人民出版社,2004.

[100][德]尤尔根·哈贝马斯. 合法化危机[M]. 刘北成,曹卫东,译. 上海:上海世纪出版集团,2009.

[101]俞可平. 当代中国政治制度[M]. 北京:九州出版社,2006.

[102][美]约·埃尔斯特. 协商民主:挑战与反思[M]. 周艳辉,译. 北京:中央编译出版社,2009.

[103][澳]约翰·S. 德雷泽克. 协商民主及其超越:自由与批判的视

角[M].丁开杰,等译.北京:中央编译出版社,2006.

[104][美]詹姆斯·博曼.公共协商:多元主义、复杂性与民主[M].黄相怀,译.北京:中央编译出版社,2006.

[105][美]詹姆斯·博曼,威廉·雷吉.协商民主:论理性与政治[M].陈家刚,等译.北京:中央编译出版社,2006.

[106]章国锋.关于一个公正世界的“乌托邦”构想——解读哈贝马斯《交往行为理论》[M].济南:山东人民出版社,2001.

[107]章建石.当代世界高等教育评估历史与制度概览[M].北京:北京师范大学出版社,2013.

[108]张理海.社会评价论[M].武汉:武汉大学出版社,1999.

[109]张蕊.中外大学评价的比较研究[M].杭州:浙江大学出版社,2008.

[110]张宇燕.经济发展与制度选择[M].北京:中国人民大学出版社,2017.

[111]张远增.高等教育评价方法研究[M].上海:复旦大学出版社,2002.

[112]赵孟营.跨入现代之门——当代中国的社会价值观报告[R].北京:北京师范大学出版社,2008.

[113]翟秀红.第三部门及其法律问题研究[M].北京:中国政法大学出版社,2013.

[114]陈伟.日本独立行政法人制度研究[D].西南政法大学硕士学位论文,2013.

[115]杜金.日本高等专门学校教育质量第三方评估研究[D].沈阳师范大学硕士学位论文,2017.

[116]李文静.德国职业学校教育质量保障体系研究[D].天津大学博士学位论文,2014.

[117]卢立涛.从应然到实然——发展性学校评价在我国实施的个案研究[D].北京:北京大学博士学位论文,2007.

[118]彭志勇．人性发展与制度创新[D]．北京：中共中央党校博士学位论文 2003.

[119]王启龙．欧盟职业教育质量“同行评议”模式及本土化应用[D]．华东师范大学博士学位论文，2017.

[120]王英利．德国职业学校外部质量评价研究[D]．天津：天津大学硕士学位论文，2014

[121]闫何清．财产、制度与人——关于财产问题的哲学研究[D]．中央党校博士学位论文，2011.

[122]杨嘉祺．日本法上一般法人之非营利性研究[D]．西南政法大学硕士学位论文，2018.

[123]杨伟敏．制度本体论研究[D]．北京：中央党校博士学位论文，2008.

[124]张登巧．社会制度论[D]．武汉：华中科技大学博士学位论文，2014.

[125]张志勇．人与制度的哲学研究[D]．北京：中共中央党校博士学位论文，2010.

[126]赵峰．历史唯物主义视野中的自由与制度[D]．北京：中共中央党校博士学位论文，2015.

[127]赵利堂．高等职业教育质量第三方评估研究[D]．西南大学博士学位论文，2018.

[128]朱永东．美国高等教育认证认可与许可系统的演化机制研究[D]．华南理工大学博士学位论文，2012.

[129]庄江山．制度的哲学思考[D]．上海：复旦大学博士学位论文，2007.

[130]包国宪，张志栋．我国第三方政府绩效评价组织的自律实现问题探析[J]．中国行政管理，2008，(1).

[131]陈智球，马芜茗．职业教育第三方人才培养质量评价体系研究[J]．职教论坛，2014(14)：19-22.

[132]丁建石.第三方参与职业教育质量评价的现状、问题及法律政策建议[J].教育与职业,2017(10)下:26-32.

[133]段红梅.我国政府绩效第三方评估的研究[J].河南师范大学学报(哲学社会科学版),2009,(6).

[134]高清海.从人的生成发展看市场经济[J].江海学刊,1995,(1):76-82.

[135]耿金岭.对构建高职办学第三方评价体系的思考[J].中国职业技术教育,2012,(33):22-24.

[136]顾海兵.陷入误区且步入禁区的"中国大学排名"[J].中国高等教育,2003,(7):22-24.

[137]韩喜梅,潘海生,王世斌.职业教育质量第三方评估的现实背景、合法性危机及化解路径[J].高校教育管理,2018,(6):29-36

[138]郝云宏,张蕾蕾.持久的竞争优势与战略资源——企业声誉理论研究综述[J].江西社会科学,2006,(4):128-135.

[139]何翔舟,金潇.公共治理理论的发展及其中国定位[J].学术月刊,2014,(8):125-134.

[140]贺敏娟,侯琛.国外高等职业教育第三方评价现状分析及对我国的启示[J].当代职业教育,2017(4).109-112.

[141]胡玻.哲学作为思想[J].西南大学学报(社会科学版),2009,(6):68-73.

[142]胡赤弟.高等教育中的利益相关者分析[J].教育研究,2005,(3):38-46.

[143]黄斌.高等职业教育质量内涵及其提升路径探究[J].教育与职业,2008(12):23-25.

[144]黄裕生.什么是哲学与为什么要研究哲学史?——兼谈中国哲学的合法性[J].中国哲学史,2004,(3):41-44.

[145]贾生华,陈宏辉.利益相关者的界定方法述评[J].外国经济与管理,2002,(5):14.

[146]《教育 2030 行动框架》起草委员会. 迈向全纳、公平、有质量的教育和全民终身学习——《教育 2030 行动框架》之具体目标和指示性策略[J]. 熊建辉，臧日霞，杜晓敏，译. 世界教育信息，2016，(2)：18-27.

[147]敬志伟. 社会主义市场经济与人的全面发展[J]. 特区理论与实践，2001，(12)：31-32.

[148]李传伟，王燕妮，董海萍，柳鹏. 职业教育的现代学徒制第三方评价机制研究[J]. 上海教育评估研究，2016，(1)：42-47.

[149]联邦职业教育法[Z]. 姜大源，刘立新，译. 中国职业技术教育，2005，(32)：49-57.

[150]联合国教科文组织. 上海共识：第三届国际职业技术教育大会"职业技术教育与培训的转型：培养工作与生活技能"建议书[J]. 中国职业技术教育，2012(16)：56-60.

[151]刘思达. 职业自主性与国家干预——西方职业社会学研究述评[J]. 社会学研究，2006，(1)：197-221.

[152]陆春阳. 让第三方参与职业教育人才培养质量评价[J]. 职业技术教育，2011，(30)：64-65.

[153]陆燕飞，陈嵩. 我国中等职业学校评估制度和政策发展探析[J]. 上海教育评估研究，2015，(4)：7-13、43.

[154]刘志峰. 高职教育实施第三方评价的主要问题与改进策略[J]. 职业技术教育，2012(19)：49-54.

[155]欧树军. 基础的基础：认证与国家基本制度建设[J]. 开放时代，2011(11)：80-101.

[156]邱均平，王菲菲. 中国独立学院与公立专科院校评价的理论与实践探析[J]. 重庆大学学报(社会科学版)，2014，(3)：88-94.

[157]邱均平，柴雯. 2016 年中国高职高专院校竞争力评价与分析，重庆大学学报(社会科学版)，2017，(33)：70-76.

[158]邱均平，汤建民，刘宁，祖文玲，2019 年中国高职高专院校竞争力评价方法与结果分析[J]. 评价与管理，2019，(1)：41-47.

[159]荣莉,唐以志,罗丹. 中国高等职业教育质量年度报告标准体系:分析与评价[M]. 中国职业技术教育,职业技术教育,2016,(12):28-32.

[160]任占营. 职业院校教学工作诊断与改进制度建设的思考[J]. 国家教育行政学院学报,2017(3). 41-46.

[161]尚虎平,王春亭. 政府绩效评估中"第三方评估"的适用范围与限度——以先行国家为标杆的探索[J]. 理论探讨,2016,(3):12-18.

[162]沈湘平. 价值共识是否以及如何可能[J]. 哲学研究,2007,(2):107-111.

[163]石中英. 教育学研究中的概念分析[J]. 北京师范大学学报(社会科学版),2009,(3):29-38.

[164]孙颖,刘红,杨英英,王世斌. 日本职业教育质量外部评价的经验与启示——以短期大学为例[J]. 比较教育研究,2013,(12):48-55.

[165]唐林伟,方华. 高等职业教育"质量"辩[J]. 现代教育管理,2011(1):96-98.

[166]汤霓. 高等职业教育专业认证:国际经验与发展逻辑[J]. 中国职业技术教育,2018,(21)33-38.

[167]王国辉. 从事前规制到事后确认——日本大学现行认证评价制度研究[J]. 高教探索,2015,(7):67-72.

[168]王军红,周志刚. 论职业教育质量的内涵及表达[J]. 天津大学学报(社会科学版),2013(5):449-452.

[169]王宁,郄海霞. 日本高等专门学校第三方评价的特点与启示[J]. 职业技术教育,2015(33):64-69.

[170]王宁,郄海霞. 日本短期大学第三方评价的经验与启示——以日本高等教育评价机构为例[J]. 中国职业技术教育,2016(24):75-82.

[171]王绍光. 国家治理与基础性国家能力[J]. 华中科技大学学报(社会科学版),2014(3):8-10.

[172]王天思. 哲学认识中的思辨和分析[J]. 南昌大学学报(人社

版),2000,(4):16-21.

[173]武书连.大学名次该怎么排[N].科技日报,2003-06-12(11).

[174]徐兰.以企业为主导的第三方职业教育质量评价体系构建职业技术教育[J].职业技术教育,2015,(10):41-45.

[175]徐双敏,李跃.政府绩效的第三方评估主体及其效应[J].重庆社会科学,2011,(9):118-122.

[176]杨黎明.关于毕业生的第三方评价(一)——学校评价、企业评价和第三方评价[J].职教论坛,2012,(27):1.

[177]姚爱国.高等职业教育社会评价制度:建构与推进[J].职业教育研究,2009(2):7-8.

[178]尹金金.第三方评价在职业教育课程开发中的应用[J].中国职业技术教育,2014(14):86-89.

[179]俞可平. 全球治理引论[J].马克思主义与现实,2002,(1):20-32.

[180]俞祖成.日本公益法人认定制度及启示[J].清华大学学报(哲学社会科学版),2017(6).160-169、190.

[181]张艺,刘家枢.职业教育专业化第三方评价制度的构成研究[J].职教论坛,2017,(25):11-15.

[182]张子弦.日本非营利法人之一般法人制度[J].北航法律评论,2016(1).317-336.

[183]赵蒙成,徐承萍.职业教育第三方评价的现实困境与应对策略[J].教育科学,2017,(2):66-72.

[184]周应中.高职专业第三方人才培养质量评价体系的构建[J].职业技术教育,2012,(5):5-9.

[185]朱雄才,刘鲁平. 高职教育社会评价的思考[J].教育发展研究,2006,(16):69-72.

[186]Judith S. Eaton. An Overview of U.S. Accreditation.[EB/OL].[2018-11-12]. https://www.chea.org/sites/default/files/other-content/

Overview%20of%20US%20Accreditation%202015. pdf

[187] Nelson P.. Information and consumer behaviour[J]. *Journal of Political Economy*, 1970, 78(22): 311-329.

[188] Darby M., & Kami E.. Free competition and the optimal amount of fraud[J]. *Journal of Law and Economics*, 1973, 16(1): 67-88.

[189] van Vught F. A., Westerheijden D. F.. Multidimensional ranking: a new transparency tool for higher education and research[J]. *Higher Education Management and Policy*, 2010, 22(3): 31-56.

[190] Depken C. A., Mazonaite E. The World University Rankings: Do Country Characteristics Matter? [EB/OL]. http://belkcollegeofbusiness.uncc.edu/cdepken/P/rankedcolleges2.pdf

[191] Hansmman H. B.. The role of nonprofit enterprise[J]. *The Yale Law Journal*, 1980, 89(5), 835-902.

[192] Franck E. P., Schönfelder B.. On the role of competition in higher education —— uses and abuses of the economic metaphor[J]. *Schmalenbach Business Review*, 2000, 52(3), 214-237.